本书是2023年度湖北省社科基金一般项目（后期资
项目编号HBSKJJ20233174

中国消费政策演变与发展研究

韩暖华 ◎ 著

中国财经出版传媒集团
经济科学出版社
Economic Science Press
·北京·

图书在版编目（CIP）数据

中国消费政策演变与发展研究 / 韩煦华著. -- 北京：经济科学出版社，2025.5. -- ISBN 978-7-5218-7011-4

Ⅰ.F126.1

中国国家版本馆 CIP 数据核字第 2025WA5617 号

责任编辑：戴婷婷
责任校对：王肖楠
责任印制：范　艳

中国消费政策演变与发展研究

韩煦华　著

经济科学出版社出版、发行　新华书店经销
社址：北京市海淀区阜成路甲 28 号　邮编：100142
总编部电话：010-88191217　发行部电话：010-88191522
网址：www.esp.com.cn
电子邮箱：esp@esp.com.cn
天猫网店：经济科学出版社旗舰店
网址：http://jjkxcbs.tmall.com
北京季蜂印刷有限公司印装
710×1000　16 开　15.5 印张　210000 字
2025 年 5 月第 1 版　2025 年 5 月第 1 次印刷
ISBN 978-7-5218-7011-4　定价：69.00 元
（图书出现印装问题，本社负责调换。电话：010-88191545）
（版权所有　侵权必究　打击盗版　举报热线：010-88191661
QQ：2242791300　营销中心电话：010-88191537
电子邮箱：dbts@esp.com.cn）

前　言

　　1949年中华人民共和国成立至今，中国社会经历了深刻的转型与变革，经济发展取得了质的飞跃。2021年，习近平宣布中国历史性地解决了绝对贫困问题，实现了全面建成小康社会的第一个百年奋斗目标，进入全面建设社会主义现代化国家阶段，人民生活水平显著提高。消费与消费政策是中国经济学研究的热点问题，国家的诸多政策安排与思想观念，都与消费有着不可分割的关系。在新中国70余年的历史进程中，消费政策的变迁具有不同的发展背景，它是社会经济发展和人民生活水平的侧面反映之一。新中国消费随着经济发展战略和发展阶段的变化先后经历了消费抑制（1949～1978年）、消费补偿（1979～1997年）、消费刺激（1998～2019年）和全面促进（2020年～）四个历史阶段。本书以新中国消费政策变迁为视角，在消费经济史和消费经济学的基础上，探讨1998～2019年，中国消费所处环境和发展阶段的变化，并从城乡之间和区域之间消费水平和消费结构变化这两个维度量化分析消费发展的成效及其演进的必然性。主要研究内容如下。

　　导论部分包含本书的研究意义、概念界定、研究综述、研究方法等。首先是选题的理论价值与现实意义。消费政策的实施和调整可以促进国家经济的长期增长、稳定运行和协调发展，缓解经济波动或萧条下的经济问题。梳理1998～2019年消费的发展历程及其成效是对中国消费变迁进行阶段性的反思性研究，对消费政策历史沿革的探究可以丰富社会主义经济制度的理论体系，为中国消费理论及新时代消费政策的制定提供重要的理论依据。分析20余年来消费政策和消费结构、消费方式的演变,从中总结经验教训,展望未来发展趋势,对处在重要战略机遇期、高质量发展期和后疫情时期国家"十四五"规划的顺利完成具有鲜明的现实意义。其次对书中使用的消费及消费政策等相关概念进行界定,并对不同经济体制下的"消费"定义和中、西消费经济学进行区分。最后通过对国内外关于消费的研究现状进行广泛的归纳分析,对消费领域的研究进展和学术建议进行综合性整理和总结,以期提出更深入、更全面、更系统的研究思路。本书采用历时性研究、归纳研究和实证研究对消费政策与效果间的互动进行分析。

第一章对1949~1997年中国消费史进行回顾,以分析1998年提出扩大消费政策的必然性。其中,第一阶段为"被动型消费抑制"阶段(1949~1952年)。新中国成立初期,经过长期的战争,国民经济极端落后,人民生活贫困,消费产品奇缺,居民消费受此影响处于被动抑制的状态。第二阶段为"主动型消费抑制"阶段(1953~1978年)。在新中国成立之初的三年恢复期后,国家逐步确立了与资源禀赋特点不符的社会主义工业化赶超战略,构成了由"扭曲产品和要素价格的宏观政策环境""以计划为基本手段的资源配置制度"和"没有自主权的微观经营制度"组成的三位一体的传统计划经济体制。这种计划经济体制使国民经济发展出现长期的结构失衡,也形成了"主动抑制"的消费政策导向,居民基本生活资料的消费被迫勉强维持在满足基本生存的水平,消费对象和消费能力均严重不足,即无可消费和无法消费。第三阶段为"补偿消费"阶段(1979~1997年)。改革开放后,国内主要矛盾发生转变,抑制型消费政策越来越不能满足人民对提高生活水平的迫切需求,消费政策与消费者之间的矛盾逐渐凸显,国家转而探寻补偿消费的政策道路。在经济结构的不断调整和市场开放程度的逐步加深后,宏观政策环境逐步放开,政府全方位控制社会的强度减弱。人民公社体制的渐次解体和家庭联产承包责任制的全面推广使微观经营制度获得了一定自主权。居民消费对象快速增加，消费水平迅速提升。

第二章对1998~2019年扩大消费的政策演变和消费发展进行梳理和总结。从抑制消费到补偿消费再到刺激消费是中国经济转型过程中的一项重大制度变迁。20世纪90年代后期，社会主义市场经济已形成初步框架，市场在资源配置中的基础性作用开始形成。消费市场实现了从票证供应的卖方市场到供应充裕的买方市场的转变，供求关系的根本性改变使国家逐渐形成了刺激消费的政策导向。在内外因素的共同作用下，扩大消费的历史条件已基本形成。1998年，国家正式提出扩大内需战略，扩大消费开始成为国民经济发展的长期战略。1998~2000年，中国消费处于通货紧缩治理阶段；2001年，消费搭乘"入世"顺风车迅速膨胀，消费品选择迅速增加；2005年人民币汇率改革后，消费更是短期过热。这一时期消费的特点在于消费的提质增量，消费对象开始从非耐用品向耐用品转变；2008年经济危机后，经济增长从"两驾马车"转变为"三驾马车"，消费在经济发展中的主导地位开始确立。居民消费对象逐渐从生存型向发展享受型过渡；2012年以后，经济新常态下的新时代中国经济从高速增长向中高速增长转变，社会主要矛盾发生变化，居民消费向高质量阶段迈进，国家适时提出"供给侧结构性改革"以满足人民日益增长的自主化、多样化、个性化的消费升级需求。在全面建设社会主义现代化的新历史征程中，消费发挥着促进经济发展的基础性作用。

第三章和第四章分别对中国城乡和东部、中部、西部、东北地区四大区域间的消费差异进行量化分析。基于1998~2019年城乡和省际动态面板数据，使用ELES扩展线性支出系统模型，对城乡、区域居民消费水平和消费结构的发展情况、边际消费倾向和需求的收入弹性进行实证研究。从城乡来看。受城乡二元性特征影响，中国城乡间广泛存在着生产和组织不对称的情况，二者社会经济形态差距明显，最终导致了消费发展水平存在很大差异。扩大消费政策提出以来，城镇消费始终处在领先地位，是居民消费增长的决定性力量。但随着国家政策对农村地区经济的不断重视和开发，城乡户籍壁垒正在逐渐打破。在全面脱贫和乡村振兴等政策的执行下，农村地区的经济水平出现质的飞跃，居民生活水平和消费水平也迅速提升，下沉市场正逐渐成为未来国家扩大消费政策实施的主战场。从区域来看，受经济发展程度影响，东部、中部、西部、东北地区各区域间消费发展的不均衡性一度显著。为推进区域经济协调均衡发展，国家前后推出了西部大开发、中部崛起、东北振兴和东部现代化四项战略部署。经济发展战略使各区域间的收入和消费经历了从不断扩大到持续缩小的差异变迁，虽然东部地区的收入与消费水平始终领先其他区域，增长极作用持续发挥，但中部、西部、东北地区居民的消费水平和消费结构也都发生了显著改变，与东部地区居民之间的消费差异进一步缩小。

第五章为总结与建议。本章对扩大消费政策实施以来的历史经验进行总结，讨论 1998 年以来，中国居民消费水平和消费结构变迁的总体成效，并分别从消费贡献率的变化、居民消费率的变动趋势和消费结构升级三个方面讨论扩大消费对经济增长产生的影响。2020 年，中共十九届五中全会做出了"全面促进消费"的统筹规划，中国消费和消费政策向"全面促进"的方向全力推进。借此，本书最后对 2020 年及以后特别是全球新冠疫情影响下的消费发展趋势进行一定探讨，并对高质量发展期如何持续扩大消费提出几点建议。在新发展时期，中国居民消费的总体趋势是消费结构的进一步升级。一个充分发展的消费市场是高度细分的，需要构建一个多维度、多层次的供给体系与之相适配。鉴于中国发展的非均衡性，消费受财富、地域、代际、数字经济等因素的影响被划分为不同层级，而消费总体规模增速放缓与内部结构优化的周期叠加本质上也是消费升级到一定阶段的规律性表现。立足于"国内大循环"的新发展格局以满足国内需求作为发展的出发点和落脚点，这表明若要同时应对贸易紧张局势、全球需求减弱等因素带来的负面影

前　言

响，中国的经济回暖和平稳运行有必要重点依靠消费来发挥"稳定器"作用。尽管中国消费水平和消费结构仍与发达国家存在一定差距，但在超大规模的内需市场的支撑下，具有潜力巨大的成长和发展前景。在社会主义现代化强国建设新征程上，若要进一步实现扩大消费，解决需求不足的问题，可以着重从释放下沉市场消费潜力、解决各年龄段消费掣肘、推动数字经济发展升级、推进线上线下消费融合和培养壮大新型消费等多重途径入手。通过实现新质生产力和新型消费的良性互动，以及国内国际双循环的有效畅通，最终实现国民经济的健康发展和人民对美好生活的期许。

目　录

导论 …………………………………………………………………… 1

第一章　新中国消费发展的历史回顾（1949～1997年）………… 28
　　第一节　赶超型经济发展战略与消费抑制
　　　　　　（1949～1978年）………………………………………… 28
　　第二节　经济结构调整与消费补偿（1979～1997年）………… 53

第二章　扩大消费的政策演变（1998～2019年）………………… 81
　　第一节　从通货紧缩治理到消费过热（1998～2007年）……… 81
　　第二节　后经济危机时期的扩大消费（2008～2019年）……… 92

第三章　扩大消费政策下的城乡消费发展（1998～2019年）…… 104
　　第一节　城乡居民消费总量变动和结构变迁…………………… 104
　　第二节　城乡消费发展的量化分析……………………………… 132

第四章　扩大消费政策下的区域消费发展（1998～2019年）…… 142
　　第一节　区域居民消费总量变动和结构变迁…………………… 142
　　第二节　区域消费发展的量化分析……………………………… 163

第五章 总结与建议 ·········· **179**
   第一节 总结 ·········· **179**
   第二节 前瞻与建议 ·········· **197**

参考文献 ·········· **226**

导　论

一、选题理论价值与现实意义

人民是经济体系的基本组成部分，是消费和生产的统一主体。满足人民需要是社会主义生产的根本目的，也是推动高质量发展的决定力量。新时代中国社会主要矛盾中人民对美好生活需要是内容更广、层次更多、质量更高的消费需要，也意味着人民生活质量的不断提高，而发展不平衡不充分则意味着要实现全国城乡、不同区域、不同收入水平的居民生活水平的均衡发展，最终实现全体人民的共同富裕。这是一个矛盾统一体。1998~2019年，中国消费自扩大消费政策提出后在国民经济发展中的作用和地位发生了质变。当前，中国正处于基本实现社会主义现代化和建设社会主义现代化强国的新发展阶段。2020年10月，"十四五"规划提出，"坚持扩大内需这个战略基点，加快培育完整内需体系，把实施扩大内需战略同深化供给侧结构性改革有机结合起来，以创新驱动、高质量供给引领和创造新需求，加快构建以国内大循环为主体、国内国际双循环相互促进的新发展格局""全面促进消费"[①]，代表着中国消费政策正式从刺激消费阶段进入全面促进消费阶段。2022

---

① 中华人民共和国国民经济和社会发展第十四个五年规划和2035年远景目标纲要［M］. 北京：人民出版社，2021：38、43.

年 10 月，党的二十大在《高举中国特色社会主义伟大旗帜　为全面建设社会主义现代化国家而团结奋斗》的报告中指出，"中国式现代化是全体人民共同富裕的现代化。共同富裕是中国特色社会主义的本质要求，也是一个长期的历史过程。我们坚持把实现人民对美好生活的向往作为现代化建设的出发点和落脚点，着力维护和促进社会公平正义，着力促进全体人民共同富裕，坚决防止两极分化。"①12 月，为推动实施全面促进消费政策和不断满足人民的美好生活需要，中共中央、国务院根据"十四五"规划纲要，制定了《扩大内需战略规划纲要（2022—2035 年）》，提出"坚定实施扩大内需战略、培育完整内需体系，是加快构建以国内大循环为主体、国内国际双循环相互促进的新发展格局的必然选择，是促进我国长远发展和长治久安的战略决策。"②消费是内循环的需求，扩大消费是扩大内需的重要组成部分，国家最新发展战略和全面促进消费政策的提出进一步肯定了消费的重要理论价值与现实意义。

（一）理论价值

消费政策是一个国家根据本国的经济发展状况、居民消费水平、消费结构、消费方式和消费趋势所制定的对本国消费发挥引导和调控作用的政策体系。二战后，发达国家在工业化进程中，不仅高度重视经济增长，也高度重视消费问题和消费政策的研究和制定。20 世纪七八十年代起，部分新兴工业化国家的消费政策开始成为其主要公共政策。消费政策的实施和调整可以促进国家经济的长期增长、稳定运行和协调发

---

① 习近平. 高举中国特色社会主义伟大旗帜　为全面建设社会主义现代化国家而团结奋斗——在中国共产党第二十次全国代表大会上的报告（2022 年 10 月 16 日）[M]. 北京：人民出版社，2022：23.

② 中国政府网. 中共中央　国务院印发《扩大内需战略规划纲要（2022—2035 年）》[EB/OL].（2022-12-14）[2022-12-15]. http：//www.gov.cn/xinwen/2022-12/14/content_5732067.htm.

展，缓解经济波动或萧条下的经济问题。新中国成立以来，特别是改革开放以后，国家的诸多政策安排与思想观念，都与消费有着不可分割的联系。在中国过去70余年的社会变迁中，居民消费发生了革命性巨变，尤其是扩大消费20余年来，消费逐渐在经济社会中扮演起主导角色。因此，从政策角度来深入分析中国消费政策演变以及政策演变与居民消费变迁间的互动，有利于从国家宏观消费水平和居民微观消费结构两个维度量化分析消费发展成效及演进必然性，是一个十分有价值的问题。

马克思主义理论认为，生产决定消费，消费对生产发挥着能动性的反作用。消费是生产的动力和最终目的。西方经济学则认为，在现代生产力大大发展的前提下，消费在经济发展的某个阶段或某些环节对生产发挥着决定性作用，体现了消费对国民经济发展的巨大促进作用。改革开放40余年来，中国经济实现了跨时代的发展，在全球经济低迷和不稳定性增强的严峻大环境下，中国经济增长速度仍然维持在中高速水平。2020年，受新冠疫情影响，中国成为世界唯一经济正增长的主要经济体，国内生产总值历史上首次超过100万亿元人民币。2021年，中国经济增速在全球主要经济体中仍然名列前茅，经济总量突破110万亿元，稳居世界第二，人均国内生产总值80976元，突破了1.2万美元[1]。同年，中国人均国内生产总值连续三年超过1万美元，实现了绝对贫困现象的历史性消除，全国人民生活水平上升到了一个新的历史阶段。

在世界经济萎缩的大背景下，中国经济能够取得优异成绩，既得益于改革开放的持续深化，也得益于消费基础性地位的日益巩固。在中国

---

[1] 国家统计局. 国家统计局局长就2021年国民经济运行情况答记者问 [EB/OL]. (2022 - 1 - 17) [2022 - 2 - 26]. http://www.stats.gov.cn/xxgk/jd/sjjd2020/202202/t20220209_1827283.html.

扩大消费至今20余年的发展过程中，中国城乡居民的消费水平、消费结构和消费方式发生了翻天覆地的变化，消费政策也在不同发展阶段不停调整和完善。因此，梳理自1998年扩大消费政策提出以来到2019年中国消费的发展历程及其成效，是对消费变迁进行阶段性的反思性研究，对居民消费政策历史沿革的探究可以丰富社会主义经济制度的理论体系，进一步深化国家关于扩大内需战略、培育完整内需体系理论的认识有利于丰富"全面促进消费"理论和以消费赋能高质量发展理论，促进新发展阶段特别是新冠疫情后中国发展新型消费的理论体系构建，为消费的恢复性发展研究提供参考，为中国消费理论及未来消费政策的调整与完善提供重要的理论意义。

（二）现实意义

改革开放前，中国居民的消费基本上按照政府指令性计划安排进行消费，消费品短缺，居民消费支出主要用于解决温饱问题。1978年，最终消费支出对国内生产总值增长的贡献率仅为38.3%。改革开放后，虽然经济体制逐渐发生改变，但居民消费品仍然处于短缺这一常态。1998年扩大消费政策提出以来，随着居民消费水平的大幅提高，中国逐渐转为以消费为主导的消费型国家。消费在GDP中的贡献率始终保持着总体上稳定上升的趋势。2021年，尽管受到新冠疫情的影响，最终消费支出、资本形成总额、货物和服务净出口对经济增长的贡献率分别为65.4%、13.7%、20.9%[①]。最终消费支出占国内生产总值的比重连续11年保持在50%以上[②]，消费持续发挥对经济增长的最大引擎作

---

① 国家统计局. 国家统计局局长就2021年国民经济运行情况答记者问［EB/OL］.（2022-1-17）［2022-2-26］. http://www.stats.gov.cn/xxgk/jd/sjjd2020/202202/t20220209_1827283.html.

② 中国政府网. 中共中央 国务院印发《扩大内需战略规划纲要（2022—2035年)》［EB/OL］.（2022-12-14）［2022-12-15］. http://www.gov.cn/xinwen/2022-12/14/content_5732067.htm.

用，扩大消费不再仅仅是经济稳定时期推动增长的"推进器"，更是经济动荡时期维持稳定不容争辩的"压舱石"。中国当前正处在社会结构的重大调整期，面临着人口结构危机逐渐加剧、贫富差距持续加大、消费者消费态度谨慎、中美贸易摩擦等问题，给消费的进一步发展和全面促进消费政策的推进带来了十分不利的影响。

扩大消费是促进经济持续增长、社会协调发展、人民生活水平提高和实现全面建成小康社会的根本举措之一，具有重要的现实意义和紧迫性。其不仅是在国际经济环境形势严峻的情况下保持经济平稳较快增长的对策，也是1998年以来扩大内需战略任务的延续。内需和外需共同促进经济增长，鉴于外需的不可控性和不稳定性，从中长期来看只有继续扩大国内市场需求，形成经济自主增长机制，才是经济发展的根本之策。"实施扩大内需战略是满足人民对美好生活向往的现实需要。我国经济由高速增长阶段转向高质量发展阶段，发展要求和发展条件都呈现新特征，特别是人民对美好生活的向往总体上已经从'有没有'转向'好不好'，呈现多样化、多层次、多方面的特点。"[①] 因此，通过对中国扩大消费的政策进行历史回顾，分析1998～2019年消费政策演变和居民消费结构、消费方式的演变，从而总结经验教训，展望中国消费的未来发展趋势，以期为消费政策的制定与调整提供一定的借鉴意义和历史启示。此外，为"全面促进消费"政策的顺利实施，努力挖掘新型消费潜力，依靠其"新模式""新场景""新方法"等创新激发和引导消费需求升级，实现"新"生产与"新"需求精准匹配，加快形成新型需求牵引新质供给、新质供给创造新型消费需求的更高水平动态平衡，提升国民经济体系整体效能。释放我国超大规模市场的消费潜力活

---

① 中国政府网．中共中央 国务院印发《扩大内需战略规划纲要（2022—2035年）》［EB/OL］．（2022 - 12 - 14）［2022 - 12 - 15］. http://www.gov.cn/xinwen/2022 - 12/14/content_5732067.htm.

力动力，促进投资与消费的良性循环，使消费主引擎更加强劲，促进经济稳步复苏期和结构调整关键期国家经济内生动力的持续增长。这对处在重要战略机遇期和高质量发展期的国家"十四五"规划的顺利完成和中国式现代化的最终实现，具有鲜明的现实意义。

二、相关概念的界定

（一）消费和消费政策

消费作为人类自社会生活以来普遍存在的现象之一，是为满足人类需要而消耗一定客观对象的行为或过程，它既是社会再生产总过程中的最终环节，也是下一生产过程的起始环节，消费与生产、流通、分配相互影响，在不同的情境下具有不同的含义。广义的消费既包括生产消费，也包括生活消费，而狭义的消费则仅仅指居民生活消费。生产消费是指"生产过程中工具、原料和燃料等生产资料和活劳动的消耗，它属于生产本身。"[1] 这种消费是在任何社会形态的生产过程中，客体与主体通过生产资料的消耗与劳动力自身的消耗，实现作为自然力的人与自然物之间的物质变换，最终产出满足社会成员生活消费的各种物质产品、精神产品和劳务；生活消费则是指居民为了自身或家庭生活需要，通过各种消费行为购买、使用、消耗各种消费品（包括物质型消费、精神型消费和服务型消费等），亦即马克思所说的"原来意义上的消费"[2]。其中，马克思将物质型消费阐述为"例如，在吃喝这一种消费形式中，人生产自己的身体，这是明显的事。而对于以这种或那种方式从某一方面来生产人的其他任何消费方式也都可以这样说。"[3] 其又将

---

[1] 于光远. 经济大辞典 [M]. 上海：上海辞书出版社，1992：1983.
[2][3] 马克思恩格斯文集（第8卷）[M]. 北京：人民出版社，2009：14.

服务型消费释义为："服务这个词，一般地说，不过是指这种劳动所提供的特殊使用价值，就像其他一切商品也提供自己的特殊使用价值一样；但是，这种劳动的特殊使用价值在这里取得了'服务'这个特殊名称，是因为劳动不是作为物，而是作为活动提供服务的，可是，这一点并不使它例如同某种机器（如钟表）有什么区别。"①

本研究中的消费是指最终消费支出，即在一定时期内，常住单位为满足物质、文化和精神生活的需要，在本国经济领土和国外所购买的货物和服务上的全部支出。最终消费支出在经济学中一般分为居民消费支出和政府消费支出两部分。其中，居民消费支出是指一定时期内常住住户对于货物和服务的全部最终消费支出。它既包括常住住户直接以货币形式购买货物和服务的消费支出，也包括以其他方式获得的货物和服务的消费支出，即所谓的虚拟消费支出。虚拟消费支出的主要内涵为单位以实物报酬及实物转移的形式提供给劳动者的货物和服务；住户生产并由本住户消费掉的货物和服务，其中的服务仅指住户的自有住房服务；金融机构提供的金融媒介服务；保险公司提供的保险服务。居民消费支出又可以划分为城镇居民消费支出和农村居民消费支出两部分。政府消费支出是指政府部门为全社会提供的公共服务的消费支出和免费或以较低的价格向居民住户提供的货物和服务的净支出。前者等于政府服务的产出价值减去政府单位所获得的经营收入的价值，后者等于政府部门免费或以较低价格向住户提供的货物和服务的市场价值减去向住户收取的价值。本研究主要侧重点在于居民生活消费支出部分。

在中国传统计划经济时期，居民消费是指政府计划供应政策下人民凭票证对所能获得的用于满足基本生活需要的产品份额进行购买、使用或消耗。高度集中的计划经济体制下，重生产、轻消费，居民生活消费品选择极少，消费水平极低。改革开放以后，消费品逐渐摆脱了国家计

---

① 马克思恩格斯文集（第8卷）[M]. 北京：人民出版社，2009：409.

划供应的束缚，开始逐渐转变为由市场供应，且按市场价格进行出售的产品和服务，因此市场经济时期的居民消费是指消费者开始对市场供应的消费品进行自主性选择、购买、使用或消耗。改革开放40余年来，居民消费水平和消费结构都发生了质的跃迁。消费需求是最终需求，消费形成新的需求反作用于生产的调整和升级，新的消费热点可以为多个产业的出现和成长提供导向作用。因此消费不仅是生产的最终目的和动力，同时也可以直接体现人民日益增长的美好生活需要。最终需求必须持续扩大，国民经济才能实现真正启动和有序发展。

政策是指在一定的历史时期内，国家政权机关、政党组织和其他社会政治集团为实现自己所代表的阶级、阶层的利益与意志，以权威形式标准化地规定其奋斗目标、行动准则、明确任务、工作方式和具体措施等。国家政策主要包括财经政策、文化政策、劳动政策、民族政策、军事政策和外交政策等。消费政策是一个国家经济政策中重要的组成部分之一，主要包含宏观消费政策和微观消费政策。本书中所提到的消费政策是指国家通过权衡某一时期国民经济综合状况和矛盾特点，对国民的个人消费和集体消费所做出的决策选择和采取的具体措施，从而影响居民消费选择，提高消费水平。对于有中国特色的社会主义市场经济来说，消费政策对市场的调节程度与西方国家之间存在较大差异。

（二）消费经济学

消费经济学是经济科学体系中一个重要组成部分或分支学科，是指在一定社会条件下人们在消费的过程中所形成的经济关系及其发展规律。这种经济关系被称为消费关系，表现为不同居民集团以及不同消费者在消费过程中各自所处的地位及其相互关系，体现居民和社会的消费水平、消费结构和消费方式等方面的差异、联系及发展规律等。具体来说，消费经济学从消费者的需要及其不断满足的程度出发，研究消费与生产、分配和交换诸要素之间的内在联系和相互作用；从消费力与消费关系的相互作用中揭示消费力、消费关系发展运动的规律性。宏观消费经济学"采用总量分析方法，考察整个社会消费活动、社会各种消费总量增减、社会消费结构的经济理论。资产阶级及其经济学家重视消费经济的研究，提出维护消费者权利，解决商品供应和分配中的政策问题，一方面是为了攫取剩余价值；另一方面是为了维护资本主义经济制度，满足资本家的奢侈消费。但在其中提出的某些分析方法、基本范畴以及得出的某些结论，对于研究、分析社会主义消费经济问题，建立并完善社会主义宏观消费经济学，具有借鉴意义。"[①] 微观消费经济学则"采用个量分析方法，考察单个家庭和消费者的消费活动、消费支出的增减、消费结构变化的经济理论。微观消费经济学对人们消费行为和消费心理等方面的研究较深入。其目的在于帮助资本家推销商品，缓和生产过剩的矛盾和危机。微观消费经济学涉及到社会学、心理学、伦理学、商品学、民俗学等学科，同时又与市场销售理论密切相关。"[②]

"消费经济"这一概念的论述最早起源于西方。资产阶级经济学者在对社会生产过程进行考察时，对生产与消费的矛盾，个人消费与社会消费的作用，消费行为与消费者主权，消费结构、消费水平和发展趋势，消费政策等问题，都曾提出过各自的见解和论述。但消费经济学作为一门独立学科于二战后才出现。二战后，主要资本主义国家的经济得到了迅速的恢复和增长，生产技术和市场销售方式出现了较大改变。产品和服务供给数量的增加，迫切要求生产更适应市场需求，以减少商品滞销、增加盈利。各资本主义政府为避免20世纪30年代的经济危机再次发生，主张按照凯恩斯的经济学理论调节和稳定国民经济，于是，为加强对消费和投资变动前景的预测与研究，消费经济学开始作为一门独立学科发展起来，为西方各国政府制定有关消费政策提供了依据和对策。尽管马克思主义学说的经典作家曾在许多著作中对消费问题作了充

[①②] 林白鹏. 消费经济辞典[M]. 北京：经济科学出版社，1991.

分的论述,但限于时代特点和历史条件,社会主义消费经济学在中国学界作为一门独立的学科是于改革开放后才基本形成的。1978年以来,随着中国社会主义建设进程的加快,发展社会主义商品生产和交换、促进国民经济的良性循环,以满足人民日益增长的物质和文化需要,已经成为社会主义建设战略上的实质性问题。市场机制和信息反馈,对调整产业结构和产品结构具有愈来愈重要的作用。探讨社会主义消费的地位、作用及其运动规律,结合中国的特点分析与借鉴国外研究消费经济问题的论述与方法,已成为国家制定科学的经济社会发展战略和实行经济体制改革的迫切需要。

三、国内外相关研究述评

从消费经济学角度来看,亚当·斯密最早提出"消费力"这一概念,"我们常用一个人每年领收的金额,来表示这个人的收入。但所以如此,只因为这个金额,可以支配他的购买力,换言之,可以支配他每年所能取得的消费品的价值。我们仍然认为,构成他的收入的,是这种购买力或消费力,而不是含有这种力量的金块。"[①] 在凯恩斯提出消费是现期收入的函数[②]之后,杜森贝利提出"相对收入"假说,莫迪利安尼提出"生命周期"理论,弗里德曼提出"持久收入"假说,这些理论对消费函数理论进行了修正和完善,进一步提高了消费的解释力,即如何根据个人的持久收入在跨期预算中使其收入能够在整个生命周期的不同阶段得到最有效的配置和利用。消费经济学主要根据收入和经济水平来对个人和家庭消费进行解释,借助数学模型进行量化分析,比如

---

① 亚当·斯密. 国民财富的性质和原因的研究(上卷)[M]. 郭大力,王亚南,译. 北京:商务印书馆,2017.
② 凯恩斯. 就业、利息和货币通论[M]. 中译本. 北京:商务印书馆,1963.

导　论

"消费总额""消费水平""消费结构"等。伴随社会转型而来的消费现象的研究，不仅仅是对消费本身变化的描述，而是要把消费放在社会结构转型的路径上来思考。研究消费变迁，必须研究与消费相关的各种制度的变迁，特别是消费制度、劳动激励制度和社会保障制度等的变迁。科尔内的短缺经济学理论认为，传统社会主义由于对价格的计划管制，总是存在着消费品的短缺现象。中华人民共和国建立后至改革开放之前，中国的消费基本上是按照计划经济的指令性计划进行产品消费的，基本符合科尔内短缺经济学所描述的情况。

消费经济学在中国作为一门学科的起步时间要远远晚于西方国家。西方现有消费理论无法完全适用于对中国消费转型和变迁的解释。这是因为，在实行自由市场政策的资本主义国家，国家所能发挥的作用受限，而以中国为代表的转型国家的一大特点就是全能政府，全能国家的政策影响渗透在整个社会的点滴之中。国家是制度转型的主要发起者，西方消费经济学的研究方式对解释转型国家的消费变迁具有很大的局限性，正是由于其忽视或者轻视了国家及其主导的意识形态对该国居民消费的影响。与西方国家资本与市场对消费起决定作用不同，影响中国等转型国家消费现象的一个关键因素就是国家制度和政策。长期以来，在社会主义政治经济学中，关于社会主义经济和消费只存在一种模式，那便是苏联20世纪30~50年代形成的以高积累、低消费为特征的高度集权的消费模式。30年代中期，波兰经济学家奥斯卡·兰格首次在理论上突破这种单一化消费模式，提出关于社会主义消费模式的两个设想：一是以消费者偏好作为指导社会生产与分配的根本准则；二是消费者具有自主"消费选择"的权利。虽然这只是一种关于消费模式的纯理论构想，还不是十分完善，最终也并没有实现，但是这一开创新的设想开启了对于更多消费模式的探索和思考。随后，布鲁斯在此基础上提出，从消费活动的宏观、企业和个人三个层面的决策将消费模式进行四种划分，分别为集中化模式、集权化模式、分权化模式和分散化模式。在他看来，集中化消费模式和分散化消费模式均不可取，只能在集权型和分权型两种消费模式中作选择。其中，分权型消费模式较集权型消费模式具有更多的优点，是最适合社会主义消费的理想模式。南斯拉夫最早于20世纪50年代在实践中突破苏联传统的计划经济下的消费模式，创立和发展一种分散化的市场社会主义的消费模式。匈牙利、波兰等社会主义国家随后也于60年代先后突破苏联模式。

新中国成立后到改革开放之前，国家在很长一段时间内学习和沿用苏联高度集权的消费模式。受"左"的思想影响，全国处于"重生产、轻消费"的状态，也产生了跟斯大林时期十分类似的消费状态，消费运行机制单一，且排斥市场和价格，造成消费不足，生活"欠账"，人民没有消费决策权和自主权。在"文化大革命"时期，消费更加成为人民谨慎提及的问题。改革开放后，国家开始实行改革、开放、搞活的方针，计划经济体制随之逐渐解体，全国进入市场经济时期，消费逐渐开始自由发展。党的十一届三中全会后，经济学界开始讨论经济体制改革的诸多可能，提出了社会主义经济发展并非只有一种模式，社会主义消费亦如是，消费重回学界视野。1979年，尹世杰率先提出"消费经济是一门复杂的学科"，成为中国消费经济学的主要创始人。随后，国内专家、学者们开始逐渐扩大、深入、系统地研究消费问题。有学者认为我国应该学习西方发达国家以高消费带动经济高速发展的模式，强调改革开放前抑制型消费政策给人民生活和消费水平带来的负面影响。也有学者认为高消费与中国的经济发展水平并不相适应，会像其他不发达国家一样出现"消费早熟"，造成社会不稳定等不良后果。[1][2][3]

无论如何，国家仍然始终在消费发展和消费政策的变迁中发挥着主

---

[1] 罗仲伟. 试论我国现阶段的消费战略取向 [J]. 财经论丛（浙江财经学院学报），1994（6）：12-18.
[2] 国世平，国庆. 正确判断消费早熟和合理消费 [J]. 经济学家，1990（2）：97-101，96.
[3] 唐毅. 论"消费早熟"的社会后果及现行对策 [J]. 消费经济，1987（1）：55-58.

导作用。郑红娥分析了国家所制定的消费政策对城市居民的消费生活和消费观念的影响①。王宁则分析了国家与居民的主体结构之间的相互关系及其对居民消费观念和消费行为的作用②。这些都代表着国家制定的消费发展战略和相应消费政策对国民消费发展所产生的绝对影响。截至目前，国内学界关于1998年中国提出扩大消费政策的原因，主要是从消费作为拉动经济"三驾马车"之一的重要地位，以及消费滞后阻碍中国经济发展的背景进行阐述的。

首先，从消费在经济中的重要地位来看。马克思曾言，"人从出现在地球舞台上的第一天起，每天都要消费，不管他开始生产以前和在生产期间都是一样。"③ 强调了消费在人类社会活动的必然性和必要性。此外，他还在《资本论》中提到，从古至今，资本在不断循环运动中实现价值增值，而能够发生价值增值的资本只有产业资本。所谓产业资本是指投在包括工业、农业、建筑业等物质生产部门的资本。产业资本顺次地经过购买、生产、销售三个阶段，先后采取货币资本、生产资本、商品资本三种职能形式，实现价值增殖，最后回到原来出发点的全部运动过程，完成资本循环。虽然这里描述的是资本主义的产业资本循环，但它对中国当前所处发展阶段的经济社会现实同样具有一定的解释力。中国现在处于并将长期处于社会主义初级阶段，这代表着中国经济不可能摆脱商品、货币关系和市场机制的约束。那么，为了持续发展生产力、取得经济的长期稳定增长，就必然需要让产业资本循环、增殖顺利进行下去。在这里，消费对于促使社会上的商品出清，让商品在交换中实现"从商品到货币的惊险一跃"发挥着无可替代的作用。由此可

---

① 郑红娥. 社会转型与消费革命——中国城市消费观念的变迁 [M]. 北京：北京大学出版社，2006.
② 王宁. 从苦行者到消费者社会——中国城市消费制度、劳动激励与主体结构转型 [M]. 北京：社会科学文献出版社，2009.
③ 马克思恩格斯文集（第5卷）[M]. 北京：人民出版社，2009：196.

见，促进消费是维持资本循环和资本增殖的重要手段。

新古典增长理论认为，通过降低消费率和提高储蓄率可以实现经济增长。然而，对于同样作为"三驾马车"之一的"投资"，根据西方经济学的有关理论，资本投入带来的回报以及因资本投入造成的边际产量增额，也服从边际递减规律。因此，要让投资作为拉动经济持续增长源源不竭的动力源，显然其效率对于资本相对来说并不十分稀缺的中国，是逐年降低的。

过去中国的经济发展一度在很大程度上依赖出口。然而，在2008年爆发全球性的金融危机以后，各国经济普遍受到外部冲击并发生动荡。此时，只能依靠宏观政策刺激强行反弹，有效投资需求的出现虽然可以短期拉动经济增长，但并不能够持续地促进消费，使经济失去持续的新增长点，经济增长的二次探底随之出现。近年来，中美贸易摩擦持续，加之美国核心消费数据疲弱等现象，均表明作为中国重要传统出口市场和贸易顺差来源地的欧美等发达国家，经济状况已经大不如前。对此，林毅夫（2015）[1]曾表示，发达国家经济增长的颓势将在很长一段时间内对中国出口造成巨大压力。那么，在出口长期增速放缓的情况下，若要经济高速或者中高速增长，就不得不更多地依靠投资和消费。

另外，出口风险因素和不确定性不断高涨。陈斌开（2017）[2]认为，从历史经验来看，中国经济长期处于外需依赖型状态，外部的经济状况对国内经济的影响至关重要。在2008年金融危机后，受外部需求锐减影响，出口增长率不断下滑，以往出口拉动经济增长模式弊端初现。

因此，不论是培育"一带一路"国家作为新的经济合作伙伴，还

---

[1] 林毅夫. 新常态下中国经济的转型和升级：新结构经济学的视角 [J]. 新金融，2015 (6)：4-6.

[2] 陈斌开. 供给侧结构性改革与中国居民消费 [J]. 学术月刊，2017 (9)：13-17.

是坚持扩大对外开放，努力营造共赢局面，进行新技术革命的准备等，都需要很长的时间来推动经济持续增长。那么，扩大和挖掘国内消费力，能够稳经济、稳就业，为中国经济和其他政策调整争取时间。同时，也可以利用已经跃居世界第一规模的内需市场，吸引国际资本、吸收外来先进技术。

尹世杰（2004）[①]认为，截至当时中国实际上已经进入了需求导向型的社会经济发展阶段。这个时期的消费需求能够在很大程度上拉动整个社会经济的发展。在这种背景下，随着国内消费需求的不断扩大，消费结构和产业结构可以同时进行持续地优化升级，共同促进国家经济发展，再进而促进整个社会总体消费水平的上升，经济发展和消费需求二者间呈现螺旋式相互影响和促进的良性循环关系。

其次，从消费滞后的原因来看。改革开放40余年来，中国经济高速增长，逐渐步入中高等收入国家行列，居民消费水平不断提高。然而，虽然近年来消费率不断攀升，但最终消费率和居民消费率却远远落后于发达国家平均水平，国内消费扩大存在较大的动力不足问题。受多重因素影响，国内消费现状表现为居民有效消费需求不足，且部分消费外流，因此导致最终国内消费需求增长不断减少。国内学术界主要就以下几个方面剖析了造成这一状况的原因。

第一种观点认为是由于储蓄率或投资率偏高导致消费不足。鉴于初次分配注重效率，劳动在经济增长成果分配中相对于资本处于弱势地位，政府在进行二次分配（如提供必要的社会公共服务、进行转移支付等）的同时，兼顾公平的力度也有很大改进的余地。基于未来收支的不确定性与预防性储蓄理论，中国居民一方面对于好的社会公共服务有很强的需求，另一方面，也正是由于这些公共服务的量和质还不够，政府公共服务均等化和便利化不够，才导致消费者高价竞逐稀

---

① 尹世杰. 论扩大消费需求的必要性及思路 [J]. 经济评论, 2004 (1)：48-51, 62.

缺的优质服务。为应对这些使用货币作为手段的竞争、风险时，中国消费者的其他消费开支被主动有意识地压缩了，由此转向被迫储蓄，储蓄率提升。尹世杰（2004）[①]就提出了导致中国消费需求不旺的根本原因，是长期以来国内的最终消费率偏低，而导致这一现象的原因则是投资率偏高。"重生产、轻生活"等传统的节俭观念仍然普遍存在，从而造成过分强调提高投资率，这就一定会造成对提高扩大最终消费率和消费需求的忽视。

第二种观点认为是收入分配的不公平导致消费不足。臧旭恒和张继海（2005）[②]通过收入分配对中国城镇居民消费需求影响进行的实证分析，得出了收入分配的不公很大程度上影响消费的有效扩大的结论。在此基础上，王艳和范金（2007）[③]则进一步指出是城乡之间、城乡内部的居民收入分配之间的巨大差距导致了消费需求的不足。因此，政府需要通过适当的转移支付和收入再分配等政策和措施来平衡居民收入分配差距。与之类似，汪伟（2017）[④]也认为，中国消费率持续偏低的深层次原因在于体制，政府作为扩大消费政策的制定者，应更好地发挥弥补市场失灵的作用。

第三种观点认为是居民部门的债务问题挤占了消费导致消费不足。刘哲希等（2018）[⑤]认为，居民部门债务问题的凸显明显地抑制了消费需求，房价上涨等信贷驱动特征的出现则对居民消费产生更强烈的挤出作用。

第四种观点认为是社会保障体系的不健全与财政支出结构不合理导

---

① 尹世杰. 论扩大消费需求的必要性及思路 [J]. 经济评论, 2004 (1): 48-51, 62.
② 臧旭恒, 张继海. 收入分配对中国城镇居民消费需求影响的实证分析 [J]. 经济理论与经济管理, 2005 (6): 5-10.
③ 王艳, 范金. 收入差距与中国城镇居民消费行为的实证研究 [J]. 管理工程学报, 2007, 21 (1): 6-11.
④ 汪伟. 如何构建扩大消费需求的长效机制 [J]. 学术月刊, 2017, 49 (9): 9-12.
⑤ 刘哲希, 陈彦斌. 消费疲软之谜与扩大消费之策 [J]. 财经问题研究, 2018 (11): 3-12.

致消费不足。易行健（2019）[①]提出，造成中国居民消费长期不足很大程度上在于中国公共保障体系与财政支出结构的不完善，直接导致国内大多数居民家庭因考虑到子女教育、父母养老、个人医疗等支出时，不敢进行消费决策。

其他学者也从市场环境、消费环境、社会保障制度、城乡二元经济结构等方面对扩大消费的制约因素进行了剖析。

消费在经济增长中的重要地位，决定了如果消费发展的速度和质量不能同中国经济的高速发展相适应，将给中国经济和社会的可持续发展带来决定性的重要影响。收入分配的差距与总消费水平所呈现出一种明显负相关关系决定了收入分配对总消费的作用不可忽视。若在经济发展过程中不能够兼顾效率和公平，则必然会导致消费总水平的下降，从而阻碍经济的自主性增长[②]。此外，传统经济中"高投资、高出口、低消费"的发展模式会造成总需求结构失衡，投资与消费的失衡、储蓄与消费的失衡很大程度上抑制了国内消费的健康发展，不能满足新时代中国经济高速高质量发展要求[③]。

为此，针对扩大消费的方式和路径，学者们主要倡导进一步完善促进消费体制机制，重点是要不断增加居民可支配收入，持续扩大消费需求，有效刺激消费潜力。同时要处理好生产与消费二者间的关系，拓宽多样消费领域，营造良好消费环境，弘扬积极消费文化等等，让居民"有钱消费，敢去消费，有地消费"。

第一，增加居民可支配收入，改善收入分配格局。在刘国光（2002）[④]

[①] 易行健. 建立多点支撑的居民消费增长格局，持续扩大居民消费需求 [J]. 学术月刊，2017，49（9）：17-20.

[②] 吴晓明，吴栋. 我国城镇居民平均消费倾向与收入分配状况关系的实证研究 [J]. 数量经济技术经济研究，2007，24（5）：22-32.

[③] 刘长庚，张磊. 新时代消费发展需推动消费质量齐声 [J]. 消费经济，2018，4（34）.

[④] 刘国光. 促进消费需求提高消费率是扩大内需的必由之路 [J]. 财贸经济，2002（5）：5-9.

看来，扩大居民消费的必由之路就是增加城乡居民可支配收入，同时调整收入分配格局，解决收入分配不均问题，便可取得扩大居民消费的即时效果。冯娟（2018）①从分配层面对中国扩大消费政策提出建议，她认为要增加居民初次收入分配份额和劳动报酬占比，不断拓宽居民财产性收入渠道，另外也要完善收入分配比例，缩小收入的不合理分配、城乡分配、层级（尤其是中等收入群体）分配差距。

第二，改善消费环境，提高消费质量，优化流通环境。易行健（2017）②认为消费环境对消费水平、消费质量以及消费结构都有显著影响，新常态下要从供给和需求两方面发展、建设新兴消费领域和消费工程，从而实现消费升级。此外，随着互联网的逐渐普及，支付方式逐渐多样化，电商经济开始崛起，这为消费渠道的拓展创造了条件，刘长庚等（2017）③通过研究发现，电商经济的发展可以通过扩大消费规模来挖掘消费潜力，通过实现扩大区域的消费配置来推动消费空间聚集，打破空间隔离对消费的限制。

第三，推进社会保障等相关制度改革。范剑平（2001）④等认为，完善的社会保障制度有利于增加国民的消费信心，使其在进行消费时无后顾之忧，增强消费者的理性预期和消费欲望，从而拉动消费需求的扩大。胡书东（2002）⑤认为，积极的财政政策能够间接扩大消费需求，原因是政府增加对基础设施的购入，可以促进国民经济的发展，并进而增加居民的可支配收入来扩大消费。任兴洲等（2010年）⑥提出，要加

---

① 冯娟. 马克思再生产理论及其对扩大我国消费的当代价值［J］. 消费经济，2018，34（2）：20-27.

② 易行健. 建立多点支撑的居民消费增长格局 持续扩大居民消费需求［J］. 学术月刊，2017，9（49）.

③ 刘长庚等. 中国电商经济发展的消费效应研究［J］. 经济理论与经济管理，2017（11）.

④ 范剑平. 鼓励消费政策可行性研究［J］. 经济科学，2001，23（2）：5-14.

⑤ 胡书东. 中国财政支出和民间消费需求之间的关系［J］. 中国社会科学，2002（6）.

⑥ 任兴洲等. 扩大消费需求：任务、机制与政策［M］. 北京：中国发展出版社，2010.

快户籍制度改革步伐，建立适应市场经济和城市化要求的人口管理体制。对人口实行有条件的开放性户籍管理制度，从而打破城乡壁垒，打通城乡经济交流和要素流动通道。

第四，增加消费市场供给，扩大消费者选择范围。尹世杰和刘群（2004）[①]等提出扩大消费需求的重要途径之一就是培育新的消费热点。住房消费、旅游消费等已然成为当时重要的消费热点，同时新的消费热点也在逐渐形成，诸如汽车消费、信息消费、网络消费、文化教育消费等。王志文和卢萍（2016）[②]总结得出，"十二五"时期居民消费需求的发展态势主要表现在以下几方面：电子商务成为新兴消费方式；休闲娱乐成为消费新热点；服务类消费增长迅速、门类拓宽；"老龄化"带来消费领域新商机。由此可以看出消费对象的不断变化。

第五，扩大农村居民消费。受中国城乡二元经济结构的深入影响，城市和农村的居民收入分配和消费能力等各方面都存在着较大差距。当前，城市的消费已取得有目共睹的优秀成绩，于是农村的广大消费市场便成为促进经济发展的主要着重点。在此背景下，诸多学者对扩大农村消费问题进行了较为详尽的研究。尹世杰（1998）[③]在研究如何扩大内需问题时，提出首先要提高居民收入水平，特别是要发展农村经济，提高农民收入水平。孙刚（2002）[④]认为，农村居民消费状况是其内外部的经济环境共同作用决定的。农村经济的发展受多因素影响长期滞后于城市的经济发展，农民创收方式途径的局限性限制了农村居民收入的发展。同时，从中国整体经济发展的投入来看，长期存在农村支持城市发展、农业支持工业发展的情况，因此导致农村经济跟不上国家经济的高

---

① 尹世杰. 消费需求与经济增长 [J]. 消费经济，2004（5）：3-7.
② 王志文，卢萍. 中国居民消费分析与扩大消费策略研究 [M]. 北京：中国社会科学出版社，2016.
③ 尹世杰. 论扩大内需 [J]. 经贸导刊，1998（11）.
④ 孙刚. 扩大内需必须加大农村消费市场开拓力度 [J]. 红旗文稿，2002（22）.

速发展步伐，限制了农村的消费水平。乔海曙和邓婷（2006）[①]认为，扩大农村居民消费的根本途径是转变经济增长方式，由当前主要依靠外来"输血"为主的外生性增长方式转变为农村自主"造血"为主的内生性增长方式。因此，必须不断完善各项支农惠农政策来配合农村经济的自主增长。近年来，国家积极推进个税制度改革、脱贫攻坚、乡村振兴等工作，有效提高城乡居民可支配收入，对促进扩大消费产生积极作用。

综上所述，可以看到，目前我国学界已经深刻认识到了扩大消费的重要性，也对制约中国消费率取得提高和居民消费进一步发展的深层次原因进行探究，并且提出了一系列促进消费的途径，使得中国消费发展在20余年间已经取得质的飞跃。然而，在新时代新征程如何真正满足人民日益增长的美好生活需要和高层次消费需求，持续促进经济的高质量、健康增长，是当前仍然需要深入研究的问题。

四、主要内容、基本思路和研究方法

（一）主要内容与基本思路

基于中央政府决策在国家经济作用中的特殊性，国家政策对国民经济起决定性作用。因此，本书将主要研究消费政策与居民消费之间的互动。具体来讲，就是在经济学的基础上借助史学视角来对消费及其政策的变迁进行分析，探讨国家如何通过消费政策安排来影响消费发展，消费发展又如何作用于国家经济，再随着经济的变动不断对消费政策进行调整。根据新中国消费政策的阶段性演变，本书将新中国成立后的消费

[①] 乔海曙，邓婷. 农村消费增长："输血"与"造血"的视角［J］. 消费经济，2006（6）：26–29.

导 论

划分为消费抑制（1949~1978年）、消费补偿（1979~1997年）、消费刺激（1998~2019年）和全面促进（2020年~）四个历史阶段。划分依据分别为改革开放政策、扩大消费政策的提出和"全面促进消费"政策的提出。从此理论视野出发，形成以下研究思路。

第一章对1998年以前新中国的消费历史进行总结和回顾。第一个阶段是中华人民共和国成立以后到改革开放之前（1949~1978年），中国为集中力量搞建设，开始实行"以计划为基本手段的资源配置制度"，因此逐渐形成了高度集中的资源计划配置制度。随着统购统销政策的逐渐全面实行，商品经济则受到排斥。"重积累、轻消费""先生产、后生活"的制度安排使人们消费生活的方方面面一切从简，强调以节俭为上。在这种扭曲产品和要素价格的宏观政策环境下，国家开始实行低消费、低收入与低价格相配套的政策体系，佐以人民公社和国营企业为代表的缺乏自主权的微观经营制度，消费品产出十分有限且单调，于是，这一时期的居民消费受到供给不足和需求不足的双重抑制，居民消费水平提高缓慢，呈现出的特点是起点低、单一性、被动性与质量不高。第二阶段为改革开放以后到扩大消费政策提出之前（1979~1997年），中国开始对改革开放前的经济体制、宏观政策环境和微观经营制度进行调整。经济转轨时期消费的特征表现为供给短缺但需求旺盛，主要表现在消费者开始自主调整。这一时期的中国居民处于温饱型消费阶段，消费结构的主要特点是食品消费支出占家庭消费支出的绝大比重，全国的恩格尔系数仍处于联合国温饱线标准范围内。随着国民经济和居民可支配收入的快速增长，居民家庭食品支出在总支出中的比重降低，恩格尔系数显著下降。在轻工、纺织产品市场的供给快速增加后，居民衣着和日用品的消费比重也开始上升。居民消费出现集中化和同构化现象，进入模仿排浪式消费阶段家庭消费对象从非耐用品向耐用品转变，消费品从"老三件（手表、自行车、缝纫机）"开始逐渐向"新三大件（电视、冰箱、洗衣机）"迅速普及。居民消费结构逐渐由温饱型向小康型转变，中国消费开始从"卖方市场"逐渐转变到"买方市场"，消费的起点逐步提高。消费者开始注重商品的多样性，对商品质量的要求也开始提高，消费结构进入到一个重要的自主调整发展时期。

第二章对1998~2019年中国消费政策的演变进行梳理。随着社会主义市场经济体制逐步确立，市场在资源配置中的地位从"基础性作用"上升到"决定性作用"。1998年扩大消费政策提出之际，消费者身处内外部环境发生了根本变化，居民可支配收入与消费行为呈现出与以往不同的新特征。一方面，新制度的重大变化使得居民对于收支的不确定性预期增加，出于谨慎动机其储蓄倾向不断上升；另一方面，市场有效供给不足，居民消费需求无法得到准确的匹配。居民消费倾向和居民消费对经济增长的贡献率明显下降加剧了宏观经济运行中出现的问题。中国消费市场从卖方市场向买方市场转变，经济从绝对短缺进入相对过剩阶段。为此，国家不断出台扩大消费的相关政策，第二章着重对消费政策演进的逻辑进行分析，即每一阶段消费政策的提出背景，前一阶段扩大消费过程中存在的问题，以及该政策对消费问题的解决和扩大消费的促进作用，主要包含影响因素、消费状况、消费行为、消费结构、消费差距等研究内容，探讨居民消费水平的发展变化过程。居民消费从"想消费但没能力（缺钱）消费"，在国家国民收入分配政策、社会保障政策等政策支持体系的不断完善下，个人可支配收入持续增长，转变为"有能力（有钱）消费但有效供给不足（缺物）"。为提高全要素生产率来满足人民不断扩大的消费需求和解决有效供给不足的问题，国家适时提出供给侧结构性改革。扩大消费经历了长达20余年的反复实践，消费政策随着消费的发展变化不断调整，又反作用于消费本身，引领消费的发展方向，消费逐渐成为经济增长的主要动力，在经济增长中的基础性地位正式确立。

第三章分别从中国城市和农村的角度对1998~2019年扩大消费取

得的成效进行实证研究。受限于城乡二元经济结构差异,中国城市和乡村的消费水平间差距较大。首先,分别对城镇和农村地区居民收入和消费的总体发展水平进行具体分析,再对两者间的绝对差距和相对差距进行对比。其次,分别对城镇和农村地区居民所处不同消费结构进行判断,并分析不同时期城乡消费发展速度和消费结构的变化趋势。根据STATA14.0的量化结果来具体分析城乡居民消费在食品烟酒、衣着、居住、生活用品及服务、交通通信、教育文化娱乐、医疗保健以及其他用品及服务八大类支出的边际消费倾向和需求的收入弹性,通过城乡消费升级的变迁过程对两者的消费发展状况和差距进行总结。

第四章分别从中国东部、中部、西部、东北四大区域的角度对1998~2019年各区域扩大消费以来取得的成效进行实证分析。这一部分对各区域居民消费的发展水平及其差异进行总体分析和所处不同消费结构进行判断,并分析不同时期区域消费发展速度和消费结构的变化趋势。根据STATA14.0的量化结果来具体分析1998~2019年区域居民消费支出在食品烟酒、衣着、居住、生活用品及服务、交通通信、教育文化娱乐、医疗保健以及其他用品及服务八大类支出的边际消费倾向和需求的收入弹性。最后分析区域消费政策的提出和调整对区域消费变迁造成的影响和效果。

第五章为总结与建议。对扩大消费政策实施以来的历史经验进行总结,讨论1998年以来,中国居民消费水平和消费结构变迁的总体成效,分别从消费贡献率的变化、居民消费率的变动趋势和消费结构升级三个方面讨论扩大消费对经济增长产生的影响。2020年,面对新的世情、国情,中共十九届五中全会做出了"全面促进消费"的统筹规划,中国消费和消费政策向"全面促进"的方向全力推进。第五章最后对未来特别是全球新冠疫情影响下的消费发展趋势进行一定探讨,并对高质量发展期如何持续扩大消费提出几点思考。在新发展时期,中国居民消费的总体趋势是消费结构的进一步升级。一个充分发展的消费市场是高度细分的，需要构建一个多维度、多层次的供给体系与之相适配。鉴于中国发展的非均衡性，消费受财富、地域、代际、数字经济等因素的影响被划分为不同层级，而消费总体规模增速放缓与内部结构优化的周期叠加本质上也是消费升级到一定阶段的规律性表现。2020年4月，习近平在中央财经委员会第七次会议上的讲话《国家中长期经济社会发展战略若干重大问题》指出，国内循环越顺畅，越有利于构建以国内大循环为主体、国内国际双循环相互促进的新发展格局。立足于"国内大循环"的新发展格局以满足国内需求作为发展的出发点和落脚点，这表明若要同时应对国际贸易局势紧张、全球需求减弱和新冠疫情冲击等因素带来的负面影响，中国的经济回暖和平稳运行有必要重点依靠消费来发挥"稳定器"作用。然而，消费的持续发力必须依靠居民消费率的提高，这就需要国家找准居民的有效消费需求，精准发力，最终提高居民消费水平和消费贡献率。尽管中国消费水平和消费结构仍与发达国家存在一定差距，但在超大规模的内需市场的支撑下，具有潜力巨大的成长和发展前景。

（二）研究方法

本书通过探讨国家在扩大消费政策提出以来消费政策的演变及其效果，以及分析消费角色的转型和消费发展的变迁，来分析消费政策与效果间的互动。由此看出，本研究可以归类为历时性研究和归纳型研究。其中，历时性研究即在一个特定时期内，针对同一个研究对象按时间划分区段，定时做同一种调查研究。经历数月、数年，甚至更长时间得出结果。通过不同阶段的研究结果可以看到比较完整的发展过程及发展过程中的一些关键转折点，有效适用于研究发展的稳定性问题和早期影响的作用问题。因此，历时性研究也被称为纵向研究，或发展性研究。归纳研究是从已取得的客观事实和数据中归纳出一定结论，有助于在验证或修正原有理论的基础上，发现和形成新的概念和理论，借助归纳逻辑，进行定性研究。为实现这种研究本质，本书主要采纳三种研究方法，即归纳研究法、实证研究法、历时研究法。

一是归纳研究法。从纵向角度研究消费变迁，既包括消费水平和消费结构的演变、消费观念和消费习惯的演进，也包括宏观消费战略和微观消费政策的变迁。其中，政府作为消费政策的制定者，对宏观消费战略变迁的研究主要从对党和政府文献、档案的分析入手，紧密联系当时的国家和社会背景，分析政府在进行微观消费政策的制定时背后的逻辑脉络和路径。对微观消费政策的研究则主要从各时期具体微观消费政策及居民消费的变化着手，了解消费政策执行对居民消费的影响。

二是实证研究法。本书采用实证研究法，基于学术界常用于居民消费结构研究的ELES（扩展线性支出）模型分别对1998~2019年这一时间段内城乡居民和区域居民的收入水平、消费水平和消费结构进行计量分析。在对城乡居民和东部、中部、西部、东北地区不同区域居民消费总体水平及其差异进行比较分析后，根据最小二乘法运用STATA14.0软件对城乡和区域居民各类消费的边际消费倾向和需求的收入弹性进行总结和比较分析，对扩大消费政策提出以来居民消费的衍变进行定量分析。

三是历时研究法。将1998~2019年扩大消费的发展历程置于中华人民共和国成立以来的大背景中，深入分析1949~1978年、1979~1997年、1998~2019年三个不同历史时期的居民消费状况，分别对其进行历史回顾、特征分析、成效对比，并对2020年新冠疫情及之后我国消费的发展趋势进行合理展望，以期能够提出针对性促进消费进一步恢复和发展的意见和建议。历时性研究的主要数据来源于历年《中国统计年鉴》及各地方统计年鉴、各省市地方志等消费相关数据的记录和统计。针对不同年份的统计数据的整理有利于直观地把握不同时期消费史的客观历程和发展趋势。

五、创新点与不足

本书力求在选题视角、研究方法和逻辑架构方面做出一定创新。在选题视角方面,本书以1998～2019年中国消费发展的过程及成效为研究对象,剖析我国扩大消费的政策效应,以判断当下中国消费的发展状况及未来的发展趋势,从而为进一步提振消费,充分发挥消费在经济发展中的"压舱石"和"加速器"作用;在研究方法方面,学术界目前关于我国扩大消费政策的研究主要集中于单纯的理论研究或单纯的实证研究上,本书力图将理论与实证相结合,从历史的角度对新中国的消费政策沿革进行系统的梳理和比较,结合每一阶段的经济和消费特征来分析消费政策的调整依据和消费水平的发展效果。先对中国1998年提出扩大消费政策的历史背景进行分析和回顾,再对1998～2019年扩大消费的政策演变和结果进行梳理和总结;在逻辑架构方面,本书在历史理论研究的基础上,通过对城乡、区域的消费情况进行实证分析,以期判断国家扩大内需战略提出以来各项具体消费政策的变动对居民消费产生的相互作用和影响。以史为鉴,对新时代中国消费的发展进行创造性地展望,提出部分相关政策建议以进一步完善扩大消费体制机制,站稳扩大内需战略基点,加快培育完整内需体系,促进消费结构持续优化升级,继续强化以扩大内需为立足点的国内大循环的主导作用。

本书不足之处主要在于实证分析的数据部分。在城乡数据方面。我国城乡地区居民消费的相关数据虽然整体上相对较为齐全,但自2013年起,国家统计局的《中国统计年鉴》数据根据城乡一体化住户收支与生活状况下的新口径进行了调整,故只能划分为两个时间段进行分析,此举虽然可以进行更为明显的前后两个时间段的情况对比,但也在一定程度上影响了数据的连贯性和结果的准确性;在区域数据方面,国家统计局关于各区域地区居民消费数据中，西藏、新疆等部分偏远省份的部分年份中人口、可支配收入和消费支出等相关数据存在一定缺失，因此区域数据的分析结果不能达到完全准确的程度，希望未来能够在省份数据上做进一步的补齐。

第一章

新中国消费发展的历史回顾
(1949～1997年)

第一节 赶超型经济发展战略与消费抑制 (1949～1978年)

一、新中国成立初期的被动型消费抑制

1949年,中国共产党带领全国人民取得新民主主义革命的胜利,建立起新政权。自此,中国共产党的工作重心从夺取革命胜利转为重建因长期战争而陷入萧条的国民经济,这就需要迅速提高全国范围内的资源动员能力和社会控制能力。但新成立的中华人民共和国面临着严峻的国内外形势。从国内形势看,人民生活困苦、工业基础薄弱、通货膨胀严重,全面崩溃的经济状况亟待改善;从国外形势看,以美国为主的资本主义国家对中国实行经济封锁和贸易禁运。同时,全球逐渐形成美苏对峙的两极格局,形成了美苏矛盾、帝国主义与和平民主两大阵营、资本主义和社会主义两种制度的相互对抗相互交织的复杂局面。中国共产

新中国消费发展的历史回顾（1949～1997年） 第一章

党在经济上面临的困境与其在军事和政治上取得的成功形成了强烈反差。国家存在着农业减产、生产萎缩、物资紧缺、工人失业、交通梗阻等一系列造成经济严重衰退和全面萎缩的客观因素。在这一背景下，在1949～1952年的三年恢复时期，全国基本上延续了中国共产党在革命战争时期所实行的供给制的消费方法，在保障每人必要物质待遇的基础上，保持着基本平均、水平较低的供给标准。饮食方面，根据不同工作职务及工作经历划分为大、中、小灶①。服装方面则实行统一标准，不划分具体等级。

在经济匮乏、资源短缺的情况下，投机商人控制着直接影响人民生活的"两白一黑"（大米、棉纱和煤炭），致使接连出现多次全国性的物价频繁上涨。1949年4月、7月、11月和1950年2月，全国各地相继爆发了4次大规模的物价上涨，严重影响了人民生活和社会稳定。为解决这一问题，陈云领导的中央财经委员会充分利用市场规律采取了有效对策，打击囤积居奇、哄抬物价行为的"米棉之战"取得胜利，全国物价水平基本恢复正常水平。②

虽然打击投机资本、平抑物价的斗争取得成功，但关系到人民衣、食、用、行消费的棉布、面粉、煤炭等物资匮乏的情况仍然严峻。新中国成立以前，国民党政府凭借资源委员会"垄断了全国钢铁产量的90%，煤产量的33%，发电量的67%，水泥产量的45%以及全部石油和有色金属。官僚资本还掌握着大银行、全国的铁路、公路、航空运输和44%的轮船吨位以及十几个垄断性贸易公司，并控制了轻工业生产。"③ 这种官僚资本严重阻碍了人民消费和生活水平的提高。新中国成立之初，即使

---

① 杨圣明. 中国式消费模式选择 [M]. 北京：中国社会科学出版社，1989：46. 其中，大灶每人每月70个工资分，中灶103个工资分，小灶135个工资分.
② 《当代中国》丛书编辑部. 当代中国的粮食工作 [M]. 北京：中国社会科学出版社，1988：35.
③ 赵凌云. 中国共产党经济工作史：1921-2011 [M]. 北京：中国财政经济出版社，2011：231.

29

是在当时全国经济水平最高的上海,"全市煤的存量只够用一个星期,棉花和粮食的存量不足维持一个月的消费。全市一万三千六百四十七家私营工厂中,开工户数只占总数的四分之一。相对景气的棉纺织业,每星期也只能开工三个昼夜。"① 上海尚且如此,其他地区生活消费品的供应情况可想而知。若要解决这一问题,就不得不充分利用当时国内私营企业家的力量来恢复和发展生产,增加供给,以满足人民的生活消费需求。私营工商业在新中国成立之初在国民经济中占有相当大的比重,私营商业的商品零售额占全国商业零售总额的85%②。这对促进商品流通、满足人民消费需要等方面发挥了十分重要的作用。然而,三年恢复期内出现了市场萧条、商品滞销、私营商业经营困难等问题,这主要是因为新中国成立后前期因通货膨胀而形成的虚假购买力消失,奢侈消费品失去了市场,而占全国人口绝大多数比重的工人农民消费水平较低。

列宁认为,在无产阶级夺取政权后发展国家资本主义,就是在坚持社会主义方向和无产阶级专政的前提下,充分利用市场和商品货币关系,"无产阶级的国家政权是不是能够依靠农民,对资本家老爷加以适当的控制,把资本主义纳入国家轨道,建立起一种受国家领导并为国家服务的资本主义"③。因此,1949~1952年,国家对私营资本采取了"团结""包容"和发展的政策,实行的是多种经济成分并存基础上的计划与市场相结合的经济体制。1950年4月,毛泽东在政治局会议上指出,"目前财政上已经打了一个胜仗,现在的问题要转到搞经济上,要调整工商业。"④

---

① 上海社会科学院经济研究所编.上海资本主义工商业的资本主义改造[M].上海:上海人民出版社,1980:71.
② 赵凌云.中国共产党经济工作史:1921-2011[M].北京:中国财政经济出版社,2011:238.
③ 列宁全集:第42卷[M].中共中央马克思,恩格斯,列宁,斯大林著作编译局编译,北京:人民出版社,1987:186.
④ 薄一波.若干重大决策与事件的回顾:上卷[M].北京:中共中央党校出版社,1991:98.

新中国消费发展的历史回顾（1949～1997年） 第一章

随后，国家开始在统筹兼顾的方针下合理调整工商业，处理公私关系和劳资关系。在巩固供应经济领导地位的前提下，使私营经济发挥有利于国计民生的作用。同年5月，私营企业资本家代表荣毅仁在七大城市工商局长会议上主动提出，通过实施加工订货的方式来解决全国纺织业销路不畅的问题，以调节棉纺织品供需问题。这一提议得到迅速采纳和推广，困扰居民穿衣消费的难题就此得到了初步解决。由此可见，私营企业为新中国成立初期国民经济和居民消费的恢复和发展做出了十分重要的贡献。

在鼓励发展私营资本的同时，国家逐步建立起社会主义性质的国营经济，直接掌握了国民经济中大部分社会化的生产力。1950～1951年，贸易部先后建立起8家经营权归国家所有，专营粮油、百货、棉纱、盐业、土产、石油、煤建、工业汽车的商业总公司，按行政区划在各大行政区、省、市、县设立分支机构，建立起全国性的覆盖居民消费各领域的商业系统。1951年，公营商业的零售额比1950年增长了133.2%，私营商业零售额则增长36.6%[①]，虽然国民消费的恢复和发展取得了初步成绩，但市场调节作用日渐式微。

1953年，中国共产党制定了过渡时期总路线。总路线提出要实现对生产资料所有制的社会主义改造，"党在过渡时期的总路线的实质，就是使生产资料的社会主义所有制成为我国国家和社会的唯一的经济基础。"而不得不这样做的原因，是"只有完成了由生产资料的私人所有制到社会主义所有制的过渡，才利于社会生产力的迅速向前发展，才利于在技术上起一个革命，把在我国绝大部分社会经济中使用简单的落后的工具农具去工作的情况，改变为使用各类机器直至最先进的机器去工作的情况，借以达到大规模地出产各种工业和农业产品，满足人民日益

---

① 赵凌云. 中国共产党经济工作史：1921-2011 [M]. 北京：中国财政经济出版社，2011：239.

31

增长着的需要,提高人民的生活水平,确有把握地增强国防力量,反对帝国主义的侵略,以及最后地巩固人民政权,防止反革命复辟这些目的。"① 这里充分强调了针对生产资料所有制的社会主义改造对于加快满足人民日益增长的生活需要和迫切提高的生活水平的重要性。在对生产资料所有制进行社会主义改造的过程中,非公有制的资本主义工商业逐步被纳入计划生产的轨道。从加工订货、统购包销发展到部分企业公私合营,最后实现全行业的公私合营。全聚德、冠生园、同仁堂、南洋兄弟烟草公司、大中华橡胶厂等老字号大企业相继成为国家所有的企业。在旧上海名噪一时的永安、先施、新新、大新四大百货公司,除永安接受公私合营的改造外,其余皆停业或撤离。原本在市场上流通的消费品,开始由国有资本进行统一生产和分配。然而,由于企业管理和商品流通的断层,不可避免地影响了居民消费的选择。例如,钢笔、体育用品、医疗器械等实用性强的轻工产品较多,而香水化妆品、铝锅、钟表等奢侈品商品则几乎消失殆尽。被动型消费抑制阶段为新中国建立起计划经济创造了必要的条件。

过渡时期总路线目标之一的社会主义改造在 1956 年底基本完成,中国也从新民主主义时期进入到社会主义初级阶段。20 世纪 50～60 年代,消费市场中的商品种类出现大幅度减少、风格功能逐渐趋同,商品数量减少,商品质量下降,严重影响了居民的消费。生产力发展不到位,商品供给严重不足,逐步形成了被动型消费抑制。城镇居民中每百人缝纫机消费量只有 0.2 台,手表 1.27 只,自行车 0.5 辆,自行车、收音机 0.14 部②。商业网点出现大规模的裁减和手工业合作化,"商店

---

① 为动员一切力量 把我国建设成为一个伟大的社会主义国家而斗争——关于党在过渡时期总路线的学习和宣传提纲 [M] //中共中央文献研究室. 建国以来重要文献选编:第 4 册. 北京:中央文献出版社,1993:702.

② 国家统计局贸易物价统计司. 中国贸易物价统计资料:1952 - 1983 [M]. 北京:中国统计出版社,1984:56.

中的大店、小店，连夫妻老婆店，统统合营了。轻率地并厂并店，会给经济生活带来很多不便。"① 不仅如此，消费市场也出现了传统工艺失传、产品质量下降、花色品质减少的情况。毛泽东评论当时的消费情况时说，"北京的烤鸭，南京的板鸭，云南的火腿，看来是退化了，还有各种布匹等等，花样少了，质量坏了"②。

二、赶超战略与被动型消费抑制向主动型消费抑制的转变

与被动型消费抑制不同的是，自国家在过渡时期总路线中提出要逐步实现社会主义的工业化起，优先发展重工业的赶超战略逐渐成型，"中国人民及其政府必须采取切实的步骤，在若干年内逐步建立起重工业和轻工业，使中国从农业国变成工业国"③，为经济社会发展奠定物质基础。重工业优先发展的社会主义工业化道路决定了中国的消费政策导向自此开始从被动型消费抑制逐渐转向为主动型消费抑制。

这是因为，与资本主义工业化率先从轻工业开始发展的道路不同，新中国结合当时国际国内的政治经济形势，选择了优先发展重工业的社会主义工业化道路。正如西方工业化的完成历时数百年，社会主义工业化也是一个需要长期完成的战略目标。"一五"计划时期的基本任务之一，就是完成以苏联援助的156项重点工程为核心的建设任务。苏联的经济体制决定了其援助只针对中国政府，而非私营工商业，援助的工业建设重点与布局，也都集中在重工业和国防工业领域。但是，重工业作

---

① 陈云文选：第2卷[M]．北京：人民出版社，1995：294．
② 毛泽东．在关于知识分子问题会议上的讲话记录：1956年1月20日[M]//中共中央文献研究室编．毛泽东传：第3卷．北京：中央文献出版社，2013：1424．
③ 毛泽东．论联合政府：1945年4月24日[M]//毛泽东选集：第3卷．北京：人民出版社，1991：1081．

为资本密集型产业，其发展所需资金、资源甚多，时间周期更长，这与当时中国资源价格高昂且稀缺、外汇支付能力和资金动员能力欠缺的资源禀赋状况存在很大矛盾。中国是经济落后的传统农业大国，人口多、底子薄，庞大的人口规模决定了人均资源的相对稀少。新中国建立在数千年的封建主义压迫、数百年的帝国主义侵略和几十年官僚资本主义的压迫之上，在人均资源极为匮乏的情况下，人民的吃饭问题都还未能解决。在此背景下，在短期内想要依靠市场机制来实现重工业和国防工业优先发展的资本原始积累几乎是不可能的。那么，如何降低重工业优先发展的资本形成门槛，在不符合中国资源禀赋的情况下推进规模如此庞大的社会主义工业化战略呢？这就必然要求在全国建立起一整套传统计划经济体制下集中力量办大事的制度安排，以便通过运用政府力量的行政手段对经济资源和人才进行集中的计划配置和管理，将有限的资金、资源更多地配置到工业发展之上。

因此，在重工业优先发展的赶超战略的推动下，我国逐渐构成了由"扭曲产品和要素价格的宏观政策环境""以计划为基本手段的资源配置制度"和"没有自主权的微观经营制度"组成的三位一体的传统经济体制[①]。这种三位一体的传统计划经济体制，不仅在长期内对国民经济发展带来经济结构的失衡，也对居民消费造成十分深远的影响。

首先，"扭曲价格"的宏观政策环境是传统计划经济体制的核心，对改革开放前的消费抑制造成了根本影响。以资本、原材料、农产品和劳动价格等为代表的成本价格被人为地压低，形成一套"扭曲"的产品与要素价格体系。与这套价格体系相配套的居民消费政策，具体表现为"三低"：低消费政策、低收入政策和低价格政策。

---

① 林毅夫，蔡昉，李周. 中国的奇迹：发展战略与经济改革：增订版 [M]. 上海：上海人民出版社，2002：54.

从低消费政策来看。在国民经济发展整体处于较低水平的情况下，以手工劳动和畜力为生产力水平标志的农业生产部门等传统经济部门在国民经济中占据绝对比重。刚成立不久的新中国，面临着以美国为首的西方资本主义国家的经济封锁，我国的对外贸易中心被迫向苏联、东欧转移，而这些国家仅通过贸易协定的方式开展贸易，排斥私营进出口商和地方国营企业。再加上对巩固国防的需求急速攀升，因此，无限压低消费比重、尽可能地提高积累比重，是满足发展重工业的高积累需求，将这部分剩余集中在各级政府特别是中央政府手中的最直接途径。"不但那种想把消费水平提高的速度超过生产发展和劳动生产率提高的速度的观点是错误的，而且要求消费水平的提高同积累的增长保持相等的速度的观点也是错误的。因为前者将使人民消费水平逐步提高所依靠的物质基础受到削弱，而后者则将延缓我国社会主义工业化的进程。"[1] 强调了消费的提高速度必须要低于劳动生产率和积累的提高速度。积累和消费是此消彼长的关系，正确处理积累与消费的关系，关系到国民经济的持续平稳运行和居民生活水平的提高。积累主要用于扩大再生产，而消费则直接用于满足个人和社会的需要。积累的增长可以快速提高生产能力、劳动生产力和资源动员能力，有利于工业化的提前实现，但不可避免地限制了消费水平的提高。根据发展经济学理论，一个国家经济腾飞的重要条件之一是投资超过国民生产总值的11%。自1953年开始，中国的资本积累率远超11%，"一五"计划时期还处在较为合理的阶段，平均积累率为24.2%，最低为1963～1965年的22.7%，"四五"计划时期甚至一度高达33.27%，这种情况一直持续到改革开放前的很长一段时间内，中国的积累总额的增速都要远远高于国民收入的增速（见表1-1）。积累和消费比例的逐渐失衡导致了消费基金的严重不足，

---

[1] 薄一波. 正确处理积累和消费的比例关系: 1956年9月18日 [M] //中共中央文献研究室. 建国以来重要文献选编: 第9册. 北京: 中央文献出版社, 1994: 247.

居民消费也长期处于低水平的状态。

表1-1　按国民经济核算体系（MPS）计算的中国消费、积累比例变动情况

年份	消费水平（%）	居民平均消费水平（元）			平均每年国民收入比上个计划时期增长（%）	平均消费率（%）	平均积累率（%）	平均每年积累总额比上个计划时期增长（%）
		全国	农村	城镇				
1953~1957	4.2	98.8	77.6	202.2	—	75.8	24.2	—
1958~1962	-3.3	115.2	81.8	233.6	35.8	70.6	29.4	73.5
1963~1965	8.6	128.0	99	250.7	8.1	77.3	22.7	-2.0

资料来源：国家统计局国民经济综合统计司. 新中国五十五年统计资料汇编［M］. 北京：中国统计出版社，2005.

这一时期，为了控制积累与消费的比重，马寅初主张："我国最大的矛盾是人口增加得太快而资金积累得太慢。""因为人口大，所以消费大，积累小……我要研究的就是如何把人口控制起来，使消费的比例降低，同时就可以把资金多积累一些。"[1] 以此为依据提出要通过控制国家人口的快速增长来调整积累与消费，保证积累的比重。这种观点将人口看作是纯消费的因素，是妨碍积累的因素，没有能够正确认识到人作为物质财富的生产者与消费者的相互关系。

从低收入政策来看。科尔内认为，"当今世界各国政府都有工资政策，不论其是否强制性的。在社会主义经济中，中央的工资政策实际上是强制性的。因此，分析工资必须从中央工资政策开始。在国民经济计划中，几乎没有任何指标比工资指标完成得更准确，相对偏差更小的了。""政府手中掌握着有效手段来保证强制贯彻其中央工资政策。"[2]

---

[1] 马寅初. 马寅初经济论文选集［M］. 北京：北京大学出版社，1990：176.
[2] ［匈］亚诺什·科尔内. 短缺经济学（下卷）［M］. 高鸿业校，北京：经济科学出版社，1986：82-83.

重工业优先发展的社会主义工业化需要大量的国内资金积累，低收入政策可以人为地压低工业化发展过程中的劳动成本，国家开始对居民的工资总额和工资水平进行总体调控，由中央政府下达全国工资总额的计划指标额度，统一调整居民收入水平。在农村，单一公有制为了保证高积累下的社会稳定，将以农民为主要代表的劳动者，固定在不可轻易进出的"政社合一"的区域性经济组织中，实行"自上而下"的高度集中管理；在城市，我国在国民经济恢复时期就逐步建立起全国统一的社会主义工资制度。1951年的第一次全国性工资改革开始实行工资分制，1952年开始以"工资分"作为工资计量单位，从供给制向工资制过渡。与1949年相比，1952年的职工工资提高了70%左右，农民收入增加了30%以上[1]。在调整资本主义工商业时，国家提出了"公私兼顾，劳资两利，城乡互助，内外交流"的基本经济方针，既保护了私营工商业的合法权益，又保障了工人的基本工资收益。与此同时，又提出"劳资团结，渡过难关"，适当降低了一部分工人的工资。1955年，国家率先在行政机关及所属事业单位中改行货币工资制。1956年第二次全国性工资改革借鉴了苏联"八级工资制"模式，在全国范围内实行统一的国家机关和企事业单位工资标准。全国工资由中央统一规定，地方和企业无权自主调整。这种统一规定的工资标准产生了差距过大的极差问题。为此，国务院迅速拟订行政10级以上的干部全面降薪的政策。在克己奉公的时代氛围下，不少人在进行工资定级时，主动选择了工资较低的行政级别。据记载，当时的一项特殊规定是，要求党员比非党员少拿一定比例的工资，这被不少党员认为是一件很光荣的事情[2]。1957年，周恩来在中共八届三中全会上提出"实行合理的低工资制，就是对工资水平的安排，不能单纯从工业生产的增长和工业劳动生产率的提

---

[1] 赵德馨. 中国经济50年发展的路径、阶段与基本经验[J]. 中国经济史研究，2000 (1).
[2] 黄新原. 真情如歌：五十年代的中国往事[M]. 北京：中国青年出版社，2007.

高出发，而必须从整个国民经济的发展和全社会劳动生产率的提高出发。只有实行合理的低工资制才能与我国相当低的工农业生产水平相适应。"[1] 职工工资水平出现下降（见表1-2）。从1960年起，国家决定实行所谓"三个人的饭，五个人吃"的低工资制。1956年底，在全国基本完成社会主义改造后的相当长的一段历史时期，特别是"文革"十年，人民的生活水平改善不多，人均收入和消费水平整体上还处于贫困状态。1957~1976年，全国职工在长达20年的时间里几乎没涨过工资，按照2010年的标准，1978年末我国农村贫困人口7.7亿人，农村贫困发生率高达97.5%[2]。

表1-2　　　　　　　　　　职工工资总额　　　　　　　　单位：亿元

年份	工资总额	国有单位	集体单位
1952	68.3	67.5	0.8
1953	90.0	88.9	1.1
1954	98.8	95.3	3.5
1955	108.8	100.3	8.5
1956	158.6	136.5	22.1
1957	190.8	156.4	34.4
1958	210.8	180.0	30.8
1959	263.1	235.5	29.6
1960	296.7	263.2	33.5
1961	280.7	244.1	36.6
1962	254.3	213.6	40.7

---

[1] 周恩来. 关于劳动工资和劳保福利政策的意见：1957年9月26日[M]//中共中央文献研究室编. 建国以来重要文献选编：第10册. 北京：中央文献出版社，1994：574.
[2] 国家统计局. 人民生活实现历史性跨越　阔步迈向全面小康——新中国成立70周年经济社会发展成就系列报告之十四[EB/OL]. (2019-8-9)[2024-9-23]. https://www.stats.gov.cn/sj/zxfb/202302/t20230203_1900408.html.

新中国消费发展的历史回顾（1949～1997年）　第一章

续表

年份	工资总额	国有单位	集体单位
1963	249.9	211.1	38.8
1964	263.7	224.0	39.7
1965	282.3	235.3	47.0

资料来源：国家统计局国民经济综合统计司. 新中国五十五年统计资料汇编［M］. 北京：中国统计出版社，2005.

低工资政策既可以通过消费基金的减少来实现投资基金的增加，缓解赶超时期的资金供求矛盾，也可以通过低廉的劳动力价格实现发展重工业成本的降低，符合当时所实施的重工业优先发展的现实需求。实际中，企业实行"企业不破产、职工不辞退"政策，企业间缺乏有效的竞争机制，职工间缺乏自由流动机制，再加上低收入政策下的平均分配，严重束缚了城市企业职工的积极性。在低收入政策的调整下，居民消费的决定因素——可支配收入始终处于一个很低的水平，可用于消费的部分极少，直接限制了消费的发展。与此同时，居民之间的消费生活水平的相对差距亦不显著，相互之间未能产生明显的消费比较心理。

从低价格体系来看。"我们现在把注意力转向对价格的集中控制。不仅官方的声明，而且实践经验也证明，在社会主义经济中国家价格政策最重要的目标之一就是价格的稳定。如果国家没有或不可能完全达到这个目标，那么它至少要通过努力制定价格提高的上限来有力地抵制价格的螺旋上升，并使价格保持在计划水平之内。"[1] 低收入政策使得城乡居民用于购买消费品的支付能力始终处于一个很低的水平，用于消费的可支配收入不断减少导致了国家消费总额及其在国民收入使用额中比重的逐年下降，消费率对于经济增长的贡献微乎其微。由于这一时期的

---

[1] ［匈］亚诺什·科尔内. 短缺经济学（下卷）［M］. 高鸿业校，北京：经济科学出版社，1986：76.

市场不能充分发挥自主调节作用,"由中央价格部门严格控制的管理价格在消费品中所占比例极高"①,消费者无法或无力购买本该由市场决定价格的生活必需品和服务,这造成社会的不稳定因素增加,劳动生产率降低,不利于为重工业发展提供持续的劳动供给。为解决这一矛盾,国家不得不通过行政手段人为地将以食品、日用品、住房、医疗、教育等为代表的基本消费品和基本生活资料的价格控制在与居民低收入相匹配的水平上,逐渐形成了中国历史上长达20余年扭曲的价格体系。1978年以前,全国消费品价格指数的变动趋势偏离了市场需求,生活消费资料的普遍短缺反映了市场价格体系的扭曲情况(见表1-3)。在完全竞争市场环境下,市场需求与供给的均衡点决定了市场的均衡价格。而赶超战略下国家推行的低物价政策,将产品和要素价格人为控制在一个低于自由市场均衡价格的水平,形成了需求不断增加和供给持续抑制的一种不平衡的状态。"在资源约束型体制下,短缺不是取决于供给方面,而是取决于需求方面。"② 当需求与供给曲线发生偏离后,供给与需求之间的缺口使经济生活中农副产品、资金、原材料等各种生活必需品供不应求的短缺现象成为常态。这就是传统社会主义国家计划经济必然出现的所谓"短缺经济"常态。

表1-3　　　　　1952~1978年消费品价格指数扭曲程度　　　　（1950年=100）

年份	全国消费品价格指数（1）	集市贸易消费品指数（2）	扭曲程度（1）/（2）
1952	113.3	111.0	1.02
1957	122.5	120.9	1.01
1962	155.6	354.8	0.44

---

① [匈]亚诺什·科尔内. 短缺经济学（下卷）[M]. 高鸿业校,北京:经济科学出版社,1986:221.

② [匈]亚诺什·科尔内. 短缺经济学（下卷）[M]. 高鸿业校,北京:经济科学出版社,1986:56.

续表

年份	全国消费品价格指数（1）	集市贸易消费品指数（2）	扭曲程度（1）/（2）
1965	138.2	192.3	0.72
1970	137.8	197.7	0.70
1975	134.0	259.5	0.55
1976	143.4	269.8	0.53
1977	147.8	263.3	0.56
1978	150.0	246.0	0.61

资料来源：1992年中国统计年鉴［M］.北京：中国统计出版社，1992：240、254.

"扭曲"的价格体系同时也造成了外汇的短缺。重工业发展所需要进口的国外机器设备，需要通过初级农副产品的出口来填补外汇缺口，这同样造成了农副产品消费的长期短缺。在进出口贸易上，国家优先保证肉、蛋、水果、茶叶等商品出口，国内同类消费品的市场受到了严重挤压。"不但是现在，而且是今后十多年内，只能采取节省国内消费、首先供应出口的办法。只有工业基础建立以后，工业装备的进口可以减少的时候，这种情况才能有所改变。"[1] 此外，重工业优先发展战略也必然以牺牲轻工业发展为代价，而轻工业是城乡居民生活消费品的主要来源。1953~1965年，国家轻重工业发展比例严重失衡（见表1-4）。集中力量建设和发展工业，尤其是重工业，是中国实现现代化目标，人民摆脱落后和贫困，生活水平逐步提高，过上富裕有质量生活的基础。为了能够在工业化基础建立后消费品总额实现迅速增加，人民的局部利益服从国家的整体利益，暂时压缩居民消费成为必然要求。

---

[1] 陈云.关于计划收购和计划供应：1954年9月23日[M]//陈云文选：1949-1956年.北京：人民出版社，1984：256.

表1-4　　　　　　轻、重工业占基本建设投资总额比重　　　　　　单位：%

年份	轻工业占基本建设投资总额比重	重工业占基本建设投资总额比重
1953~1957	6.4	36.1
1958~1962	6.4	54
1963~1965	3.9	45.9

资料来源：国家统计局国民经济综合统计司．新中国五十五年统计资料汇编［M］．北京：中国统计出版社，2005．

其次，以计划为基本手段的资源配置制度对消费抑制的影响。"扭曲"价格的宏观政策环境扭曲了居民的农产品等生活必需品的消费价格，对农民的生产积极性造成严重打击。新中国初期，面临西方国家孤立和封锁的严峻形势，只能在半封闭的状态下发展内向型经济，此时，有效和分散的农业剩余几乎是获得工业化资本积累的唯一途径。重工业优先发展的社会主义工业化对农业发展不可避免地造成挤压，直接导致了粮食、棉花等农产品的产量严重不足。为解决全国粮食等紧缺的问题，保证"扭曲"价格体系下经济的正常运转，国家决定建立高度集中的资源计划配置制度来代替市场配置的职能。1953年11月，《政务院关于实行粮食的计划收购和计划供应的命令》[1]规定了实行粮食统购统销的具体办法。城镇粮食计划供应从"凭证买粮"发展为"按户核实"，农村实施"定产、定购、定销"的办法，进一步将统购统销政策系统化。1955年8月，粮食部颁发《关于全国通用粮票暂行管理办法的通知》，确立了以粮食为主的基本生活资料消费的凭票供应制度，居民食品消费种类和数量受到限制。以"粮票"为主要代表的票证消费开始成为时代特征，粮票有全国、省、市、县不同级别，有粗粮、面粉

---

[1] 中央人民政府政务院关于实行粮食的计划收购和计划供应的命令［M］//中共中央文献研究室．建国以来重要文献选编：第4册．北京：中央文献出版社，1993：561-564．

等不同原料，或糕点、饼子等不同粮食制品，有两斤、一斤、半斤、一两等不同重量，这些消费品即使有钱也无法买到，出现了"没有粮票，寸步难行"的状况。1957～1962年，粮食的人均消费量从406斤减少至329斤，食用植物油从4.8斤减少至2.2斤，猪肉从10.2斤减少至4.4斤，棉布从19.5尺减少至10.6尺[1]。随后，几乎所有农产品都纳入统购统销政策，票证制度的覆盖范围逐步扩大到棉花、油料、布匹、石油等基本消费生活资料，又陆续指定烤烟、茶叶、羊毛等副食品和工业原料为派购产品。

继粮票制度后，限制居民消费的布票制度规定，成年人每年可分配到的布票大致在16尺、18尺左右[2]。在衣着消费上，固定价格和款式，使居民服装消费变得千篇一律，竞争性、差异化的消费也让步给标准化、同质性的消费。20世纪60年代，北京的裁缝店、服装店数量不少，但比最低等的棉布稍好的服装材料都价格不菲，羊毛材质的裤子20元一米，价格是当时最低工资的一半，且几乎没有什么样式可选[3]。1960年，由于已经没有棉花可以继续供应，上海纱厂停工。统购统销政策使个人自主消费模式逐渐演化为国家主义消费模式，城乡居民不能自主决定农产品的价格和消费数量。扭曲的价格以制度化的形式贯穿整个计划经济时期。

人为扭曲产品和要素价格意味着商品之间的交换主要由政府计划调配，市场机制的作用受到限制或压抑，货币作为商品流通中充当重要的交换媒介以实现商品价值的职能无法发挥。20世纪50年代开始，国家对于由自由市场进行资源调配的商品经济采取了一种排斥的态度，我国经济体制逐渐由计划与市场并重转向为以行政管理为特征的

---

[1] 金勇进等. 数字中国60年[M]. 北京：人民出版社，2009：4.
[2] 孙骁骥. 购物凶猛：20世纪中国消费史[M]. 北京：东方出版社，2019：283.
[3] 卡特琳·文慕贝. 每个人的中国：1964-1965[M]. 彭怡译. 北京：社会科学文献出版社，2013：53.

计划经济。1953年以后，开始实行城市劳动力计划调配和主要农副产品的统购统销。1957年，国家关闭了城市消费品自由市场。1958年10月，华北和东北九省在西安召开秋季农业协作会议，会上有人提出了要取消商业、消灭货币的意见。毛泽东当时明确反对这一意见，他提出每个公社和生产队，在生产粮食之外，都要生产商品作物，"每一个人民公社除生产粮食以外，必须大量生产经济作物，能够卖钱的，能够交换的，有农业品，有工业品，总之是生产商品。"[1] 他既肯定了社会主义条件下"价值规律"的积极作用，但也将计划经济和价值规律放在了相互对立的位置。由于没有将价值规律作为计划工作的主要依据和社会主义经济的基本规律，一切关于公社化时期商业的经济政策都在极力回避资本主义范畴内的商品生产、商品流通和价值法则。

由于人为地将"商品经济"和"社会主义"对立起来，20世纪50~70年代中国的"社会主义建设"成为一种对商品货币关系的逐步消灭，从而追求封闭的产品经济模式，这自然会导致配给的增加和自由交换的减少[2]。这样势必会对居民消费生活造成实质影响，刘少奇曾直接指出单一计划管理的弊病："社会主义经济的特点是有计划性，是计划经济，但是实际社会经济活动包括各行各业、各个方面，有几千种、几万种、几十万种，国家计划不可能计划那么几千、几万、几十万种，只能计划那么多少类，结果就是把社会经济生活搞得简单了，呆板了。"[3] 尽管如此，在严格计划的经济体制下，被视为社会主义"敌人"的商业也并没有彻底消失，居民消费需求和商品交换

---

[1] 中共中央文献研究室. 毛泽东传：第5卷 [M]. 北京：中央文献出版社，2013：1855.
[2] 萧国亮，隋福民. 中华人民共和国经济史：1049－2010 [M]. 北京：北京大学出版社，2011：159.
[3] 中共中央文献研究室编. 刘少奇年谱（1898－1969）：下卷 [M]. 北京：中央文献出版社，1996：399.

新中国消费发展的历史回顾（1949～1997年）　第一章

行为使消费活动和消费市场的存在具有必然性。在实际操作中，虽然所有产品归人民公社集体所有，但其中被调拨的产品只占一部分，仍有一部分是通过交换的形式进行商品买卖，这部分也被称作计划经济体制下的非计划经济因素[①]。这是社会主义性质的商品生产和商品交换，目的是逐步过渡到共产主义，具有鲜明的社会主义商品经济的特征。

最后，无自主权的微观经营制度对消费抑制的影响。资源的计划配给制度建立后，相配套的微观经济管理体制也需要迅速建立起来。于是，在实行第一步统购统销制度后，农业集体化运动紧随其后，并建立了人民公社制度。人民公社制度通过强制性地汲取农业剩余以实现服务国家工业化和赶英超美的战略目标，即以工农业产品价格剪刀差的方式对农村基本生产要素进行控制和对农产品流通进行垄断。据测算，1955～1985年，国家通过公开税、剪刀差和储蓄净流出这三种征税渠道获取的农业剩余达到了6926亿元[②]。随着粮食征购量的持续提升，城乡居民消费生活的正常发展受到了严重影响。在城市，商品粮供应不足，出现以鲜白薯和粗粮顶替主粮的情况，萝卜、白菜等副食和日用消费品也供应紧张，轻工业和原材料生产严重滞后。以武汉市为例，"副食品经营品种，1958年8月为1355种，现在只有51种，减少了96.24%。熟食、糕点、酿造等行业用粮，过去每人每月平均8斤左右，现在大大减少了。"[③] 在农村，对农民口粮和种子粮进行超额征收的"过头粮"导致了人均粮食消费量显著下降，全国出现严重的粮食短缺。1959年6月，李先念在向毛泽东和中共中央关于1959年社会商品购买力和商品供应

---

① 向新，苏少之.1957-1978年中国计划经济体制下的非计划经济因素［J］.中国经济史研究，2002（2）.

② 李溦.农业剩余与工业化资本积累［M］.昆明：云南出版社，1993.

③ 湖北省经济工作会议秘书处.张体学.关于当前经济工作问题的报告：1959年6月21日［A］.湖北省档案馆.档号：SZ001-002-0620-0002：5.

量之间的平衡的报告中提到:"几个月来根据中央历次会议的精神,全党在农副产品收购方面,在日用品生产方面,都做了许多工作,但是至今没有得到根本好转。"毛泽东对该报告进行批注:"没有根本好转,但是已经开始有了好转。再有几个月,根本好转就会来了,这是明白无疑的。"①

同时,人民公社化时期兴起的"吃饭不要钱"的公共食堂进一步加剧了粮食的极度短缺。安徽亳县全公社 299 个生产队中,公共食堂竟有 314 个②。1960 年,粮食产量下降到 2870 亿斤③。随着粮食总量的持续减少,城乡人均粮食消费量持续下降(见表 1-5)。为缓解饥荒,中共中央开始贯彻实施"以瓜果蔬菜代替粮食,以副食代替主食"的"瓜菜代"政策。"消费品市场上的短缺能被维持在正常强度的原因之一是:偏离正常状态,作为一个重要信号,对那些在中央的宏观层次和企业的微观层次上控制供给的人都会产生作用。"④ 于是,面对不断降低的消费水平和持续恶化的人民生活,宏观经济政策和微观经营制度都开始进行调整。1961 年,国家出台"农业六十条",开始允许和鼓励社员发展家庭副业和经营自留地,粮食、棉花的产量开始回升,其他主要农产品产量在锐减后开始逐步回升。1964 年底,国民经济出现全面好转。1962~1966 年,每年的粮食增产量为 260 亿斤,棉花增产量为 600 万担⑤,人民生活得到了初步改善(见表 1-6)。国家通过这一系列的制度安排,实现了对农业生产、农产品消费和分配的完全控制。

---

① 逄先知,金冲及. 毛泽东传(1949-1976)[M]. 北京:中央文献出版社,2009:951.
② 资中筠. 启蒙与中国社会转型[M]. 北京:社会科学文献出版社,2011.
③ 中共中央文献研究室. 毛泽东传:第 5 卷[M]. 北京:中央文献出版社,2013:2063.
④ [匈]亚诺什·科尔内. 短缺经济学(下卷)[M]. 高鸿业校,北京:经济科学出版社,1986:208.
⑤ 中共中央文献研究室. 毛泽东传:第 5 卷[M]. 北京:中央文献出版社,2013:2147.

新中国消费发展的历史回顾（1949～1997年）　第一章

表1-5　　　　　　　城乡居民粮食消费总量和人均消费量

年份	粮食消费总量（万吨）			人均粮食消费量（公斤）		
	全国	城镇	乡村	全国	城镇	乡村
1953	11432.5	1768.5	9646.0	197.07	242.24	190.50
1954	11665.5	1869.0	9769.5	196.38	236.21	190.16
1955	12042.5	1795.0	10247.5	198.27	214.41	195.69
1956	12670.0	1890.0	10780.0	204.29	200.26	205.02
1957	12917.5	1960.0	10957.5	203.06	196.00	204.38
1958	12924.0	2164.0	10760.0	198.23	185.55	201.00
1959	12359.0	2614.0	9745.0	186.59	200.89	183.10
1960	10856.0	2662.5	8193.5	163.62	192.59	156.00
1961	10467.0	2329.0	8138.0	158.63	179.49	153.71
1962	10941.0	2131.0	8810.0	164.63	193.84	160.57
1963	11214.5	2139.0	9075.5	164.65	189.86	159.65
1964	12664.5	2339.5	10345.0	181.96	200.05	178.31
1965	12153.0	2581.5	10571.5	182.84	210.65	177.13

资料来源：张培刚，廖丹清．二十世纪中国粮食经济［M］．武汉：华中科技大学出版社，2002：555。

表1-6　　　　　　　　全国主要农业产品产量　　　　　　　　单位：万吨

年份	粮食	棉花	油料	黄红麻	糖料	茶叶	水果
1949	11318.0	44.4	256.4	3.7	283.3	4.1	120.0
1950	13212.5	69.2	297.2	7.9	337.8	6.5	132.5
1951	14368.5	103.1	362.0	25.0	498.9	7.9	156.4
1952	16391.5	130.1	419.3	30.6	759.5	8.2	244.3
1953	16683.0	117.5	385.6	13.8	771.4	8.5	296.9
1954	16951.5	106.5	430.5	13.7	958.1	9.2	297.8
1955	18393.5	151.8	482.7	25.7	970.6	10.8	255.0
1956	19274.5	144.5	508.6	25.8	1030.1	12.1	310.5

47

续表

年份	粮食	棉花	油料	黄红麻	糖料	茶叶	水果
1957	19504.5	164.0	419.6	30.1	1189.3	11.2	324.7
1958	19765.0	196.9	477.0	26.7	1563.1	13.5	390.0
1959	16968.0	170.9	410.4	22.6	1214.7	15.2	425.0
1960	14384.5	106.3	194.1	20.2	985.5	13.6	397.7
1961	13650.0	80.0	181.4	12.3	506.5	7.9	284.1
1962	15441.0	75.0	200.3	13.2	378.2	7.4	271.2
1963	17000.0	120.0	245.8	19.8	832.0	8.4	287.6
1964	18750.0	166.3	336.8	23.5	1346.5	9.2	—
1965	19452.5	209.8	362.5	27.9	1537.5	10.1	323.9

资料来源：国家统计局国民经济综合统计司．新中国六十年统计资料汇编［M］．北京：中国统计出版社，2010：37。

三、节俭消费思想对消费抑制的影响

中国共产党提出了资产阶级思想和无产阶级思想之间存在尖锐的矛盾，必须要"同资产阶级和小资产阶级的思想进行长期的斗争"[①]。新中国成立后，毛泽东多次强调要解决我国工业和国防建设所需的大量资金问题，必须通过增产和节约来实现。增产节约对于推进新中国政治、经济、文化和军事建设等各方面的工作，特别是经济建设方面的工作至关重要，可以为实现中国未来的富强兴盛打好基础。1953年，《人民日报》社论呼吁："必须继续厉行节约，精打细算，把能节省的每一文钱都用到建设上来。"1954年，邓小平在全国财政厅局长会议上指出，为确保国家财政的稳固基础，保障社会主义工业建设，必须节俭一切可以

---

① 毛泽东．在中国共产党全国宣传工作会议上的讲话：1957年3月12日［M］//中共中央文献研究室．建国以来重要文献选编：第10册．北京：中央文献出版社，1994：125．

节俭的开支，克服浪费。① 同年，周恩来提出"一切只顾个人不顾社会、只顾局部不顾全体、只顾眼前不顾将来、只顾权利不顾义务、只顾消费不顾生产的观点和行为，都是必须反对的。"② 1957年，毛泽东在《关于正确处理人民内部矛盾的问题》中提出，全面地、彻底地、持久地厉行节约，是解决大规模建设和经济落后穷国之间矛盾的方法之一，"我们六亿人口都要实行增产节约，反对铺张浪费"③，呼吁全国人民加入节约的行列。1959年，毛泽东提出苏联教科书（指苏联科学院经济研究所编写的《政治经济学教科书》）中"把物质刺激片面化、绝对化，不把思想觉悟放在重要地位，这是很大的原则性错误"。他还认为"应当艰苦奋斗，强调扩大再生产，强调共产主义前途、远景，要用共产主义理想教育人民。"④ "要在干部和广大群众中大大发扬勤俭建国的精神，进一步养成以艰苦朴素为荣、以奢侈浪费为耻的社会风气。"⑤ 1962年，刘少奇在中共中央政治局扩大会议上提出"勤俭建国是我们必须长期坚持的方针"⑥。1963年，中央工作会议决定在全国范围内开展增产节约运动。1966年"三五"计划后，国家以三线建设为主要内容开始备战工作，在生产和生活的关系上基本上是按照"先治坡，后治窝""先生产，后生活"的口号处理，把解决人民吃穿用的消费问题和提高人民生活水平当作修正主义来进行批判，艰苦朴素、勤俭节约的消费抑制导向贯穿了整个国民经济恢复发展期。1974年，邓小平在与民主意大利总统委员会主席会谈时再次强调"坚持勤俭建国方针"对

---

① 邓小平文选：第1卷 [M]. 北京：人民出版社，1994：197.
② 周恩来. 政府工作报告：第一届全国人大第一次会议 [M]//中共中央文献研究室. 建国以来重要文献选编：第5册. 北京：中央文献出版社，1994：607.
③ 毛泽东选集：第5卷 [M]. 北京：人民出版社，1977：399.
④ 毛泽东文集：第8卷 [M]. 北京：人民出版社，1999：136.
⑤ 中共中央关于开展以保粮、保钢为中心的增产节约运动的指示：1960年8月14日 [M]//中共中央文献研究室. 建国以来重要文献选编：第13册. 北京：中央文献出版社，1994：536.
⑥ 刘少奇在中共中央政治局扩大会议上的讲话记录. 1962-1-25.

于我国各项建设的成功至关重要，提倡这一方针可以充分调动广大群众的积极性，不仅解决了经济基础薄弱的新政权用于经济建设的资金积累问题，还在政治和思想方面对群众产生了积极影响，进一步肯定了勤俭节约的思想政策导向在这一时期经济建设和社会稳定所发挥的重要作用。

在这种国家所推崇的俭朴、统一的主流意识形态影响下，居民消费观念逐渐被培养成为"艰苦朴素，享受为耻"。自此，丰富的消费品选择被视为错误的小资产阶级性的体现，消费品短缺逐渐开始体现在消费对象的一致性上。无论是服装、饮食、首饰还是发型等，都力求简朴且从众，不愿或不敢彰显个性，忌惮会被当作"资产阶级思想"进行批判。以服装为例，款式单一，以中山装、列宁装、格子衫、皮袄子、军用胶鞋等为主，颜色单调，以蓝、灰、黑色为主。居民服装消费中不再包含旗袍、西装、皮鞋、高跟鞋等沾有"资本主义"情调的服饰。1956年5月11日，上海《青年报》甚至对男女"青年妆"的妆容进行了统一规定要求[①]。

经济学理论认为，重工业优先发展的赶超战略在资本稀缺的农业经济背景下，贫困落后和备战备荒使产品、要素等高度短缺，不可避免地导致扭曲的产品和要素价格体系，这是当时中国所面临的内外部因素共同促成的发展现状。通过三大改造建立起来的单一公有制能够有效保证低收入下的高积累、经济运行和社会稳定。高度集中的资源计划配置制度则能够集中一切社会力量办大事，将分散、有限的资金集中在中央政府，进行最急需的重工业以及国防工业建设，建立起投资规模巨大、相

---

① 对"青年妆"的注释：化妆先擦上些凡士林塞住毛孔，就可以上底彩了。底彩一般用棕色加肉色，嫌黄时可添上些嫩肉色。打好底彩后，就画鼻子。一般用大红油彩加黑眉笔或黑眉膏（黑油彩太稀容易滑掉）。画鼻子时，不能给人有线的感觉，要中间深，渐渐往两边淡下去，使人看上去是个柔和、自然的立体。接下来是上面颊红，它的作用很大，可以利用它来改变脸型。男同志在打面颊红时（红色加点棕），要擦得淡些，女同志要鲜艳些。

对完整独立的工业体系和较为强大的国防工业。不能否认，赶超型经济发展战略下的主动型消费抑制政策虽然受到历史条件的制约，具有一定的历史局限性，但其同时也是中国所处实际情况下迫不得已而又唯一、正确、必然的选择。一系列消费政策为新生政权在违背资源禀赋特点、比较优势和落后的农业大国国情的情况下集中人力物力财力，带领全国人民度过经济短缺和建立比较完整的社会主义工业化体系提供了必要的支撑。

低消费、低收入、低价格的宏观政策环境使国家必须通过行使命令性权力确保消费能够严格控制在一个适当的水平。此外，国家还调整了工商业的产销关系，由政府统一制订产销计划，从而克服生产中的无政府状态。中国的计划经济体制并非建立在高度发达的资本主义经济的基础之上，这决定它的主要任务不是为了解决生产社会化与生产资料私人占有而导致的市场经济中的"无政府"状态和无产阶级走向"贫困化"的趋势问题，而是最大限度地解决工业化所必需的资金、资源问题，在一穷二白、人民温饱问题尚未解决的情况下，保证国家的经济发展速度。这些政策虽然能够使消费品的产销能够尽量趋于供求平衡的状态，但同时也排除了利用自由市场提供消费品供给的可能。与新中国成立初三年经济恢复期过后的1952年相比，1980年的工农业总产值增长8.1倍，工业固定资产增长26倍，而同一阶段，国民收入仅仅增长4.2倍，人民平均消费水平更是仅提高了1倍。[①]这说明，社会主义制度下的经济建设取得了较快的发展速度，然而人民生活的增幅低于国民收入的增幅，国民收入的增幅又低于工农业总产值的增幅。

1949~1978年，城镇居民用于衣食温饱方面的支出占总消费支出的70%以上，居民家庭的恩格尔系数超过57%。城镇居民生活处于刚

---

① 杨圣明. 中国式消费模式选择[M]. 北京：中国社会科学出版社，1989：4.

刚脱贫，但仍在温饱最低线上徘徊的水平；同期，农村居民整体上还未跨入温饱阶段，居民家庭的恩格尔系数超过了67%。截至改革开放之时，全国仍有2.5亿之巨的农村居民的生活水平还处于绝对贫困线以下[1]。习近平在回忆自己陕北插队经历时，提起与农民的一段对话："我那时饿着肚子问周围的老百姓，你们觉得什么样的日子算幸福生活？他们讲了几个心愿。""第一个目标是希望不再要饭，能吃饱肚子。别管吃什么，半年糠菜半年粮也好。再进一步，当地的土话叫吃'净粿子'，就是能吃上纯高粱米、玉米面。第三个目标，他们认为那就叫高不可攀了，'想吃细粮就吃细粮，还能经常吃肉'，说是'下辈子的愿望'。"[2] 1978年，中国人均粮食占有量仍然约等于1957年的水平，农业人口人均年收入仅70元，近四分之一的生产队社员收入在50元以下，平均每个生产大队的集体积累不足一万元，有些地方甚至不能维持简单再生产。[3]

为弥补抑制型消费政策安排对居民私人消费领域造成的损失和对人民日益增长的物质文化需要的抑制，国家在公共消费领域出台了无偿供给、覆盖广泛的带有福利性质的消费政策，如终身就业、公费医疗、住房分配、子女教育、养老制度、普及初级教育等实物性或服务性福利，这些是改革开放以前中国居民消费的重要补充，其中的很多内容如城镇实物住房分配制度、固定用工制度、福利补贴制度、失业救济安置制度等在改革开放后的中国消费史上也延续了很长一段时间。

---

[1] 国家统计局. 系列报告之四：城乡居民生活从贫困向全面小康迈进[EB/OL]. (2009-9-10) [2020-6-23]. http://www.stats.gov.cn/ztjc/ztfx/qzxzgcl60zn/200909/t20090910_68636.html.

[2] 张神根，张倔. 百年党史——决定中国命运的关键抉择[M] 北京：人民出版社，2021：269-270.

[3] 刘仲藜. 奠基——新中国经济五十年[M]. 北京：中国财政经济出版社，1999：244.

第二节 经济结构调整与消费补偿（1979~1997年）

一、改革开放与经济结构调整

改革开放前，中国建立了服务于重工业优先发展战略的高度集中的传统计划经济体制。它形成了低消费、低收入、低价格的抑制型宏观消费政策体系和"艰苦奋斗、勤俭节约"的节俭消费价值导向，居民消费长期处于低水平、低欲望阶段。1978年，中国经济总量与新中国成立之初相比已经得到了巨大提高，但由于前一时期主动型抑制消费政策的影响，居民生活水平始终徘徊不前，全国的恩格尔系数仍然处在60%上下的水平。城市化水平低下，农村仍然处于解决温饱的阶段[①]。改革开放后，国际国内政治经济格局发生急剧变化，当中国建立起相对独立完整的工业体系和国民经济体系，之前为保证高积累和"勒紧裤腰带过日子"搞建设的单一公有制和计划经济体制便失去了继续存在的合理性，传统计划经济体制下三位一体的主动型消费抑制政策越来越不能满足人民对提高生活水平的迫切需求。抑制型消费政策安排与消费者之间的矛盾逐渐凸显，国内的主要矛盾发生转变，迫切需要转换经济体制。1981年6月，邓小平在《关于建国以来党的若干历史问题的决议》中总结改革开放以前正反两个方面的历史经验后指出"社会主义

---

① 国家统计局. 人民生活实现历史性跨越阔步迈向全面小康——新中国成立70周年经济社会发展成就系列报告之十四 [EB/OL]. (2019-8-9) [2020-6-2]. http://www.stats.gov.cn/tjsj/zxfb/201908/t20190809_1690098.html.

生产关系的发展并不存在一套固定的模式，我们的任务是要根据我国生产力发展的要求，在每一阶段上创造出与之相适应的和便于继续前进的生产关系的具体形式。""我国所要解决的主要矛盾，是人民日益增长的物质文化需要同落后的社会生产之间的矛盾。党和国家工作的重点必须转移到以经济建设为中心的社会主义现代化建设上来，大力发展社会生产力，并在这个基础上逐步改善人民的物质文化生活。"[1] 习仲勋曾说："千言万语说得再多，都是没用的，把人民生活水平搞上去，才是唯一的办法。不然，人民只会用脚投票。"[2] 这些论述均表明，国家的工作重心必须迅速发生转移，改革的紧迫任务便是尽快解决人民的温饱问题。因此，以改善人民生活为根本目的的经济建设成为我党和我国工作的重中之重，作为社会主义生产关系重要组成部分的消费，自然也"不存在一套固定的模式"，而是可以有多种多样的形式供消费者选择。于是，传统计划经济体制和宏观政策环境开始逐渐改变，在我国实行了长达30年左右的抑制消费政策终于发生改变，为社会生产力和人民生活水平的提高着手进行经济结构的优化调整。根据罗斯托对经济增长的阶段划分，1979~1997年的中国处在从起飞到走向技术成熟的阶段[3]。这一阶段，居民消费需求呈现快速扩张趋势，居民消费市场逐渐从票证供应的卖方市场发展为供应充裕的买方市场。

为真正解决新的社会主要矛盾，培育和创造适应国情的有中国特色的社会主义消费。国家从根本上着手调整经济结构，对传统计划经济体制形成的微观、宏观消费市场特征进行调整，力图实现从计划经济向市

---

[1] 中国共产党第十一届中央委员会第六次全体会议. 中国共产党中央委员会关于建国以来党的若干历史问题的决议：1981年6月27日 [M] //中共中央文献研究室编. 三中全会以来重要文献选编：下册. 北京：人民出版社，1982：839-840.

[2] 章石山. 奋斗与辉煌——广东小康叙事卷1—百端待举（1978-1991）[M]. 广州：花城出版社，2020：6.

[3] W. W. 罗斯托. 经济成长的阶段：非共产党宣言 [M]. 郭熙保，王松茂译. 北京：中国社会科学出版社，2001：序言23.

场经济的顺利转型。其中，最重要的是要迅速调整重工业优先发展战略所造成的畸重畸轻的产业结构和主动型消费抑制的计划配置资源制度。国家消费政策进入补偿消费阶段。

（一）调整产业结构

在重工业优先发展战略主导的传统计划经济体制时期，产业结构的轻重比例严重失调。从农工比例来看，农业的发展长期处在被抑制的状态，工业化，尤其是重工业则一路突进，造成国民经济的畸形产业结构，不仅从长期拖累国民经济发展，而且形成对居民消费的主动抑制。改革开放初期，通过逐步放松经济管制，开放集贸市场，激发了经济活力。1978年，安徽凤阳县小岗村18户农村村民秘密签下"生死状"，将村内集体土地"分田到户""包产到户"，除向国家缴纳农业税、向集体交纳公共提留以外，其余收入和收成留归土地承包者，也就是"交够国家的，留够集体的，剩下都是自己的。"这个在人民公社化时期经常被批判和质疑的概念让小岗村村民在当年便取得了总产量为66吨的粮食大丰收，相当于全队1966~1970年这5年粮食产量的总和。年均产量从"1万多公斤增至66185公斤，还收获了17600公斤油料，养了135头猪。这个从未向国家交过一斤粮食的"三靠队"（即吃粮靠返销、花钱靠救济、生产靠贷款），1979年第一次交公粮12497公斤，超过政府计划的7倍，卖给国家油料12466公斤，是既定任务的80倍，归还了800元贷款"[1]。自此开辟了我国家庭联产承包责任制的先河。

在补偿消费时期，国家一改抑制消费时期对"包产到户""包干到户"的抵制态度。1980年5月31日，邓小平公开肯定小岗村"大包干"的做法。1980年9月，中共中央下发《关于进一步加强和完善农业生产责任制的几个问题》，肯定了在生产队领导下实行的包产到户，

---

[1] 彭森等.中国经济体制改革重大事件（上）[M].北京：中国人民大学出版社，2008：41.

"党的十一届三中全会以来，全国各地清除极左路线的影响，落实中央两个农业文件，从价格、税收、信贷和农副产品收购方面调整了农业政策，适当地放宽了对自留地、家庭副业和集市贸易的限制。特别是尊重生产队的自主权，因地制宜地发展多种经营，普遍建立各种形式的生产责任制，改进劳动计酬办法，初步纠正了生产指导上的主观主义和分配中的平均主义。"[1] 这种态度的转变给予农户更大的自主权，适应了全国多地的生产水平、农民的思想水平和干部的管理水平，有效地调动了农村农业生产的积极性，各地农村纷纷相适应政策安排，推进"双包"责任制。1981年10月，实行生产责任制的生产队占生产队总数的50.8%，其中39.9%的生产队实现了"包干到户"。[2] 1982年1月，中共中央发布《全国农村工作会议纪要》，重点肯定了"双包"责任制。1983年1月，中共中央进一步颁布《当前农村经济改革的若干问题》，家庭联产承包责任制开始逐步在全国范围内推广。到1983年底，全国实行包产到户的农户达到1.75亿户，占农户总数的94.5%。[3] 生产得到了较为迅速的恢复和发展，粮食总产量逐年突破历史最高水平，绝大多数农民的收入有所增加，农村的形势越来越好。然而，棉花、花生、芝麻等农产品产量还没有恢复到历史最高水平。由于人口数量的急剧增加，粮食、棉花、油料的人均占有量甚至不及1957年的水平。居民的粮食消费仍然处于供不应求的短缺状态，无法满足改善人民生活和提高食品消费水平的需要。农业的发展是支撑国民经济持续、稳定、协调发展以及社会安定团结的基础。1984年，广大农村确立起统分结合、双层经营的家庭联产承包责任制的基本经营制度，同时开始实行"以工

---

[1] 中共中央文献研究室. 三中全会以来重要文献选编（上）[M]. 北京：人民出版社，1982：542.
[2] 武力. 中华人民共和国经济史（下）[M]. 北京：中国时代经济出版社，2010：693.
[3] 国家发展改革委经济体制综合改革司. 国家发展改革经济体制与管理研究所编. 改革开放三十年：从历史走向未来[M]. 北京：人民出版社，2008：534.

新中国消费发展的历史回顾（1949~1997年） 第一章

补农"的政策，调节农村各业间的比较利益差别，农村商品粮生产逐年增加，稳定和发展粮食生产。20年间，全国主要农产品产量均实现了质的飞跃，初步形成了比较完备的粮食储备体系。

随着粮食产量的稳定回升，长期以来中国粮食供应的紧张局面得到初步扭转。居民食品消费从原先的结构单一、种类有限、粗粮为主，开始向营养丰富、种类繁多和结构均衡的方向发展。全国居民年人均直接粮食消费自1984年开始出现了从不断增加向缓慢减少的转折，间接粮食消费迅速增长。粮食以外的其他食品尤其是动物性食品的消费显著增加，优质蛋白质食物占比提高（见表1-7）。

表1-7　　　　1978~1998年全国主要农产品产量　　　　单位：万吨

年份	粮食	棉花	油料	糖料	水果	猪牛羊肉	牛奶	水产品
1978	30476.5	216.7	521.8	2381.9	657.0	865.3	88.3	465.4
1979	33211.5	220.7	643.5	2461.3	701.5	797.0	106.5	430.5
1980	32055.5	270.7	769.1	2911.3	679.3	1205.4	114.1	449.7
1981	32502.0	296.8	1020.5	3602.8	780.1	1260.9	129.1	460.6
1982	35450.0	359.8	1181.7	4359.4	771.3	1350.8	161.8	515.5
1983	38727.5	463.7	1055.0	4032.3	948.7	1402.1	184.5	545.8
1984	40730.5	625.8	1191.0	4780.4	984.5	1540.6	218.6	619.3
1985	37910.8	414.7	1578.4	6046.8	1163.9	1760.7	249.9	705.2
1986	39151.2	354.0	1473.8	5852.5	1347.7	1917.1	289.9	823.6
1987	40297.7	424.5	1527.0	5550.4	1667.9	1986.0	330.1	955.3
1988	39408.1	414.9	1320.3	6187.5	1666.1	2193.6	366.0	1060.9
1989	40754.9	378.8	1295.2	5803.8	1831.9	2326.2	381.3	1151.7
1990	44624.3	450.8	1613.2	7214.5	1874.4	2513.5	415.7	1237.0
1991	43529.3	567.5	1638.3	8418.7	2176.1	2723.2	464.6	1350.8
1992	44265.8	450.8	1641.2	8808.0	2440.1	2940.6	503.1	1557.1
1993	45648.8	373.9	1803.9	7624.2	3011.2	3225.3	498.6	1923.0

续表

年份	粮食	棉花	油料	糖料	水果	猪牛羊肉	牛奶	水产品
1994	44510.1	434.1	1989.6	7345.2	3499.8	3692.7	528.8	2143.2
1995	46661.8	476.8	2250.3	7940.1	4214.6	3304.0	576.4	2517.2
1996	50453.5	420.3	2210.6	8360.2	4652.8	3694.7	629.4	3288.1
1997	49417.1	460.3	2157.4	9386.5	5089.3	4249.9	601.1	3118.6
1998	51229.5	450.1	2313.9	9790.4	5452.9	4598.2	662.9	3382.7

资料来源：国家统计局网站 1978~1998 年《中国统计年鉴》。

除此之外，经营国内外食品的饭店、餐馆、店面开始出现并逐渐实现井喷式增长，居民特别是城镇居民外出就餐的人数和比例迅速上升。1980 年，全国第一家个体饭馆——悦宾饭馆在北京开张营业。开业之初，饭店门口排起两条长队，一条排队就餐，另一条队则是专程来看"什么叫私人开买卖"，"屋里人吃饭屋外人看吃饭"成为一种独特的时代风景。城镇居民饮食消费在满足基础生存功能的基础上增加了社会功能，成为居民体现身份地位、社交礼仪和增进感情的主要载体之一。随着营销环境的逐步放宽，在国外消费市场已流行很久的饮食品牌如可口可乐、肯德基、麦当劳等"西洋"食品相继进入中国市场且发展迅猛。1979 年，一瓶可口可乐的售价是 0.4 元[①]。1987 年，首家肯德基（时名"美国肯德基""肯德基家乡鸡""Kentucky fried chicken"）进驻中国，在北京前门开业，一块原味鸡的售价是 2.5 元[②]，以当时的工资水平来看，价格十分高昂。尽管如此，不少国人情愿在雪天中排队 2 小时就餐，只为了满足对"洋快餐"的好奇心。这一时期，居民收入水平与上一历史时期相比已有所提升，但此类属于基本生存需求之外的食品价格要远远高于正常食品价格水平。尽管如此，购买者仍然趋之若鹜，饮

---

① 经济观察报. 开放中国：改革的 30 年记忆 [M]. 北京：中信出版社，2008：26.
② 卜君君. 肯德基中国式进化 [M]. 北京：中信出版社，2009.

食消费在潜移默化中发生改变，饮食中的非生存必需品消费的增长直接标志着人民生活水平的提高和消费结构的升级。

从轻重比例来看。传统计划经济时期，轻工业发展的长期落后导致轻工产品等基本生活资料的生产和供给始终无法满足人民的需要。1978年，国家重工业的投资比重为54.8%，而轻工业只有5.4%，比重甚至低于"一五"期间的水平。轻、重工业总产值比例为43.1∶56.9[①]，轻工消费品大多还需要凭票证限量供应，供求处于紧张状态。1979年3月，国家确立了"调整、改革、整顿、提高"[②]的新八字方针，决定对轻工业实行"六个优先"的原则，开始注重轻工业的发展，最终使消费品供给能够同国内购买力和对外出口增长相适应。李先念提出，"原材料的分配要优先保证生活必需品生产增长的最低限度的需要，才能维持人民生活的基本需要，调动起人民的积极性以实现四个现代化的目标。"[③] 1985年9月23日，《中共中央关于制定国民经济和社会发展第七个五年计划的建议》提出，要"努力扩大消费品工业的生产领域，积极发展民用建筑业。'七五'期间，我国城乡人民消费将趋向多样化，将更讲究食品的营养和衣着的改善，住房、中高档消费品和耐用消费品的消费比重将有较大的提高。适应这种情况，必须在继续抓好日用必需品生产的同时，大力增产名牌产品和优质产品，发展新品种和新产品，开辟新的生产门类。应当把食品工业、服装工业、耐用消费品工业作为重点，带动整个消费品工业生产的更好发展。"优先发展日用消费品生产的方针和一系列具体措施，使以纺织工业为代表的轻工业出现了大幅度增长。1989年，轻重工业总产值比例为48.9∶51.1[④]，既实现了

[①④] 国家统计局. 系列报告之十二：从一穷二白到现代工业体系的历史跨越［EB/OL］.(2009-9-21)［2020-6-25］. http：//www.stats.gov.cn/ztjc/ztfx/qzxzgcl60zn/200909/t20090921_68644.html.

[②③] 李先念. 在中央工作会议上的讲话［M］//中共中央文献研究室. 三中全会以来重要文献选编：上册. 北京：人民出版社，1982：121.

轻重工业的基本协调增长，又大大改善了城镇居民的消费水平。经济发展以消费品需求为导向，这是对此前被抑制的居民消费所进行的补偿。

轻重比例调整后，居民对衣着及其他日用品消费的需求不断提升，结构迅速改善，总体上保持总量平稳增长、比重缓慢下降的趋势。从居民的衣着来看，虽然衣着仍然是居民除食品消费外占消费支出比例最大的部分，但比重的下降代表着消费结构的首次重要升级。居民着装不再只是节俭时期统一的军装、中山装等制式服装，代表"西方资产阶级生活方式"的喇叭裤等时装出现在居民服装消费中，人们对服装的要求逐步脱离单纯的功能性，增加了装饰性，着装风格发生改变，开始向时装化和个性化发展。这一时期，衣着消费还有一典型特点是成衣率上升明显。

（二）改革经济体制

统购统销政策作为保证国家集中资源进行工业化建设的必要途径，在稳定市场和保障居民基本生活必需品的前提下，实现了农产品剩余大规模地向工业转移，从而为国家初步建立起工业化基础提供保障。它是传统计划经济体制实现行政配置资源的重要手段。但是，这种以计划为基本手段的资源计划配置制度，对居民生活和消费水平的提高产生了严重的抑制作用。对农村居民来说，高度集中的资源计划配置制度使得工农产业价值交换和流转关系发生失衡。对商品经济和市场经济体制所采取的排斥态度，限制了农村集贸市场的发展。农村经济形成了环境封闭、结构单一的产品经济体系，严重影响了农民生产积极性和收入的提高，农民生活水平被迫处在努力实现温饱的阶段。反过来，农民生产积极性又影响农业生产力的发展和国民经济的发展。对城镇居民来说，扭曲价格体系下低工资和低物价的宏观政策环境，使得城镇居民生活水平在长期内也得不到提升，城市化进展缓慢，国家不得不被动增加财政负担以维持经济补偿的福利制度。换言之，要进一步提高居民消费水平，促进生产力和国民经济发展，就必须突破单一公有制和改革传统计划经济体制。

中国作为发展中国家，要想逐步实现工业化、城市化和现代化，必须要通过渐进式的改革开放的形式，充分考虑到当下的生产力水平、人口、资源、环境、政治制度以及国家环境等综合因素对经济发展和制度变迁的影响，逐步地从计划经济过渡到市场经济，不断解放和发展生产力，实现人民生活水平和质量的提高，始终保持在社会稳定的状态下进行经济变革。如何在经济领域建立起科学、合理、有效的政府与市场关系，做到政府有为、市场有效、国民经济平稳恢复和人民充分享受发展成果，是党的十一届三中全会以后，国家亟待解决的经济难题。经济改革的核心便是如何处理好政府与市场的关系，以及如何更好地发挥政府在经济发展中的作用。1981年6月，中共十一届六中全会确定经济体制改革的目标是从高度集中的计划经济体制改变为"计划经济为主、市场调节为辅"，这一方针允许市场调节存在和发挥作用，为形成社会主义市场经济理论开辟了道路。12月，中共中央在《当前农村经济政策的若干问题》中提出，要"调整购销政策，改革国营商业体制，放手发展合作商业，适当发展个体商业。""农民完成统购派购任务后的产品（包括粮食，不包括棉花）和非统购派购产品，应当允许多渠道经营"[①]。就此开始在一定范围内对统购统销政策进行调整和改革，统购派购的品种和数量逐渐减少，消费也相应地逐渐放开。农村人民公社体制的逐渐废除，将不同层次集体经济组织间的行政隶属关系转变为平等互利、等价交换的关系，逐步建立起了统分结合的双层经营体系，促使农村经济向着专业化、社会化和商品化的方向发展。

在农村微观经营体制和宏观政策环境进行调整后，农产品产量达到

---

① 当前农村经济政策的若干问题 [N]. 人民日报, 1983-4-10 (1).

了新的峰值。在产量迅速增加的同时，农民售粮渠道却仍未畅通。三位一体的传统计划经济体制中资源配置制度的改革明显滞后于微观经营体制和宏观政策环境。为立刻着手改革之前高度集中的资源配置制度，1984年10月，中共十二届三中全会通过《中共中央关于经济体制改革的决定》，这是一个推进经济体制全面改革的纲领性文件，其中明确指出社会主义经济是"公有制基础上的有计划的商品经济"的论断，提出发展社会主义商品经济理论，"商品经济的充分发展，是社会经济发展的不可逾越的阶段"，将当前经济体制的内涵进行了重新概括：第一，就总体来说，我国实行的是计划经济，即有计划的商品经济，而不是那种完全由市场调节的市场经济；第二，完全由市场调节的生产和交换，主要是部分农副产品、日用小商品和服务修理行业的劳务活动，它们在国民经济中起辅助的但不可缺少的作用；第三，实行计划经济不等于指令性计划为主，指令性计划和指导性计划都是计划经济的具体形式；第四，指导性计划主要依靠运用经济杠杆的作用来实现，指令性计划则是必须执行的，但也必须运用价值规律。① 经济体制改革的目标进一步转变为"建立一个公有制占绝对优势、多种经济成分并存、适应商品生产发展的计划经济制度"②，这是在社会主义经济理论上的新突破，回答了长期困扰社会主义改革的理论问题，使经济体制改革向社会主义市场经济的方向迈出了至关重要的一步。邓小平高度评价这一《决定》，"写出了一个政治经济学的初稿，是马克思主义基本原理和中国社会主义实践相结合的政治经济学。""这次经济体制改革的文件好，就是解释了什么是社会主义，有些是我们老祖宗没有说过的话，有些新话。"③ 这既标志着改革的重点开始从农村转向城市，经济体制改革蓝

---

① 中国经济改革简史：1978－2023［M］.北京：经济科学出版社，2023：70.
② 中共中央关于经济体制改革的决定［N］.人民日报，1984－10－21（1）.
③ 邓小平文选：第3卷［M］.北京：人民出版社，1993：83、91.

图就此全面展开。同年12月,《中共中央、国务院关于进一步活跃农村经济的十项政策》规定,1985年起,"除个别品种外,国家不再向农民下达农产品统购派购任务,按照不同情况,分别实行合同订购和市场收购"[①]。粮食、棉花等农产品统购制度正式取消,采取国家定购、国家议购、粮食加工企业在批发市场上购买和农民在集市上销售四种形式。这标志着在中国实施了32年的农产品统购统销政策明确取消。1987年10月,中共十三大进一步明确了社会主义有计划商品经济的体制应该是"计划与市场内在统一的体制",强调"计划和市场的作用范围都是覆盖全社会的",新的经济运行机制总体上来说应当是"国家调节市场,市场引导企业"的机制。中央在计划与市场关系的认识上取得重大突破。但计划和市场的冲突和摩擦在整个20世纪80年代日益凸显。1992年,邓小平在南方讲话时指出,"计划多一点还是市场多一点,不是社会主义与资本主义的本质区别。计划经济不等于社会主义,资本主义也有计划;市场经济不等于资本主义,社会主义也有市场。计划和市场都是经济手段。"[②] 从根本上打破了将社会主义与计划经济、资本主义与市场经济划等号的错误思想束缚。

1992年10月,江泽民在中共十四大作题为《加快改革开放和现代化建设步伐 夺取有中国特色社会主义事业的更大胜利》的报告,正式把建立"社会主义市场经济体制"确立为我国经济体制改革的目标,建立社会主义经济体制开始在全党形成共识。1993年3月,八届人大一次会议将"社会主义市场经济"正式写进宪法。1994年,江泽民进一步阐述社会主义与市场经济的关系,"我们搞的是社会主义市场经济,'社会主义'这几个字是不能没有的,这并非多余,并非画蛇添足,而恰恰相反,这是画龙点睛。所谓'点睛',就是点明我们的市场

---

① 中共中央、国务院关于进一步活跃农村经济的十项政策[N]. 人民日报,1985-3-25(1).
② 邓小平文选:第3卷[M]. 北京:人民出版社,1993:373.

经济的性质。"[①] 改革计划管理体制，逐步缩小指令性计划范围，随着资源计划配置制度的改革和经济体制调整的推进，全国90%以上的县市放开了粮价，粮食市场体系初步形成，传统的粮食购销体制发生根本性改变。

二、消费逐步放开与消费补偿

（一）宏观政策环境的放开

随着经济结构的不断调整和市场开放程度的逐步加深，传统经济体制下低消费、低收入、低价格的宏观政策环境越来越不能满足国民经济发展和生活水平提高的需要。国家通过对传统经济体制下的宏观消费政策环境进行调整和改善来实现消费环境的放开和对居民消费的补偿，政府全方位控制社会的强度减弱。这一时期，居民消费自主性产生，消费文化得以兴起。

首先，宏观消费政策的改革表现在对低消费政策的调整。"重积累、轻消费、重生产、轻生活"的经济发展战略使政府通过计划管制手段实现了高积累率，虽然促进了国民经济的快速增长，但也扭曲了国民收入的分配和使用结构，造成人民生活水平提高缓慢。因此，调整积累和消费二者间的比例关系首先被提上议程。1979年4月，李先念在中央工作会议上指出，这两年积累占国民收入的比例不断提高，1976年为31%，1978年为36.5%，高于1958年的水平，大大高于"一五"时期24%、"三五"时期26%的水平。在过去的十多年中，建设了一大批工厂，"骨头"搞起了，"肉"没有相应地跟上去。基本建设投资中，

[①] 江泽民. 社会主义市场经济体制是同社会主义基本制度结合在一起的：1994年12月9－14日 [M] //江泽民. 论社会主义市场经济. 北京：中央文献出版社，2006：203.

同人民生活直接相关的住宅、文教卫生、城市公用事业等建设所占的比重，"一五"时期为28.3%，1978年只有17.4%。看来，积累率是过高了，"骨头"和"肉"的关系也没有处理好①。对国民收入的分配和使用进行了政策调整，对固定资产投资进行了压缩。1978~1984年，积累率从38.4%下降到34.3%，居民消费需求出现数量上的快速扩张，并与国民经济增长趋势高度拟合。消费得到了很好的转化②。

积累与消费的比例关系初步调整后，投资与消费的关系也逐渐得以理顺。1978~1981年，消费在GDP中的比重从61.9%上升到66.6%，达到了改革开放以来的历史最高水平。同期，投资率持续大幅下降，从38.7%下降到33%。积累和消费比例严重失调的状况得到很大改善，调整投资与消费的比例关系具有矫正和补偿的性质。1981年，全国人民代表大会第四次会议提出，"今后国家在处理生产建设和人民生活的关系时，首先保证人民生活的基本需要……必须把消费品工业的发展放在重要位置，加快其发展"③。1981~1985年，投资率平均高达33.9%，消费率平均为66.4%。1986年以后，投资率开始下降，经济增长显著回落，这导致居民收入增长明显放缓，消费率也呈现下降趋势。1991年，随着新一轮经济建设高潮，固定资产投资强势增长。但针对严重的通货膨胀，国家采取了压缩投资和控制信贷投放等调控政策。1998年，投资率下降到35%，消费率回升至60.7%。"优先发展重工业"的社会主义工业化所形成的"高积累、低消费"抑制型消费政策逐步调整为补偿性消费政策（见图1-1）。

---

① 李先念. 在中央工作会议上的讲话[M]//中共中央文献研究室. 三中全会以来重要文献选编：上册. 北京：人民出版社，1982：114.
② 中共湖北省委办公厅. 1981年7月25日[A]. 湖北省档案馆，档号：SZ001-008-0565-0008：3.
③ 当前的经济形势和今后经济建设的方针[M]//中共中央文献研究室. 三中全会以来重要文献选编：下册. 北京：人民出版社，1982：1012.

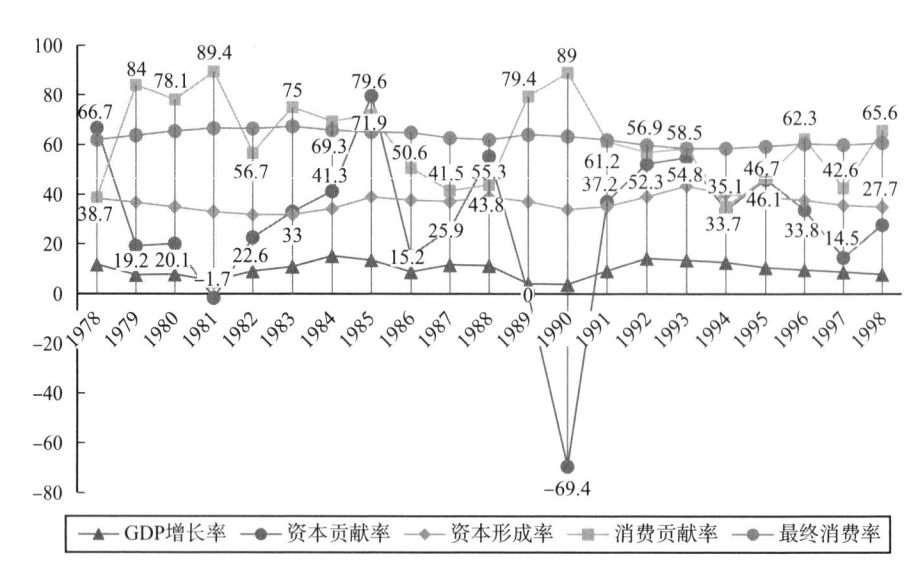

图 1-1　1978~1998 年国家投资率、消费率与经济增长率的比较

资料来源：国家统计局 1978~1998 年统计年鉴。

其次，宏观消费政策的改革表现在居民收入政策的改变。可支配收入是居民购买力的基础，劳动报酬是居民可支配收入的主要来源。计划经济时期结束之时的居民可支配收入，即农村农民从集体分得的平均收入和城市职工获得的平均工资都没有得到实质提高，严重制约了城乡居民消费的发展。改革开放后，邓小平多次强调要大力发展生产力和改善人民生活。1980 年 4 月，邓小平指出，"根据我们自己的经验，讲社会主义，首先就要使生产力发展，这是主要的。只有这样，才能表明社会主义的优越性。社会主要经济政策对不对，归根到底要看生产力是否发展，人民收入是否增加。这是压倒一切的标准。"[①] 自此，国家对提高人民可支配收入的重视程度提高到一个战略高度。1982 年 9 月，中共十二大报告《全面开创社会主义现代化建设的新局面》中提出，"从一九八一年到本世纪末的二十年，我国经济建设总的奋斗目标是，在不断

---

① 邓小平文选：第 2 卷 [M]. 北京：人民出版社，1994：314.

提高经济效益的前提下，力争使全国工农业的年总产值翻两番"，"城乡人民的收入将成倍增长，人民的物质文化生活可以达到小康水平"①。1987年10月，中共十三大中提出社会主义现代化建设分"三步走"的战略部署。为促进居民收入的增长，国家通过再分配手段，将相当部分的国民收入转移给居民。1992年初，邓小平南方谈话后，全国进入了整体配套、全面攻坚的改革阶段。

在城镇，一系列收入分配制度相继出台。1978年5月，国务院颁布《关于实行奖励和计件工资制度的通知》，恢复了计件工资制度和奖金制度。1978~1981年三年间，城镇中着手进行就业、工资制度的初步改革，安排2000多万人就业。同时，国家逐步实行奖励制度，通过增加财政开支405亿元用于增加职工工资，职工可支配收入得到有效提高。1984年以后，经济改革的重心从农村转移到城市，国家又出台一系列关于收入分配体制改革的政策，理顺了部分不合理的收入分配关系，价格补贴由暗补改为明补，城镇居民收入水平与改革开放以前及改革开放之初相比有了显著提高。居民收入的增长速度超过了生产发展的速度，直接导致了城镇居民耐用消费品的普及速度超过了国内供给水平的增长速度。1985年1月，国务院在《关于国有企业工资改革问题的通知》中提出"工效挂钩"的工资改革方案，使得职工工资收入出现相当幅度的提高。1992年以后，非公有制经济迅速发展，私营经济发展空间不断扩大，显著增加了城镇就业岗位和职工可支配收入。1998年，城镇居民可支配收入从1978年的343.4元上涨到5425.1元，增长了16倍。全国职工平均工资从615元上涨到7479元②，增长了12倍。

---

① 全面开创社会主义现代化建设的新局面 在中国共产党第十二次全国代表大会上的报告：1982年9月1日［M］//中共中央文献研究室. 十二大以来重要文献选编：上册. 北京：人民出版社，1986：14.
② 国家统计局国民经济综合统计司. 新中国六十年统计资料汇编［M］. 北京：中国统计出版社，2010：8.

这为扩大消费政策的实施提供了较为坚实的物质基础。

在农村，国家扶贫减贫工作正式大规模开展。首先，为了提高农副产品的收购价格和减轻农民的税收负担，1979~1981年的国家财政收入减少了520亿元[1]，农民纯收入初步增加。其次，家庭联产承包责任制在全国范围内的推行和"以工补农"政策的实施鼓励农民在完成国家粮食包干任务后，将剩余的粮食用于发展食品加工或者上市出售，直接增加了农民收入。最后，社会主义市场经济体制的不断完善，为商品流通特别是农副产品的交换提供了便利。农产品价格不断升高对农村家庭人均纯收入的增长产生了直接影响。农村人均纯收入从1978年的133.6元上升到1998年的2162.0元[2]，增长了16倍（见图1-2）。

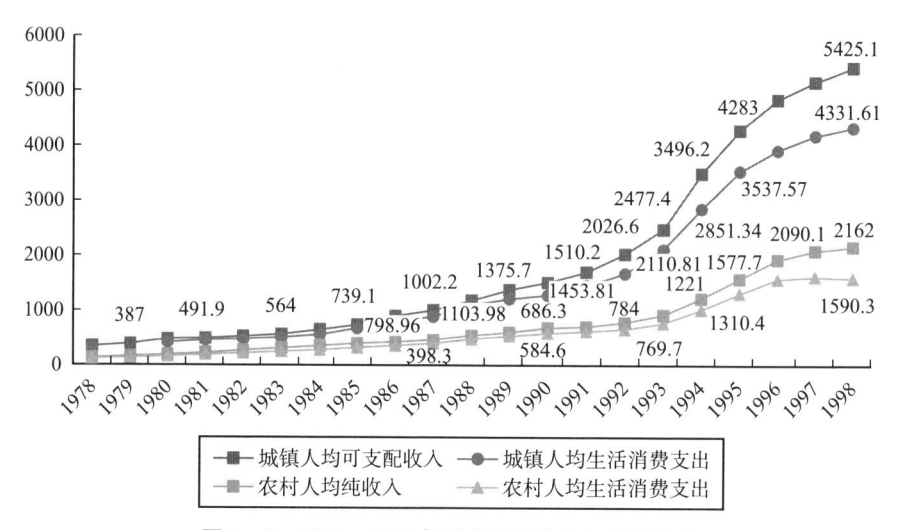

图1-2　1978~1998年城乡居民收入与消费水平

资料来源：《2010年中国统计年鉴》。

---

[1] 房爱卿. 我国消费需求发展趋势和消费政策研究 [M]. 北京：中国经济出版社，2006：4.
[2] 国家统计局国民经济综合统计司. 新中国六十年统计资料汇编 [M]. 北京：中国统计出版社，2010：25.

最后，宏观消费政策的改革表现在对低价格政策的改革上。在各项经济体制的改革中，价格是最有效的调节手段。合理的价格是保证国民经济活而不乱的重要前提。因此，在对传统经济体制进行变革的过程中，对扭曲僵化的价格体系进行变革是重中之重，它关系到整个经济体制改革的成败。价格管理体制是计划经济体制下最为基本的制度之一，产品价格的形式和形成机制排斥市场作用，传统计划经济体制下依靠行政力量配置资源、决定价格，产品定价权完全掌握在中央和地方政府手里，价格管理权高度集中，价格体系僵化，价格调整缺乏灵活性，最终形成单一的计划价格。而社会主义市场经济体制则要求由市场，即由劳动生产率及供求关系的改变来决定商品价格。为改变长期产品比价错位、价格扭曲，工农业"剪刀差"较大，矿产品价格、交通运输等工业服务业价格偏低的不合理价格体系，国家开始有计划地调整价格结构，最初提出的是"完善计划价格体制""调放结合，以调为主"，逐渐在价格体系中引入市场机制，逐步改革商品流通体系，改革农副产品流通体制，释放消费潜力。随后，国家逐渐认识到"改革经济体制，按经济规律办事，重要的一条是价格问题。从长远和全局看，价格体系不改革，整个的经济体制改革就难以前进。"[1]

具体体现在物价调整政策上。国家提高了农产品收购价格，冻结每项产品的收购额度，通过价格杠杆满足农民物质利益要求，以缩小工农产品"剪刀差"、提高农产品价格为主的价格调整着眼于改变传统计划经济体制造成的扭曲的价格结构，"理顺价格"成为1979~1984年价格改革的主要工作。这一时期，国家先后六次较大规模地调整价格结构，主要集中在以下几个方面：提高粮、棉、油料等18种密切关系人民基本生活的主要农副产品的收购价格；提高肉类等8种副食品及相关制品

---

[1] 中共湖北省委办公厅. 1981年7月25日 [A]. 湖北省档案馆，档号：SZ001-008-0565-0008：9-10.

的销售价格；提高煤炭、铁矿石、生铁、钢锭、钢坯、部分钢材和有色金属、水泥等商品的出厂价格；提高烟、酒、竹木制品、铁制品、陶瓷制品、皮革制品的价格；有升有降地调整部分工业消费品的价格；提高铁路货运和水运货运的价格。[1] 1978年，广东省便开始率先探索价格体制改革，按农副产品在先、工业品在后，消费品在先、生产资料在后的顺序，调放结合，以放为主，逐步放开价格，同时加强管理，走出了一条广东省价格改革的新路子[2]。然而，这种仍归属于传统计划经济体制下的"理顺价格"，由于未能触及计划经济体制的根本，很快出现了"比价复归"[3]的现象。各类商品之间的合理比价，必须依靠价格彻底放开以后生产要素的重新组合而自然形成。

1984年，"有计划的商品经济"体制改革目标提出后，价格改革的目标从单纯解决价格扭曲问题，转变为建立合理的价格形成机制和价格管理体制。10月，中共十二届三中全会在《中共中央关于经济体制改革的决定》中提出，"必须改革过分集中的价格管理体制，逐步缩小国家统一定价的范围，适当扩大有一定幅度的浮动价格和自由价格的范围，使价格能够比较灵敏地反映社会劳动生产率和市场供求关系的变化，比较好地符合国民经济发展的需要"。国家开始实质改革不合理的价格体系和不合理的价格管理体制，形成多种价格形式，下放部分商品的管理权限。1985年，为配合社会主义有计划商品经济改革，价格管理体制逐渐向市场价格管理体制过渡。将计划经济体制下单一的国家定价改为国家定价、国家指导价和自由价格三种形式。价格管理权限变为分级管理。大多数工业消费品、农副产品和小商品的价格逐渐放开，企业的自主定价权得以扩大，为消费品工业的快速发展提供了市场支持。

---

[1] 中国经济改革简史：1978-2023 [M]．北京：经济科学出版社，2023：59．
[2] 习仲勋主政广东 [M]．北京：中央党史出版社，2007：281．
[3] 工农产品"剪刀差"比价指数．

部分生产资料实施政府定价和市场调节自主定价两种价格机制并存的"价格双轨制"。这一系列举措都在一定程度上推动了价格改革及消费市场的发育。

1978年12月，中共十一届三中全会决定，"粮食统购价格从1979年夏粮上市的时候起提高20%，超购部分在这个基础上再加价50%，棉花、油料、糖料、畜产品、水产品、林产品等农副产品的收购价格也要分别情况，逐步做相应的提高。……农产品收购价格调高以后，一定要保证城市职工的生活水平不致下降。粮食销价一律不动；群众生活必需的其他农产品的销价，也要坚持保持稳定；某些必须提价的，要给予消费者以适当补贴。"[①] 1982年9月，国家逐步放开小商品价格，定价权逐渐让渡市场，企业可按照市场需求来进行生产和产品定价。1985年，"调放结合"的价格体系改革后，粮棉由统购价和超购加价改为合同订购价，粮食合同订购价以外的价格放开，实行自由购销；棉花收购价由原"倒二八"（两成按原统购价，八成按原超购价）改为"倒三七"，1986年又改为"倒四六"，1987年再改回"倒三七"；放开了猪、牛、羊、禽、蛋、水产品等鲜活食品的购销价格，分别实行国家指导价和市场价，大中城市蔬菜价格也同时放开。随后，国家先后放开了自行车、黑白电视机、电冰箱、洗衣机、收录机、80支以上纯棉纱及其织品、中长纤维布等工业消费品的销售价格，调整了燃气、锦纶短纤维和部分药品等的出厂价格，提高青霉素、新闻纸、凸版纸等产品的出厂价格等。[②]

价格改革打破了高度集中的价格管理体制，使市场机制能够在商品价格的形成过程中发挥主导作用，严重扭曲的价格体系得以纠正，但原

[①] 中国共产党第十一届中央委员会第三次全体会议公报：1978年12月22日［M］//中共中央文献研究室．三中全会以来重要文献选编：上册．北京：人民出版社，1982：8.

[②] 中国经济改革简史：1978-2023［M］．北京：经济科学出版社，2023：94、95.

材料和工业产品定价由计划向市场的逐渐转化造成了物价的大幅上涨，可支配收入的增长又激发了居民的消费热情。同时，落后的产能无法满足居民日益膨胀的消费欲望。这导致全国范围内多次出现了物价轮番上涨和通货膨胀的现象，各地频繁出现涨价风、抢购风。通货膨胀显著体现在食品和副食品这类人民生活必需品的价格上涨之上。1987年，国营商业零售物价总指数是1984年的141.6%，而副食品、鲜菜、食品类分别是1978年的194.9%、228.3%、167.7%[1]。经济学理论认为，涉及人民基本生活资料的商品的需求弹性较小，其价格的大幅上涨直接影响了居民购买欲望和消费能力。1988年，国家决定实行"价格闯关"，但这造成了居民的通胀预期急剧上升，城市消费者囤积商品的抢购风潮频发，造成消费品市场剧烈波动。消费者不是为了消费而进行抢购，而是为了在通货膨胀时期做好保值。抢购发生时，商品种类、质量、价格并非首要因素，极端情况下一些商场积压多年的残次品都被抢购一空。全国通货膨胀率高达18.8%，零售物价指数上涨18.5%[2]。商品销售大幅度增长，1988年社会商品零售总额达到7440亿元，比1987年增长27.8%。吃、穿、用的商品零售额分别比1987年增长28.2%、21.4%、31.3%。部分消费品销量出现超常增长。其中粮食增长8%，食盐增长20%，肥皂、洗衣粉增长20%以上，电视机、录音机、电风扇、洗衣机、电冰箱等耐用消费品分别增长20%~50%[3]。为此，国家采取紧缩的宏观政策稳定市场，适度限制居民消费，通过增加城乡居民储蓄、推行住宅商业化、加强对职工工资和奖金的管理等措施，引导居民购买力分流。城镇居民人均收入和实际消费支出出现改革开放以来的首次下降，农民实际纯收入增长在1990年达到最低点。1993年，通胀势头再

---

[1] 林继肯. 稳定通货论 [M]. 北京：中国金融出版社，1990：166.
[2] 国家统计局. 宏观调控措施与甘肃兰州市居民消费价格走势分析 [EB/OL]. (2004-9-21) [2020-7-7]. http://www.stats.gov.cn/ztjc/ztfx/fxbg/200409/t20040916_14928.html.
[3] 国家统计局. 关于1988年国民经济和社会发展的统计公报 [R]. 2002-3-12.

起，消费增速加快，国家又采取提高存款利率、开征消费税、通过新个人所得税法等政策遏制通胀，1997年通货膨胀率降到2.8%，基本实现中国经济"软着陆"。

1992年，广东、浙江、上海、江苏、安徽、福建等地先后宣布粮食购销价格全面放开。1993年底，全国95%的市县都完成了放开粮价的改革①，粮食不再由政府定价。以品种最多、数量最大、历史最长的粮票为代表的票证制度在实行了40余年后彻底退出了历史舞台。

（二）微观经营制度的放开

传统计划经济时期所实行的以人民公社化和工业企业国有化为特征的基本没有自主权的微观经营制度，是为了便于实行资源计划配置制度和集中重工业发展的资金。这种微观经营制度使企业和人民公社的生产经营活动出现效率低下和积极性不足的问题。改革开放后，为提高生产效率，国家开始探寻逐步放开微观经营制度的管制。

在农村，中国的经济改革率先从经济最困难、体质最薄弱、改革成本最低且有家庭经营传统的农村开始。人民公社体制的逐步解体和家庭联产承包责任制的全面推广是中国农村改革率先取得突破的根本原因，改革的优先目标便是解决改革农村经济社会管理体制和农村微观经营制度。家庭联产承包责任制的推行改变了农业生产经营的生产队体制，从根本上解决了农产品总供给长期不足的问题。

1979年9月，中共中央在《关于加快农业发展若干问题的决定》中指出，"除某些副业生产的特殊需要和边远地区、交通不便的单家独户外……不要包产到户"，首次以官方的形式允许"包产到户"的存在。随着"包产到户"在农业生产和解决人民温饱上发挥的积极作用不断增加，1980年，中共中央进一步指出，"应该支持群众的要求，可

---

① 孙骁骥. 购物凶猛：20世纪中国消费史［M］. 北京：东方出版社，2019：368.

以包产到户，也可以包干到户"①。这种形式极大地提高了农民的生产积极性，农业产出显著增长。自1982年1月1日正式出台新中国历史上第一个关于农村工作的一号文件，明确指出包产到户、包干到户都是社会主义集体经济的生产责任制之后，国家连续五年发布了以农业、农村和农民为主题的中央一号文件，针对农村改革和农业发展做出了具体部署。1983年，中共中央肯定了"分田包产到户，自负盈亏"的家庭联产承包责任制，要求在全国范围内进行推广。家庭联产承包责任制恢复了以农民家庭为单位自主从事生产经营的权利，推动了中国农业的发展。1984年，又进一步将土地承包期限延长至15年。1993年，又做出了"在农户原有的土地承包期到期后，可再延长30年"的规定。家庭联产承包责任制和统分结合双层经营体制相结合的农业基本经营制度不断完善，实现了农村微观经营制度的变革。家庭联产承包责任制的推行在增加了农业产量的基础上，盘活了农村经济，提升了农民的纯收入，农副产品产量实现了快速增长，为农村居民消费能力的提升和城镇地区居民粮食供给量的增加提供了必要的物质基础，也为改革农副产品统购统销方式、减少统购统销范围和解决农副产品市场供应短缺问题奠定了基础。

在城镇，计划经济时期消费品流通渠道单一，消费品的购销基本上被国营商业部门、物资供销部门和供销合作社覆盖，导致企业经营不畅，产品大量积压甚至被迫停产。其中，国营商业部门负责经营居民日用工业品的购销，物资供销部门负责经营生产资料的购销，供销合作社则主要负责农副产品的购销。各类消费品的流通基本上均按照行政区划、行政层次来统一进行收购和分配供应。以日用品为例，根据行政区域和层次划分，商业部下设一级站，各省区下设二级站，县市级则下设

---

① 关于进一步加强和完善农业生产责任制的几个问题[M]//中共中央文献研究室.三中全会以来重要文献选编：上册.北京：中央文献出版社，2011：474.

三级站。批发站的经营针对"对象""区域""价格"实行供应的"三固定",不可避免地导致消费的购销渠道闭塞,管理环节冗杂,流通效率低下等问题。20世纪80年代初期,消费品流通体制改革的方针为"国营、集体、个体一齐上",主要举措为打破三级批发体系,组建贸易中心和批发市场,调整所有制结构,推进工业自销、产销直达供货,转换企业经营机制等。

为改革消费品流通体系,国家从扩大企业购销自主权入手,逐步构建以国营商业为主导的多种经济成分、多种流通方式、多条流通渠道、减少环节的流通体系。1979年10月,国家对部分三类工业品开始从统购统销转变为商业部门订选购,工业部门自销的方式。1981年5月,直接取消了工业品包销,发展为除统购统销外,还可通过计划收购、订购和选购等方式。其中,对关系国计民生的棉纱棉布等八种主要消费品,仍然实行商业部门统购统销;对于其他与国计民生关系紧密的24种消费品则纳入国家收购计划,由企业按计划生产,再由商业部门按计划收购;对于生产几种、销售面广,对消费市场和人民生活影响较大的58种商品列为订购商品,由产销双方自主衔接;其他工业品生产则由生产企业自销,商业企业选购,建立以批发为主的自销体系。同年6月,国务院批转国家物资总局《关于全国物资局长会议汇报提纲》,提出要贯彻好计划调节与市场调节相结合、以计划调节为主的方针,搞活物资流通,重要的、短缺的生产资料坚持由国家计划分配和调拨,其生产和分配由国家下达指令性计划;一般的生产资料实行自由购销。

1984年7月,国务院批转商业部《关于当前城市商业体制改革若干问题的报告》,指出我国城市商业体制必须从根本上进行改革,具体举措为:政企分开,扩大企业权力;改革日用工业品批发体制,将以前的一、二、三级批发层次分别下放到直辖市、省辖市,并与市批发公司合并,组建自主经营的经济实体和不分层次的多头批发网络,各批发企业间、批发与零售间均可直接供货;建立城市贸易中心,开辟城市商品批发市场，实行开放式经营，工商企业不论所在地和所有制形式，均可自由购销计划外或非计划的商品，在批发牌价基础上，协商作价或批量作价；小型国营零售商业、餐饮服务业转为集体经营或租赁给经营者个人经营；国营零售商业和饮食服务业有步骤地实行经营承包责任制。10月后，根据《中共中央关于经济体制改革的决定》的精神，物资流通体制改革继续有步骤地缩小计划分配物资的品种和数量，逐步扩大物资市场交易范围。1988年5月，国务院印发《关于深化物资体制改革方案的通知》，明确了深化物资体制改革的方向和重点。

随着改革不断深化，物资部门突破了生产资料不是商品的旧观念的束缚，商品流通体系改革取得了重大的突破性进展，指令性计划管理物资的品种、数量和比重不断减少，指导性计划和市场调节的范围逐步扩大。国营企业、乡镇集体企业、个体私营企业等微观经济部门也随着经济体制改革的浪潮逐渐焕发出新的生机与活力。国家针对城乡微观经营制度有计划地调整，在很大程度上释放了计划经济时期被束缚的消费活力。

三、消费放开思想对消费补偿的影响

改革开放后，随着政治、经济领域的拨乱反正取得重大突破，经济学界亦开始对商品经济、价值规律、按劳分配等问题展开大讨论，逐渐实现了经济思想领域的拨乱反正。1977年12月，国务院下发《关于召开全国城乡商业学大庆学大寨会议的通知》，提出"社会主义的商品生产和商品流通，同资本主义的商品生产和商品流通，有本质的差别。……我们要理直气壮地促进社会主义商品生产，发展社会主义商品流通。"随后，《人民日报》发表社论，揭批"四人帮"破坏商业物质基础的作风，"他们抹煞社会主义和资本主义两种不同制度下的商品生产、商品交换的本质区别，恶毒攻击我国现行的商品制度，篡改社会主义商业的根本方向，破坏商业政策，挑拨工农关系，搞乱社会主义统一市场和商品管理体制，在理论上和实际工作中制造了许多混乱。"① 以此批驳将商品经济与资本主义划等号的观点。

居民消费心理发生根本变化。在消费过程中居民强烈的道德谴责感逐渐减退，不再担心会被当作"资本主义生活方式"进行批判，也不再满足于节俭消费时期整齐划一、品类单调的消费对象和艰苦朴素在前、消费在后的消费方式，被抑制的消费欲望得以释放。这在很大程度上增加了消费的多样性，增强了消费的自主性。城镇居民日常生活中的消费主义逐步代替节俭主义。物质消费不断丰富，生活质量日益提高，消费对象从生活必需品逐渐转为耐用品消费，消费结构实现了从传统生理性需求占决定地位的基本生活消费逐步向追求便利和技能的发展型和享受型消费升级。

随着改革开放后生产力水平的不断提高，国家开始大规模兴办工厂，社会产品供给迅速丰富。在发达地区的居民之间、落后地区与发达地区居民之间形成了一种模仿排浪式的消费热潮，即在消费产品和内容上出现的集中购买的现象，在同一时间段内以某一种或一类消费为主导。20世纪80年代前期，第一轮投资热点集中在纺织行业，全国新增纺纱织布的数量很快超过了棉花的总产量。"棉花大战""蚕茧大战""羊毛大战"等经济领域的混乱现象此起彼伏。地方政府为保证新办工厂的原料供给，与大中城市高水平、高投资、先进技术设备、熟练工人的成熟工厂争夺原料。80年代中期，第二批投资热点集中在以自行车、手表、缝纫机为主，"三转一响"的百元价位"老三件"成为居民消费热点。数量稀缺、价高利厚的产品引发工厂蜂拥生产，导致在很短时间内产能水平就远超国内总需求数，新形成的产能基本全部被浪费。80年代中后期，国家增加了耐用消费品的供给，以电冰箱、洗衣机和电视机为

---

① 用大庆大寨精神办好城乡商业 [N]. 人民日报，1977-12-16 (1).

主的千元价位"新三件"成为第三轮投资和居民消费热点（见表1-8）。这种模仿排浪式消费形成的原因是，在人口基数巨大的中国，国民还没有实现全体富裕，一部分富裕起来的群众实现高家庭收入也仅仅是很短的时间，民众在互相之间，低收入向高收入水平人群的消费模仿便成为历史必然。在特殊的历史时期，这种消费模式在一定程度上带动了生产的发展，拉动了国民经济的增长，改善了国民生活水平。以引进国外的装配线为特色的聚集生产为例，到了20世纪90年代初期，全国仅仅彩色电视机的生产线就超过了400条。城市家庭的"消费革命"在这一时期迅速崛起。然而，随着耐用品消费的逐渐饱和，全国范围内普遍出现了重复投资、"劣厂驱逐良厂"的不良情况。过剩的产能很快超越了供需平衡的临界点，原材料供应和市场购买能力都未能达到与之相匹配的水平。

表1-8　城乡居民家庭平均每百户年底耐用消费品拥有量变化情况

消费品	1980年 城镇	1980年 农村	1985年 城镇	1985年 农村	1990年 城镇	1990年 农村	1995年 城镇	1995年 农村	2000年 城镇	2000年 农村
自行车	126.8	36.9	152.3	80.6	188.6	118.3	—	—	—	—
手表	223.9	37.6	274.8	136.3	—	172.2	—	—	—	—
缝纫机	65.6	23.3	70.8	43.2	70.1	55.2	—	—	—	—
收音机	84.9	33.5	74.5	54.2	45.3	45.2	—	—	—	—
彩电	—	—	41.2	0.8	59.0	4.7	89.8	16.9	116.6	48.7
电冰箱	—	—	6.6	0.1	42.3	1.2	66.2	5.2	80.1	12.3
洗衣机	—	—	48.3	1.9	78.4	9.1	89.0	16.9	90.5	28.6
录音机	—	—	41.2	4.3	69.8	17.8	—	28.3	—	21.6

资料来源：1980年、1985年、1990年、1995年、2000年《中国统计年鉴》。

于是，产销端开始出现大量的产品积压现象，相对传统消费需求不足的生产过剩情况出现。市场上的供求格局发生显著变化，绝大多数商品从以前供不应求的状态转变为供过于求，消费者的选择权不断扩大，但有效供给仍然不足，供需匹配的矛盾逐渐突出。90年代后，随着市场化进程进一步推进，居民消费不再局限于物质上的满足，更加注重精神上的追求，消费甚至开始成为一种身份的象征。居民消费欲望爆发后，手头不多的储蓄已经不再能够满足居民日益膨胀的消费需求，新的消费方式随之出现。1995年，广发银行率先在国内推出符合国际标准的VISA信用卡，从"先存后贷"的"准贷记"消费方式开始向"先消费、后还款"的"信用"消费方式转变，开启了新中国进入信用消费时代的先河。

1985年，邓小平提出"贫穷不是社会主义，社会主义要消灭贫穷。不发展生产力，不提高人民的生活水平，不能说是符合社会主义要求的。"[1] 1992年，他在南方谈话中提及检验改革开放的标准时再次提到"应该主要看是否有利于发展社会主义社会的生产力，是否有利于增强社会主义国家的综合国力，是否有利于提高人民的生活水平。"[2] 其消费思想便集中体现在"社会主义制度优越性"和"三个有利于"上，即社会生产力的发展和人民物质、精神生活的改善。社会主义的本质是实现共同富裕，20世纪最后20年，国家将工作重点转移到社会主义现代化建设之上，适当放宽了对居民经济生活的管控，形成了补偿型消费政策导向，消费开始在制度和行为方面都变成一种有限度的支持或鼓励的对象。

从抑制消费政策到刺激消费政策的转变是中国经济转型过程中的一项重大的制度变迁。1978~1984年居民消费出现了绝对数量上的极度

---

[1] 邓小平. 政治上发展民主，经济上实行改革：1985年4月15日 [M] // 邓小平文选：第3卷. 北京：人民出版社，1993：116.
[2] 中共中央文献研究室编. 邓小平思想年谱（1975-1997）[M]. 北京：中央文献出版社，1998：460.

扩张。1985~1992年是刺激消费政策进入酝酿阶段。1993~1997年是刺激消费政策的逐步形成阶段。在经济体制转型时期，国家在对消费发展的探索过程中遭遇多次挫折，供给不足与扩张的消费需求不相匹配，并引起多次通货膨胀。但从整体来看，中国居民消费在这一阶段仍是加速前进的。20年间，居民消费规模在总量上持续增长，消费增长率随着不同的经济发展阶段表现出阶段性和周期性的发展趋势（见图1-3）。中国从根本上摆脱了消费品短缺现象，开始从"经济短缺"进入"经济过剩"时代，从卖方市场转变为买方市场，为经济体制转型时期的补偿性消费向社会主义市场经济的刺激型消费的转变奠定了物质基础。

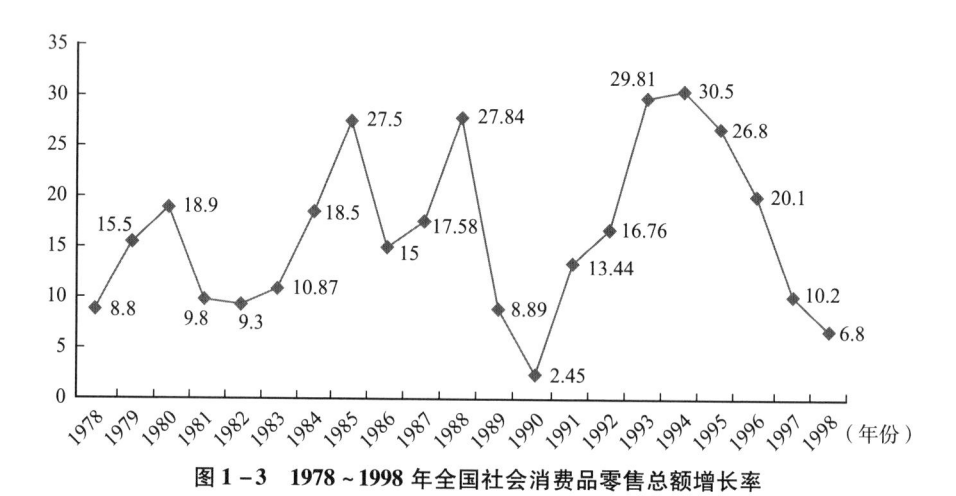

图1-3 1978~1998年全国社会消费品零售总额增长率

资料来源：根据国家统计局官方网站中历年社会消费品零售总额数据测算得出。

第二章

扩大消费的政策演变（1998~2019年）

第一节 从通货紧缩治理到消费过热（1998~2007年）

一、扩大消费政策的提出背景

在生产力处于较低的水平时，产品生产受到技术和资源的约束，在数量和质量上都处于很低的水平。这种情况下，生产在经济中占据主导地位，国家的宏观经济决策侧重于生产的发展。传统计划经济体制下的企业生产和居民消费都根据政府的计划来进行规定，生产的种类、数量和对象直接决定了可供居民消费的种类、数量和对象。改革开放以来，中国的经济水平显著上升。与1978年相比，1998年的中国GDP从3678.7亿元上升到85195.5亿元，增长了22倍多。人民的生活水平和消费水平都实现稳步提高。城镇居民的恩格尔系数从1978年的57.5%下降到1998年的44.7%，从温饱阶段进入小康阶段，消费结构从以满足基本生存需要的"衣食"为主开始向以提高生活质量为主的"住行"

等中高层次消费转化。1998 年,农村居民的恩格尔系数(53.4%)也从温饱水平不断下降向小康水平靠近。农村内部消费差异较大,但从整体来看农村居民的温饱问题已基本得到解决。补偿消费时期,收入政策的改革和消费政策的变化使得数十年来被抑制的消费需求得以初步释放,居民消费进入需求旺盛阶段。1978~1998 年,社会消费品零售总额从仅有 1558.6 亿元增长到 33378.1 亿元,增加了 20 多倍。最终消费支出在 GDP 增长中的贡献率从 38.7% 上升到 65.6%。不过,从生产力水平来看,这一时期的人民生活总体小康还是"低水平的、不全面的、发展很不平衡的小康"[①]。根据 1990 年世界银行关于不同国家发展水平的划分,人均 GNP6000 美元以上为高收入国家,2200~5999 美元为中高收入国家,545~2200 美元之间为中低收入国家,545 美元以下为低收入国家。而 2000 年,中国的人均国内生产总值不到 900 美元,仍处于中低收入水平。

建设社会主义市场经济体制的目标确立后,市场竞争的加剧和规模经济的形成使生产效率快速提高,产品供给的增长速度进一步加快。依靠投资拉动的经济增长一度创造了中国经济飞速发展的奇迹,但也造成了片面追求增长速度而导致重复建设的问题,引发了产能过剩、社会资源浪费等问题。资本来源扩大使投资脱离消费的可能性增加,生产能力持续上升后所生产的大量产品与不断扩张的居民消费需求不相匹配的情况逐渐凸显,通货膨胀的现象反复发生。市场供需之间矛盾突出的原因并非居民消费欲望不强或家庭需求相对饱和,而是潜在消费需求与实际支付能力低下产生错位,强烈购买欲望与结构性供给不足产生错位,构成了低层次的买方市场,这种市场同发达国家的市场化程度和消费水平仍存在较大差距。随着市场体系建设的初步完善,市场在资源配置中的

---

① 中共中央文献研究室. 十六大以来重要文献选编:上册 [M]. 北京:中央文献出版社,2005:14.

基础性作用逐渐开始发挥。更大规模、更多种类和不同层次的商品和要素市场已经基本形成。净出口的持续增长对经济产生的拉动作用在一定程度上掩盖了消费供给与需求之间的矛盾，直到1997年亚洲金融危机对国家出口造成严重影响时，买方市场的特征初步显现。买方市场格局的形成，代表着人民生活水平的普遍提高，也代表着中国的社会经济活动进入了新的阶段。过去优先提高供给能力以促进经济增长的局面发生改变，以需求总量和增长速度为主的需求因素成为更加需要纳入考虑的部分。为获得更多的消费群体，市场主体间的竞争成为经济运行的重要机制。需求的不足将会严重制约国家经济的健康持续增长，经济运行出现了一系列诸如有效供给不足、结构性矛盾突出等问题。

为实现经济"软着陆"，国家主动放缓了保持多年的经济持续高速增长，买方市场的形成与紧缩型的宏观经济政策相辅相成。从总体来看，中国经济在20世纪末开始出现了外需贡献率减弱、内需拉动作用增强的迹象。亚洲金融危机爆发后，国际贸易面临多种不确定因素使得中国出口面临严峻形势。同时，国内社会消费品零售总额也仅保持着低幅增长。出口和消费对拉动经济增长的作用有限，经济增长的动力只能主要依赖国有单位固定资产投资的增长。随着国内商品生产能力的不断提高，商品出口转内销成为解决经济发展困难的一条主要途径。综合国内外经济环境的影响，只有通过扩大消费的政策实施，不断提高消费的影响力，增加有效供给才能保证供需平衡来保持经济增速的稳定。

二、世界经济危机前的消费政策演变（1998～2007年）

1998年，九届全国人大一次会议提出中国"主要生产资料和消费品出现了供求基本平衡或供大于求的格局，长期以来困扰我们的商品紧缺现象已经根本改观了。"① 国内商品供给能力过剩，产品大量积压滞销。原国家经贸委（内贸部门）对610种主要商品的供求情况进行了测算，其中供过于求的商品占33.8%，1999年更是飙升到了80%，②其余商品的供求基本平衡，没有出现供不应求的商品。其中，供过于求的商品主要涵盖家用电器、五金交电、化肥农药等商品。供求基本平衡的商品主要涵盖糖酒副食、针棉纺织、粮油商品、日用百货、棉麻桑蚕等行业。在这一情况下，企业生产仍随着生产力的提升而不断增加，重复建设和同构产品形成了无效供给，产销率处在偏低的水平，产销不平衡的现象使产品库存的积压问题日益突出。1998年底，全国库存商品总额超过了4万亿元，工业产品每增加10%，就有1%的产品积压，产品符合社会现实需要的程度较低。1997~1999年主要工业部门生产能力闲置率约在30%。在对全国900余种主要工业品生产力进行普查后发现，多达半数的产品的能力利用率在60%以下，极个别产品甚至低于5%③。

在多项体制和制度的改革阵痛期，失业人口增加。中国泛福利制度的住房制度、医疗制度、社会保障制度等随着改革开放的发展和社会主义市场化的推进已基本告一段落。随着《国务院关于进一步深化城镇住房制度改革加快住房建设的通知》的推出，住房分配制度基本上从政府福利性分配转为货币化分配，公有住房在1998年底基本上销售完毕。1999年，城市住房制度改革终于从长时间的试点转变为全面展开，房地产业开始成为国家经济腾飞的支柱产业。然而，改革初期，由于尚处于发展初期的住宅市场的相关改革还不够完善，住房消费暂时未能在居民消费中形成一定的规模，持币待购的消费心理阻碍了居民即期消费

---

① 李鹏. 政府工作报告：一九九八年三月五日 [M] //中共中央文献研究室. 十五大以来重要文献选编：上册. 北京：人民出版社，2000：213.
② 李通屏. 中国消费制度变迁研究 [M]. 北京：经济科学出版社，2005：133.
③ 李新家等. 消费主导型经济的特征及其理论意义 [J]. 学术研究，2003（12）.

的增长。除住房制度以外，医疗制度、社会保障制度、文化教育制度等在中国长期施行的福利政策都在同时发生改革。"统包形式"社会保障福利制度的结束导致社会资金出现分流。居民更加倾向于增加储蓄以应对未来的不确定性风险，居民消费心理预期持续下降。多重因素导致居民最终消费需求疲软，居民消费由前期需求旺盛阶段转为需求不足阶段，居民消费率一直处在低位徘徊。

为此，1998年2月，江泽民指出，"最根本的是要做好我们国内的经济工作，以增强我们承受和抵御风险的能力……要努力扩大内需，发挥国内市场的巨大潜力。"①"扩大国内需求、开拓国内市场，是我国经济发展的基本立足点和长期战略方针。"② 1999年3月，把扩大国内需求作为促进经济增长的主要措施，强调要发挥投资与消费的双重拉动作用③。《关于国民经济和社会发展计划的报告》强调了消费作为社会再生产的终点和新起点的重要地位，"只有增加消费需求，才能使增加的投资取得预期效益，实现社会再生产的良性循环。"消费在经济发展中的地位得到提高。

扩大消费政策提出后，国家开始推行一系列积极的经济政策以刺激居民消费，主要包括改革商业银行储备金制度，征收储蓄存款利息所得税，三次下调存贷款利率；增加政府支出，增发1000亿元专项经济建设国债（2000年在此基础上又增发500亿元）和1000亿元银行贷款等。2000年，我国提前实现了人均收入比1980年翻两番的"第二步走"战略目标，人民生活进入小康社会，开始进入全面建设小康社会阶段。这些情况和举措在短期内降低了中国居民长期以来的高储蓄欲

---

① 江泽民. 做好国内经济工作，增强承受和抵御风险的能力：一九九八年二月二十六日 [M] //中共中央文献研究室. 十五大以来重要文献选编：上册. 北京：人民出版社，2000：205.

② 曾培炎. 关于1988年国民经济和社会发展计划执行情况与1999年国民经济和社会发展计划草案的报告：在九届人大第二次会议上的报告 [R]. 1999.

③ 朱镕基. 政府工作报告：1999年3月5日 [M] //中共中央文献研究室. 十五大以来重要文献选编：上册. 北京：人民出版社，2000：776.

望，改变了储蓄和消费间的比率，在一定程度上拉动了消费，国内消费品市场出现了初步回暖的现象，初步缓解了亚洲金融危机对经济增长带来的不利影响。1998~2001年，中国居民消费的增长处于相对平稳的状态，消费品零售额的增长率分别为6.8%、6.8%、9.7%、10.1%，年均增长8.35%[1]。然而，这种消费增长仍属于一种恢复性增长，抑制消费的基本矛盾和深层因素仍然没有得到完全解决，社会需求的持续增长机制还未完全形成，商品供需的结构性矛盾依旧突出。

2001年12月，中国加入世界贸易组织后，进一步降低了自1998年开始实行出口退税政策后的关税等出口壁垒。关税的降低直接导致进口商品价格随之降低。居民对进口商品的购买力大幅度增强，消费品选择迅速增加，消费搭乘入世顺风车快速发展，中国国内生产总值增长依靠外需拉动的格局逐渐形成。2006年人民币汇率改革后，消费更是呈现短期过热。2001~2007年，社会消费品零售总额保持着12.5%的平均增速快速增长（分别为10.1%、11.8%、9.1%、13.3%、12.9%、13.7%、16.8%）[2]。以汽车为例，关税从70%下降到43.8%后，进口汽车的成本平均每台下降5万元以上，汽车的销售价格逐渐下降到接近居民的购买力水平。在汽车大幅度降价的基础上，国家又进一步出台鼓励私人汽车消费的政策，取消了200多种有关汽车的税费，各地限制汽车消费的政策被迫取消，改善了汽车消费环境。汽车消费借机迅速增长，成为全社会消费增长的主要动力之一。与此相类似，入世后进口产品带动国内的同类商品普遍降价，也有利于激发居民的消费热情和潜在的消费能力，拉动即期消费。

尽管消费规模持续增加，但消费增速与投资增速相比仍然存在一定

---

[1] 国家统计局. 中华人民共和国1998年、1999年、2000年、2001年国民经济和社会发展统计公报.

[2] 国家统计局. 中华人民共和国2001年、2003年、2007年国民经济和社会发展统计公报.

差距。全国的社会固定资产投资增速始终高于同期社会消费品零售额的增速，投资与消费增速的差距仍然处在急剧扩大的趋势。消费需求的增长速度落后于投资的增长速度的情况一直持续到2006年。投资的过快增长超过了资源供给的承受能力，加上居民消费增速缓慢，导致投资与消费需求的比例严重失衡，成为经济运行中十分突出的结构性矛盾，明显影响了国民经济的协调稳定发展。居民消费信心仍显不足，国内需求仍呈现出有效不足和增长乏力的困境。国家正处于消费结构转型的阵痛期，消费市场持续发展的基础还不够稳固，未能形成新的以高档商品为主要内容的主导性消费热点。

在经济体制改革的基本框架下，国家通过促进扩大内需来拉动结构调整。2002年11月，江泽民在党的十六大报告《全面建设小康社会 开创中国特色社会主义事业新局面》指出，"要把促进经济增长，增加就业，稳定物价，保持国际收支平衡作为宏观调控的主要目标。扩大内需是我国经济发展长期的、基本的立足点。坚持扩大国内需求的方针，根据形势需要实施相应的宏观经济政策。调整投资和消费关系，逐步提高消费在国内生产总值中的比重"[①]。国家还开展了一系列全面配套的体制改革和制度创新，改革的主要内容包括收入分配制度、企业制度、国家公务员制度、粮食流通制度和社会保障制度等，均直接或间接地影响了城乡居民的消费行为。并进一步提出坚持和完善基本经济制度，探索公有制特别是国有制的多种有效实现形式，积极促进非公有制经济的健康发展。健全统一、开放、竞争、有序的现代市场体系，在更大程度上发挥市场在资源配置中的基础性作用。建立和完善社会保障制度，建立健全同经济发展水平相适应的社会保障体系。在社会主义市场经济体制不断完善的过程中，国内的资本市场、劳动力市场、房地产市场、信

---

① 江泽民. 全面建设小康社会 开创中国特色社会主义事业新局面[M]//中共中央文献研究室. 十六大以来重要文献选编：上册. 北京：中央文献出版社，2005：21.

息技术市场均在不同程度上实现了发展，为社会总供给的改善提供了可能性。

2006年，国家在"十一五"规划进一步提出调整投资和消费间关系的重要性，提升消费对经济增长的贡献，消费的地位开始与投资齐平。2007年10月，胡锦涛在党的十七大报告《高举中国特色社会主义伟大旗帜　为夺取全面建设小康社会新胜利而奋斗》①中强调，扩大国内需求方针的重点在于消费需求，确定促进经济增长由主要依靠"投资、出口"拉动转向依靠"消费、投资、出口"协调拉动，这意味着此前推动经济发展的"两驾马车"正式转变为"三驾马车"。消费开始独当一面，逐渐彰显其在经济发展中的重要地位。

个人可支配收入是居民消费中最重要的决定因素，收入水平直接决定着消费支付能力。然而，国民收入分配的结构失衡直接限制了居民可支配收入的有效增长。20世纪末，国民收入过多地向财政方面发生倾斜，这一时期财政收入年均增长率要远超城镇居民可支配收入和农村居民纯收入的年均增长率。城乡居民人均收入的增长速度已连续多年明显低于国内生产总值的增长速度，居民收入与生产供给之间的差距逐渐扩大。再加上国有企业的改革力度不断加大，行政机构改革由中央向地方扩展。下岗失业人数的大幅增加导致居民收入的不稳定性加剧，绝对收入减少，居民购买力受到严重制约。为此，国家开始实行积极的收入政策，推进分配制度改革，加大国民收入分配向居民倾斜的力度，尽量保持城乡居民收入水平增速高于经济增长速度，提高城乡居民收入水平。

在城镇中，收入政策的惠及人群包括机关事业单位在职职工和离退休人员、国有企业下岗职工、失业人员、企业离退休人员、城镇居

---

① 胡锦涛. 高举中国特色社会主义伟大旗帜　为夺取全面建设小康社会新胜利而奋斗[M]//中共中央文献研究室. 十七大以来重要文献选编：上册. 北京：中央文献出版社，2009：15.

民最低生活保障对象和部分优抚对象等。除连续3次大规模提高政府机关、事业单位和企业职工的工资水平和提高社会保障"三条线"（指国有企业下岗职工基本生活保障制度，失业保险制度和城镇居民最低生活保障制度）的支出水平之外，还实行了年终一次性奖金制度和艰苦边远地区津贴制度。这一系列制度使机关事业单位职工的人均月薪从1998年的400元短期内迅速提高到2001年的823元，实现了高达105.5%的增幅。"三条线"社会保障的水平在原有基础上提高了30%[1]。到1999年底，增加收入的居民人数实际超过了1亿人次，增收总额达到600亿左右，全国城镇居民人均可支配收入5854元，考虑价格因素比上年实际增长9.3%[2]，城镇社会消费品零售额快速增长。这些举措对刺激城镇居民消费，活跃消费市场起到了积极的作用。随着国际经济形势和国内经济运行的好转，居民的消费信心取得了一定程度上的恢复。2001~2007年，中国经济发展处在增速超常规增长时期，国民经济保持在平均每年9%的增长速度。在城镇居民收入增长政策的持续推进下，全国城镇居民人均可支配收入分别增长8.5%、13.4%、9.0%、7.7%、9.6%、10.4%、12.2%，年均增长10.1%，快于国家经济增速。

在农村，农村农民纯收入虽然在总量上保持增长，但增长缓慢，农村恩格尔系数在2000年才首次降到50%以下（49.1%）。导致这一情况的主要原因是国家对粮食和棉花的收购体制进行改革，供求关系的变化直接造成农产品价格的持续下跌。其中，粮食的收购改革主要实行顺价销售的政策，即"按质论价"，高质高价、低质低价的政策使得粮食收购价格逐渐开始向市场价格靠拢；棉花的收购改革则实行价格的完全

---

[1] 李通屏. 中国消费制度变迁研究 [M]. 北京：经济科学出版社，2005：190.
[2] 中华人民共和国国家统计局. 中华人民共和国1999年国民经济和社会发展统计公报 [R]. 2000-2-28.

放开，且按市场价进行收购。收购体制改革后粮食和棉花的收购价和保护价均出现下降。据测算，粮棉价格的下降会导致农村农民人均纯收入减少80元，农民总收入减少700亿元①。为减轻农民负担，提高农民收入，国家通过落实领导制，坚决查处加重农民负担行为，严格执行农民税收法规政策，控制提留统筹费提取数额，禁止乱收费、乱集资、乱罚款和各种摊派，压缩不合理开支等措施②。2001年，国家提出农村税费改革试点工作的政策③以切实减轻农民负担。2002年，税费改革试点范围进一步扩大，农民从中受益多达300多亿元。当年的农民税费负担为人均78.7元，比上年减少12.5元，下降了13.7%，税费负担占农民纯收入的比重为3.2%。税费负担的下降直接拉动了农民收入增长了0.5个百分点④。"十五"期间，国家开展以减轻农民负担为中心，取消"三提五统"等税外收费、改革农业税收为主要内容的农村税费改革。2006年1月，国家正式废止《农业税条例》，取消了除烟叶以外的农业特产税、全部免征牧业税。农业税全面取消后，与农村税费改革前的1999年相比，中国农民每年减负总额超过1000亿元，人均减负120元左右。国家所实行的"以工促农"和"以城带乡"政策取得了重要成就。

中国经济在改革开放的不断深化和经济体制改革的持续推动下长期保持着较高的增长速度，社会财富迅速积聚。但在国民收入分配上仍存在着较大问题，主要表现在中低收入居民的收入增速明显落后于高收入居民，社会财富快速向高收入阶层倾斜。收入增长缓慢的同时，居民消费价格特别是食品价格又出现了连续多年的温和上行。据

---

① 徐连仲. 2000年我国消费市场前瞻［J］. 中国改革杂志，2000（1）：32-33.
② 农业部，监察部，财政部，国家计委，法制办. 关于做好当前减轻农民负担工作的意见［EB/OL］. 1999-7-14.
③ 江泽民. 做好国内经济工作，增强承受和抵御风险的能力：1998年2月26日［M］//中共中央文献研究室：十五大以来重要文献选编：下册. 北京：人民出版社，2003：1733.
④ 李通屏. 中国消费制度变迁研究［M］. 北京：经济科学出版社，2005：176.

统计，"十五"期间，食品价格的上涨对价格总水平的推动最高时达到了80%~90%[1]。这给低收入者和农民造成很大的经济负担。因此，国家除对城乡居民收入进行针对性的政策安排以外，也不断加大对城乡中低收入群体的扶持力度。2001年初，全年最低生活保障支出达到了前所未有的42亿元（其中，中央财政投入总额达到23亿元，地方省市自治区、区县财政投入总额19亿元）。到2001年底，全国共计有1171万城镇居民得到了最低生活保障，这一数据较上年增长了近200%。[2] 2002年，党的十六大在重申"效率优先、兼顾公平"的基础上进一步指出"初次分配注重效率，发挥市场的作用……再分配注重公平，加强政府对收入分配的调节职能，调节差距过大的收入"，首次提出要"扩大中等收入者比重，提高低收入者收入水平"，以达到实现共同富裕的奋斗目标。这一政策为深化收入分配制度改革、提高居民收入具有重要的理论指导意义。同年，国家进一步推进"应保尽保"的政策，城镇居民最低生活保障制度的财政预算达到105亿元，覆盖面大幅度增长，城市"低保"总人数达2053.5万人，总支出达112.6亿元[3]。2006年，"十一五"规划进一步将居民收入作为重要手段以促进消费增长，提出合理调节收入分配，不断提高低收入者和农民收入。

随着居民可支配收入的增多，手头有一定的积蓄进行消费。2001年，城镇居民家庭的移动电话拥有量与1998年相比，增长了900%，电脑增长了250%，汽车增长了100%，农村居民家庭的彩电拥有量增长67%，摩托车增长了67%[4]。汽车消费高速增长，典型特征是居民个人已成为汽车消费的主力。住房制度的改革和住房信贷的发展，使全国住

---

[1] 王永治. 适应新形势 应对新变化 促进价格平稳运行：对"十五"时期价格运行态势分析和2006年价格走势预测[J]. 价格理论与实践，2006（1）：8-10.

[2][3] 李通屏. 中国消费制度变迁研究[M]. 北京：经济科学出版社，2005：176.

[4] 徐连仲. 经济增长回升态势形成 稳定增长还需政策支持：2002年经济运行分析及2002-2003年预测[J]. 中国物价，2002（12）：11-16.

房消费出现大幅增长，商品房销售面积和销售额都达到历史新高。居住消费的大幅增长无疑带动了住房装饰、装修消费、家具家电等相关居住消费的增长。2003~2005年，汽车和商品房销售额的增幅要远高于消费品零售额的增长速度。电子通信产品的消费总额和增速也在不断增长和提高。全国固定电话和移动电话用户总量已经居于世界第一位。2005年6月，商务部在《全国商品市场体系建设纲要》中提出，"我国将适应消费需求发展趋势，搞好城乡零售市场的规划布局，以小城镇建设为依托开拓农村消费品市场，加快便利店的发展，加快培育汽车、家用电器、电子信息和通讯产品等消费热点，大力发展生活服务市场，积极推动餐饮、住宿、洗浴等传统服务业的升级"。这些政策在很大程度上积极推进了消费品市场的持续、健康发展。

第二节 后经济危机时期的扩大消费（2008~2019年）

一、世界经济危机下的刺激消费（2008~2012年）

2008年，中国出口占GDP的比值高达35%，经济发展方式转变为"出口导向型"。这种经济增长模式在国际消费市场需求旺盛时，可以从整体上促进国内生产总值的增长。然而，每当世界经济危机席卷全球，国际贸易摩擦不断，居民外需便会出现急速萎缩，中国出口再度受到国际经济环境的阻碍，这就会带来物价水平上涨、企业破产倒闭、人民生活成本增加等诸多问题。2008年最后一季度，国家GDP仅增长6.8%，出口自10月起连续下降2.2%、2.78%、17.5%，对经济增长产生了直接负面影响，经济增速急剧下行，企业经营困难。2009~2012

年，中国贸易顺差占当年贸易进出口总值的比例分别为5.9%、6.2%、4.3%和5.9%，这与经济危机之前高达两位数的顺差比形成巨大差距[①]。同期，城市失业率攀升，农民工返乡潮出现，影响了国家的城镇化进程。受人民币不断升值、国内转型要素价格上涨及亚太新兴市场短期内难以复苏等因素的综合影响，出口形势改善困难。随着经济危机的逐步恶化，社会对于经济增长的预期很低，拉动经济和消费增长的股票市场和房地产市场都处在低迷的运行状态。无论是1997年的亚洲金融危机，还是2008年的全球经济危机，都证明了在受到外生冲击时，对外贸易的急剧萎缩及其在经济运行中的传导效应都会在不同程度上加剧中国经济增长的下行风险，也不可避免地对国家宏微观经济政策的制定和劳动、就业等问题造成巨大压力。因此，高度依赖国际市场的出口依赖型经济发展方式是不可持续的。

扩大内需又一次作为应对危机的重要举措之一，扩大消费的政策进入第二阶段。由中央财政主导、地方财政配套参与的"四万亿"计划及其后续投资活动，客观上起到了扩张企业产能、创造就业、刺激民间资本投资的效果，企业扩大生产直接增加了对于中间品和资本品的新消费需求。扩张性的财政和金融政策同时也创造出大量新的就业岗位，支付劳动力的工资又形成了新的最终消费需求，理论上会形成一种良性循环。在多项政策的综合作用下，经济增势在2009年和2010年一度迅猛增长8.7%和10.3%。但这些举措效果有限。虽然有统计称在中央投资之外，各地方配套资金与中央计划合计达10万亿之巨，但这些投资中，却又有很大一部分并未参与实际的社会经济生产活动循环。[②] 有相当部分的投资以金融创新、国内投资走出去（中国直接对外投资）、金融和

[①] 08年中国对外贸易发展情况 外贸顺差先降后升［EB/OL］．中国发展门户网（2009-7-2）［2025-5-31］．http：//cn.chinagate.cn/infocus/2009-07/02/content_18057161.htm．

[②] 张志勇．民营企业四十年［M］．北京：经济日报出版社，2019：211．

虚拟经济投资投机活动的形式存在，处于"空转"状态。所以，实际上参与到实体经济中的投资十分有限，并未从根本上解决国内扩大消费的问题。

为对冲全球经济危机所造成的消费性电子产品外销需求急速衰退，从而扩大国内消费市场，国家开始实施大规模的结构性减税政策，辅以"家电下乡""以旧换新""农机购置补贴"，降低小排量汽车的购置税等财税政策，先后印发《关于全国推广家电下乡工作的通知》和《汽车行业调整振兴规划》。政策规定，国内具有农村户口的消费者在购买彩色电视、冰箱、移动电话和洗衣机这四类产品时，可以按照产品市场售价的13%给予补贴，最高补贴上限为电视2000元、冰箱2500元、移动电话2000元和洗衣机1000元。商务部和财政部估计，2008年财政补贴家电下乡资金达到104亿元，累计拉动消费9200亿元；"汽车下乡"方面，除对1.6升及以下排量的乘用车按5%征收车辆购置税（购置税减半）之外，还安排50亿元资金对农民以报废三轮汽车和低速货车换购轻型载货车及购买1.3升以下排量微型客车的给予一次性财政补贴。微型载货车、轻型载货车和微型客车销售价格每辆5万元及以下的，补贴销售价格的10%，销售价格每辆5万元以上的，定额补贴5000元。摩托车销售价格每辆5000元及以下的，补贴销售价格的13%，销售价格每辆5000元以上的，定额补贴650元。"家电下乡""汽车下乡"政策通过刺激家电和汽车等耐用品消费来带动农村消费需求的整体释放，它的实施不仅扩大了农村消费，实现了中国城乡消费市场耐用品消费的迅速普及，同时也通过消费拉动了生产。2000年，城镇居民家庭平均每百户年底洗衣机拥有量（90.50台）是农村居民家庭（28.58台）的3.17倍，到了2010年这一比例迅速下降到1.69。冰箱拥有量城乡比例从2000年的6.50下降到2010年的2.14。据统计，2010年底，全国共计补贴"汽车下乡"1791.47万辆，其中汽车499.69万辆，摩托车

1291.78万辆，兑付补贴资金共计265.67亿元[①]。政府消费政策的刺激使得汽车、家电、旅游、住宿和餐饮等领域零售额出现大幅增长。

经济危机下的扩大消费政策推出后，配合多次下调存款准备金率和存贷款基准利率等适度宽松的货币政策，中国社会消费品零售额的增长率于2008年一度飙升到22.7%[②]，消费需求出现了快速增长的态势。这一时期，消费的特点在于提质增量和结构的再次升级，从以"新四件"彩电、冰箱、洗衣机、录音机的耐用消费品升级到以汽车、住房为主的重量级消费品。电子通讯产品、文娱消费、教育消费等也成为消费热点，有力促进了全社会消费额的持续平稳增长。2009年3月，十一届人大二次会议指出，要充分发挥内需特别是消费需求拉动经济增长的主导作用，首次将消费在经济发展中的地位定义为"主导"，中国共产党对消费的重视程度发生了质的改变。2010年，随着国际和国内经济的整体复苏回暖，中央适时将货币政策从适度宽松转为稳健，有效遏制了当时物价过快上涨的势头，控制了通胀水平。10月，中共十七届五中全会首次从体制机制层面，明确提出建立扩大消费的长效机制，加快形成消费、投资、出口三方协调拉动经济增长的新局面。2011年3月，"十二五"规划再一次重申建立扩大消费长效机制，必须把扩大消费需求作为扩大内需的战略重点，提出要从居民消费能力、消费预期、消费结构入手，不断释放居民消费潜力。消费快速增长拉动经济稳定增长成为很长一段时间内的一项艰巨任务和重要目标。

2012年，中国GDP增速在保持多年高位后开始回落，经济增长所处阶段发生根本性转换，进入了从高速增长转为中高速增长的经济"新常态"，社会主要矛盾发生改变，经济社会发展进入新时代。党的十八大报告《坚定不移沿着中国特色社会主义道路前进　为全面建成

---

① 赵萍. 扩大消费政策推动消费高速增长［N］. 国际商报，2012-8-13（A08）.
② 国家统计局. 中华人民共和国2010年国民经济和社会发展统计公报［R］. 2011-2-28.

小康社会而奋斗》指出，我国的城乡、区域发展差距和居民收入分配差距依然较大，教育就业、社会保障、医疗、住房等社会矛盾明显增多。"要适应国内外经济形势新变化，加快形成新的经济发展方式，把推动发展的立足点转到提高质量和效益上来……使经济发展更多依靠内需特别是消费需求拉动……要牢牢把握扩大内需这一战略基点，加快建立扩大消费需求长效机制，释放居民消费潜力，保持投资合理增长，扩大国内市场规模。牢牢把握发展实体经济这一坚实基础，实行更加有利于实体经济发展的政策措施，强化需求导向，推动战略性新兴产业、先进制造业健康发展，加快传统产业转型升级，推动服务业特别是现代服务业发展壮大，合理布局建设基础设施和基础产业。"[1] 自此，影响居民消费的宏观环境发生改变，在经济发展的转型期和产业结构调整的关键时期，影响居民消费的制约条件得到根本缓解，居民消费向高质量阶段迈进。以往经济增速减慢后，国家通常采用宽松的货币政策以扩大贷款和刺激投资，而2013年末国家的广义货币余额已达110.65万亿元，M2与GDP（56.88万亿元）之间的比值达到1.95，比值越高说明投入较多的货币却仅能产出很少的国内生产总值，同期美国的这个比值（0.65）仅为中国的三分之一[2]。这表明旧的经济增长方式已经不能再适应增速回落的新经济形势，必须逐步转向以消费、服务业为主，更多地依靠内需，更多地从要素效率提升获取动力的新经济增长结构。

市场经济中，生产种类、生产方式和生产对象主要通过市场中价格的涨落以及供求的变化进行调节。市场通过价格变动较为及时、准确、灵活地反映供求关系的变化，传递供求信息，以实现资源的合理配置和

---

[1] 胡锦涛. 坚定不移沿着中国特色社会主义道路前进 为全面建成小康社会而奋斗：2012年11月8日 [M]//中共中央文献研究室. 十八大以来重要文献选编：上册. 北京：中央文献出版社，2014：16.

[2] 中国经济网. 习近平"新常态"表述 "新"在哪里？"常"在何处？[EB/OL]. (2014-8-10) [2020-9-12]. http://www.ce.cn/xwzx/gnsz/szyw/201408/10/t20140810_3322950.shtml.

有效利用以及劳动生产率的提高。而市场在资源配置中发挥"基础性作用"的社会主义市场经济,未能明确在资源配置中发挥主导作用的究竟是政府还是市场,这导致社会主义市场经济体制始终不够完善。商品的价格虽然基本上由市场决定,但资源和要素价格在很大程度上仍然由政府直接决定或控制。经济学理论表明,市场配置资源的效率最高,而中国的市场在资源配置中的基础性作用尚未得到充分发挥,更遑论决定性作用。因此,党的十八大报告中强调,要加快完善社会主义市场经济体制,加快形成新的经济发展方式。全面深化经济体制改革是加快转变经济发展方式的关键,核心问题是要处理好政府和市场的关系,即必须尊重市场规律,使"市场在资源配置中起决定性作用"和"更好发挥政府作用"[①]。将市场从"基础性作用"上升到"决定性作用",明晰了市场和政府在资源配置中的定位和市场与政府之间的关系。"更好发挥政府作用"可以妥善解决以往政府存在的"越位"和"缺位"、干预过多和监管不到位等问题。在市场失灵,自发性、盲目性和滞后性的缺陷发生,也即市场机制不能自动调节宏观经济若干总量的平衡和部分特殊领域(如公共物品领域)供求的平衡之时,由政府"看得见的手"介入进行有效的调控。这一理论的突破有利于社会主义市场经济体制的完善和经济发展方式的转变。

二、经济新常态与供给侧结构性改革(2013~2019年)

党的十八大以来,影响消费的宏观环境和要素禀赋条件均发生改变,中国处在经济增速换挡、经济结构调整和发展动力转换三大节点交叉的关键时期。经济进入新常态后,为进一步提高可支配收入以提高居

---

① 中共中央关于全面深化改革若干重大问题的决定[M]//中共中央文献研究室.十八大以来重要文献选编:上册.北京:中央文献出版社,2014:513.

民消费能力，国务院于 2013 年 2 月批转了发展改革委、财政部、人力资源社会保障部制定的《关于深化收入分配制度改革的若干意见》，意见中明确提出，"到 2020 年实现城乡居民人均实际收入比 2010 年翻一番，力争中低收入者收入增长更快一些，人民生活水平全面提高"的收入倍增计划。2013~2020 年，在积极的收入政策下，居民每年人均可支配收入的实际增长率均高于人均 GDP 增速。2021 年，居民人均可支配收入的增速与经济增长也基本同步。

2013 年，中国第三产业增加值首次超过第二产业 43.9% 的比重，占 GDP 的比重达到了 46.1%。这代表着不同于过去 30 年的以消费、服务业为主的经济增长结构开始形成。2014 年，中国 GDP 增速在连年保持高速增长后降到了 7.4%，这一增速成为 1999 年（7.1%）以来的最低水平。3 月，十二届人大二次会议上的政府工作报告强调，要发挥好消费的基础作用和投资的关键作用，将消费与投资在拉动经济发展中的作用分别定义为"基础"和"关键"。从需求与供给两方面着手构建扩大内需长效机制，而消费是扩大内需的主要着力点。11 月，习近平在北京举行的 APEC 亚太经合组织工商领导人峰会开幕式上做《谋求持久发展，共筑亚太梦想》的演讲，演讲指出，"中国经济结构不断优化升级，第三产业、消费需求逐渐成为主体。城乡区域差距逐步缩小，居民收入占比上升，发展成果惠及更广大民众。"[①] 12 月，中央经济工作会议官方阐述了"经济新常态"的科学内涵："我国经济正在向形态更高级、分工更复杂、结构更合理的阶段演化。这些趋势性变化，既是新常态的外在特征，又是新常态的内在动因。""总起来说，我国经济发展进入新常态后，增长速度正从百分之十左右的高速增长转向百分之七左右的中高速增长，经济发展方式正从规模速度型粗放增长转向质量效率

---

① 习近平. 谋求持久发展，共筑亚太梦想 [M] //论坚持推动构建人类命运共同体. 北京：中央文献出版社，2018：175.

型集约增长,经济结构正从增量扩能为主转向调整存量、做优增量并举的深度调整,经济发展动力正从传统增长点转向新的增长点。"[1] 对经济增速变化的深刻了解是重视和调整消费政策的前提和基础。

2016年,中国正式进入推进经济发展方式转变的关键时期,人均GDP突破8000美元,步入了中高收入国家行列。根据世界经济历史发展经验来看,进入中高等收入国家行列后,中等收入群体不断扩大,中产阶级兴起,居民的整体消费能力和消费层次会跨入一个新的阶段,消费率会逐渐上升并保持在一个较高的水平,消费在经济中的重要性与日俱增。市场在资源配置中起"决定性作用"后,对政府履行宏观调控职能提出了更高要求。中国加入世界贸易组织后,根据中国加入世贸组织议定书第15条的相关规定,WTO成员国对华反倾销"替代国"的做法应于2016年12月11日终止,即在中国加入世贸组织之日起15年后正式承认其市场经济国家的地位。然而,美国、欧盟、日本等国家均始终拒绝承认中国的市场经济地位,也从未停止对华反倾销"替代国"做法。

经济新常态下,以往中国消费的"羊群效应"结束,模仿排浪式消费阶段已基本结束。个性化、多样化消费渐渐成为消费主流。中国人口众多,而总体消费水平仍然不高,提升余地较大。这一阶段,中国经济发展的主要矛盾是结构性问题,而矛盾的主要方面便是在供给侧。因此,为提高供给质量和水平,国家提出通过供给侧结构性改革来增强供给结构对需求变化的适应性和灵活性。2015年11月,习近平在中央财经领导小组第十一次会议上首次提出"供给侧结构性改革"的概念。2016年1月,习近平在重庆调研时强调,要加大对供给侧结构性改革的力度,其中重中之重的目标是促进对产能过剩的有效化解,促进产

---

[1] 习近平. 经济工作要适应经济发展新常态[M]//论把握新发展阶段、贯彻新发展理念、构建新发展格局. 北京:中央文献出版社,2021:32-33.

结构的优化重组，发展战略性新兴产业和现代服务业，增加公共产品和服务供给，着力提高供给体系质量和效益。这一决策深刻阐明了社会主义市场经济条件下供给和需求的主要特点，深化了党和国家对社会主义经济运行规律的正确认识，是解决中国经济发展长期积累的结构性、体制性矛盾的必然选择，为保持经济持续健康发展提供了根本路径。

深化供给侧结构性改革，可以在立足扩大内需战略基点的同时，提升供给体系的适配性，即通过提高供给体系与消费结构的适配度，将居民日益膨胀的新消费需求彻底释放出来，解决居民有效消费不足与消费外流的问题。如若供需适配，只要市场机制能够充分发挥有效的作用，需求的增加会带动供给增加，从而带动国民经济的持续稳定增长。当供求矛盾出现时，会出现供大于求或有效需求不足的问题。解决供求矛盾的主要侧重点在于需求方面，扩大内需的重点在于需求侧管理。此时，国家可以通过实行积极的财政政策、宽松的货币政策和改善收入分配政策等宏观政策扩大有效需求，从而解决需求侧的不足对有效供给产生的抑制，促进国民经济良性循环。而如果供需错配，即使总供给与总需求相等，当供求矛盾出现时，则会出现产能过剩和需求过剩并存的结构性问题。当人均可支配收入增长时，居民消费需求增加和消费结构升级是必然趋势。然而，供给结构的适配则必须依靠技术和设备的升级，在供给适应需求的过程中会出现一定的时滞，这就会出现产能过剩和升级需求没有有效需求满足的情况，不可避免地造成对居民消费的抑制或居民消费的外流。中国居民境外消费人数和消费额逐年攀升，出境游人数自2013年起连年稳居世界首位，出境旅游支出则自2014年起连年稳居世界首位[1]。消费外移代表着居民消费并非需求不足，而是供给错位导致

---

[1] 国家统计局. 国际地位显著提高 国际影响力持续增强：新中国成立70周年经济社会发展成就系列报告之二十三［EB/OL］. (2019-8-29) ［2020-9-12］. http://www.stats.gov.cn/ztjc/zthd/bwcxljsm/70znxc/201908/t20190829_1694194.html.

国内市场的供给过剩部分的 CPI 下降，供给不足部分的 CPI 上升。若要解决供需矛盾，就必须侧重于供给层面的改革。

按照世界各经济体的经济发展经验，当一国的人均 GDP 超过 5000 美元后，居民消费开始升级。2011 年，中国人均 GDP 达到 35181 元，按汇率计算首次超过 5000 美元。服务性消费占比提升是消费结构升级的重要标志，人均 GDP 从 5000 美元到 1 万美元的增长过程是服务性消费占比不断提升并逐渐超过物质消费占比的消费升级阶段，这一阶段居民对文化、健康、养老、体育、旅游、休闲等服务需求大幅上升。随着经济的中高速发展，中国人均 GDP 在 2019 年首次超过 1 万美元，居民消费随收入增长不断加速升级。然而，中国服务业增加值占 GDP 的比重还不到 60%，与美国、英国、法国等发达国家 70% 以上的水平仍有一定距离，甚至也低于世界平均 65% 的水平。能够适应居民新需求的新型服务供给不足，消费结构与传统供给体系发生错配，大量居民服务性消费潜力未能得到释放。

因此，供给侧结构性改革政策的提出，有利于通过提高全要素生产率来实现满足人民消费需求的目的，能够迅速增加与居民消费升级相匹配的有效供给，以新供给适应、引领和创造新需求。同时带动增加新供给所需要的新投资增长，用新供给创造新需求。这就形成了需求牵引供给、供给创造需求的更高水平动态平衡。也有利于推动社会生产力水平实现整体跃升，通过供给侧的提质升级来更好地满足人民的需求，解决中国经济发展长期积累的结构性、体制性矛盾，将流向境外的需求转化为有效的国内需求，实现真正的"国货崛起"。

2017 年 10 月，习近平在党的十九大报告《决胜全面建成小康社会 夺取新时代中国特色社会主义伟大胜利》中强调，"中国特色社会主义进入新时代，我国社会主要矛盾已经转化为人民日益增长的美好生活需要和不平衡不充分的发展之间的矛盾"。这一提法突出表现了在人均可支配收入提高后，居民的需求与有效供给之间不对称的问题，美好生活需要的核心在于扩大居民消费从而提升居民生活水平。在解决十余亿人温饱问题、总体实现小康的前提下，人民对物质文化生活提出了更高的要求。因此，国家提出了要"完善促进消费的体制机制，增强消费对经济发展的基础性作用""在中高端消费等领域培育新增长点、形成新功能"。这就将解决居民消费不足的问题提高到体制与机制的高度，首次强调了消费的基础性作用。党的十九大报告也指出，要"加快完善社会主义市场经济体制。经济体制改革必须以完善产权制度和要素市场化配置为重点，实现产权有效激励、要素自由流动、价格反应灵活、竞争公平有序、企业优胜劣汰。"[①] 自此，为满足人民日益增长的美好消费需求，非公有制企业逐渐向所在行业的高端升级，紧紧跟随科技革命和产业升级的脚步，增加对新兴产业、新型消费增长点等领域的投资（见图2-1）。一大批以数字经济、智能制造、互联网+为特征的高科技企业纷纷涌现并快速发展，如阿里巴巴、京东、腾讯等电商平台，大数据、云计算、无人机等智能化领域，新能源企业、生物医药等环保产业。

---

① 习近平．决胜全面建成小康社会，夺取新时代中国特色社会主义伟大胜利［M］//习近平著作选读：第二卷．北京：人民出版社，2023：27.

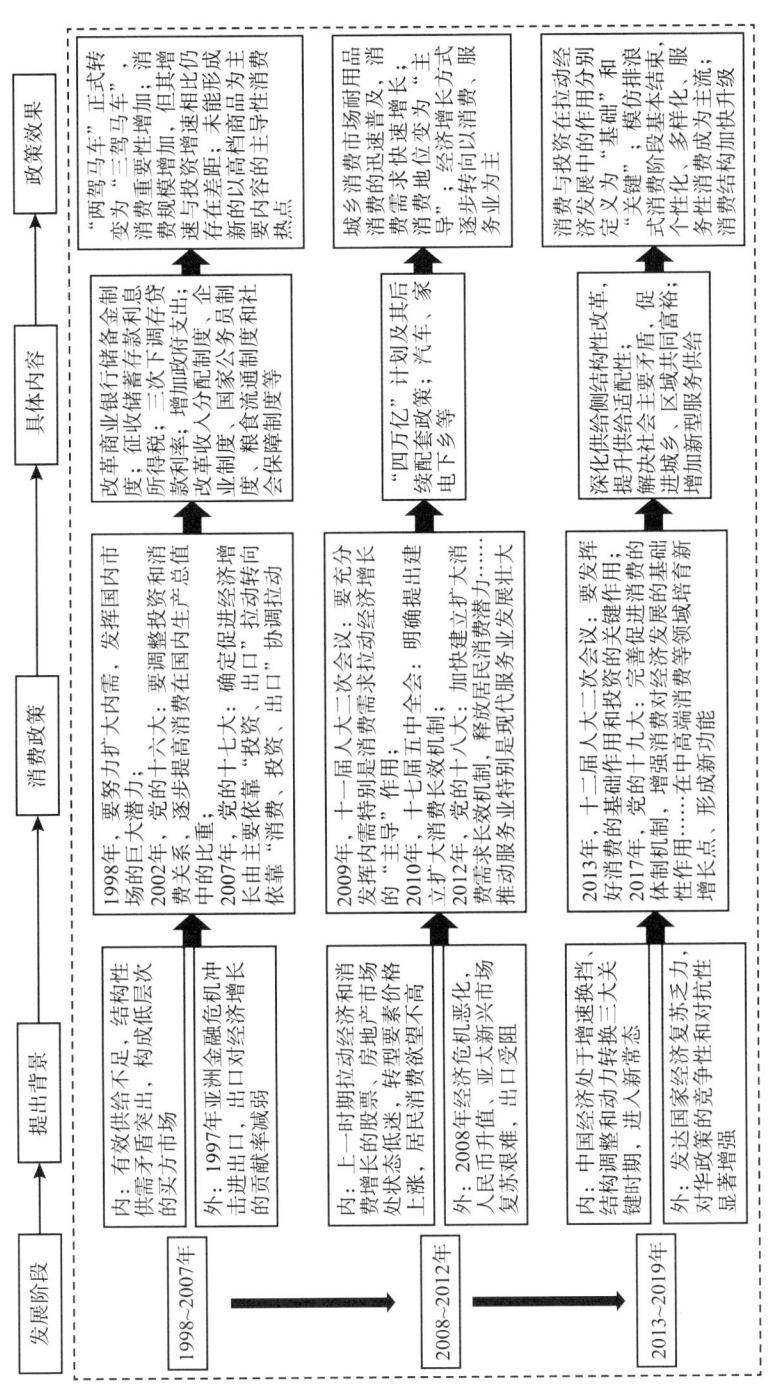

扩大消费的政策演变（1998~2019年） 第二章

图2-1　1998~2019年中国扩大消费政策演变分析框架

发展阶段	提出背景	消费政策	具体内容	政策效果
1998~2007年	内：有效供给不足，结构性供需矛盾突出，构成低层次的买方市场 外：1997年亚洲金融危机冲击进出口，出口对经济增长的贡献率减弱	1998年，要努力扩大内需，发挥国内市场的巨大潜力；2002年，要调整投资和消费关系，逐步提高消费在国内生产总值中的比重；党的十六大、党的十七大，确立主要依靠"消费、投资、出口"协调拉动长由主要依靠"投资、出口"协调拉动	改革商业银行储蓄存款准备金制度；征收利息所得税，三次下调存款利率；增加政府支出；改革收入分配制度，企业改革公务员制度、国家公务员制度、粮食流通制度和社会保障制度等	"两驾马车"正式转变为"三驾马车"，消费规模增加，但其重要性增加；消费投资增速相比仍存在差距，未能形成新的以高档商品为主要内容的主导性性消费热点
2008~2012年	内：上一时期拉动经济和消费增长的股票、房地产市场处状态低迷，转型要素价格上涨，居民消费欲望不高 外：2008年经济危机恶化，人民币升值，出口受阻，亚太新兴市场复苏艰难	2009年、十一届人大二次会议：要充分发挥内需特别是消费需求拉动经济增长的"主导"作用；2010年十七届五中全会：明确建立扩大消费需求的长效机制；2012年党的十八大：释放居民消费潜力……推动服务业特别是现代服务业发展壮大	"四万亿"计划及其后续配套政策；汽车、家电下乡等	城乡消费市场耐用品消费的迅速普及，消费需求快速增长；消费地位变为"主导"，经济增长方式逐步转为以消费为主
2013~2019年	内：中国经济步入增速换挡、结构调整和动力转换三大关键时期，进入新常态 外：发达国家经济复苏乏力，对华政策的竞争性和抗拒性显著增强	2013年、十二届人大一次会议：要发挥好消费的基础作用和投资的关键作用；2017年，党的十九大：完善促进消费体制机制，增强消费对经济发展的基础性作用……在中高端消费等领域培育新增长点，形成新功能	深化供给侧结构性改革，提升供给适配性；解决社会主要矛盾，促进城乡、区域共同富裕；增加新型服务供给	消费与投资在拉动经济发展中的作用分别定为"关键"和"基础"，模式规模基本结束，多样化成为主流，服务性消费成为主流；消费结构加快升级

第三章

扩大消费政策下的城乡消费发展
(1998~2019年)

第一节 城乡居民消费总量变动和结构变迁

一、城镇居民收入与消费变动情况

改革开放以前，全国经济整体处在较低的水平。改革开放之后，城市经济发展水平即刻起飞，与农村经济水平间的差距迅速形成。自扩大消费政策提出以来，城镇消费始终处在领先地位，是全国居民消费增长的决定性力量。1998年，全国城镇化率仅为33.4%。2000年，城镇化率为36.2%，与当时发达国家75%的平均城镇化率相去甚远，与47%的世界平均城镇化率也有很大距离，甚至低于38%的发展中国家平均城镇化率[1]。2000年前后，虽然全国人民生活水平达到总体小康，但受中国城乡二元制结构体制等历史因素和发展速度的影响，

---

[1] 贺铿.关于总体小康水平和全面小康社会的设想[J].管理评论，2003 (3).

中国城乡间广泛存在着生产和组织不对称的情况，城市与农村社会经济形态差距明显。为实现全面建设小康社会，经过城镇化的快速发展和城乡一体化的发展改革，2011年城镇化率达到51.3%，首次超过50%，这代表着中国城镇人口数首次超过农村人口数，城镇化进程进入关键发展阶段。2019年，城镇化率首次突破60%[①]。城镇化进度的持续加快，为消费扩容提供巨大的发展空间。党的十九大后，国家持续深化改革全面推进精准扶贫，成功打赢脱贫攻坚战，历史性消除了绝对贫困，城乡之间差距经历了先快速拉大又逐步缩小的变化趋势。2020年，中国深入实施新型城镇化战略，开启中国特色社会主义乡村振兴的广阔道路。中国经济和消费均进入发展的新阶段，特别是受新冠疫情的影响，消费发展出现新的转折点。因此，本章主要针对1998年扩大消费政策提出至2019年间的城乡消费变迁进行量化研究。

（一）城镇居民收入变动情况

1998年，城镇居民人均可支配收入5425.1元。随着国家对收入分配制度进行进一步的改革，一系列增收措施先后得以落实，使得部分效益较好的企业提高了职工工资、奖金和福利补贴等待遇。工资制度改革使机关事业单位职工工资得到明显提高。城镇居民可支配收入的来源渠道不断拓展，收入构成也发生改变。

改革开放以前，城镇居民的职业基本上都是国有和集体职工，这导致了居民的就业形式和收入渠道较为单一，劳动者的劳动收入决定了居民可支配收入。因此，工资性收入可以说是当时居民可支配收入的唯一来源。改革开放特别是经济体制改革后，非公有制经济快速发展，城镇居民收入内部结构得到调整。多种经济类型的企业、职业、行业的出现

---

① 根据历年《中国统计年鉴》城镇人口数和总人口数的数据计算得出。

拓宽了城镇居民就业渠道。收入来源逐渐增多后，城镇居民的工资性收入占总收入的比重逐年下降，虽仍是其可支配收入的主体，但不再占据绝对地位。2000年，城镇居民人均工资性收入4480.5元，在平均全部年收入6295.9元中的占比为71.2%。2019年，城镇居民人均工资性收入25565.8元，在平均全部年收入42358.8元中的占比下降到60.4%，降低了近11个百分点[①]。

工资性收入占比下降后，经营净收入成为城镇居民可支配收入的重要来源。随着经济改革的深入推进和多种所有制经济的持续发展，城镇中从事个体经营的居民持续增加，个体劳动者人数作为新的职业形式在城镇就业者中的比重日益扩大，经营净收入在全部年收入中的比例也快速提高。1998年，城镇居民平均每人个体经营劳动者收入186.7元，在总收入5458.3元中的比重为3.4%。2019年，人均经营性收入已增长到4840.4元，在总收入中的占比则增加到11.4%，增长了8个百分点。[②] 经营性收入的增长带动了居民收入的快速增长。

企业股份制在中国推行后，股票债券等有价证券的发行量不断增加，城镇居民的金融投资意识显现，财产性收入开始快速增长。1998年，城镇居民财产性收入132.9元，在总收入中的占比为2.4%。2019年，财产性收入4390.6元，增长了32倍，在可支配收入中的占比也提高到10.4%，增长了8个百分点。财产性收入的增长必然带来城镇居民家庭的财产积累增多。

随着社会保障体系的不断成熟和完善，居民社保的覆盖范围日益扩大，社会救助体系也逐渐健全，国家建立起包含了养老医疗、人才就业、劳动保护、婚姻生育、居住和教育等项目的多维度社会保障体系。

---

① 根据《中国统计年鉴2009》城镇居民家庭基本情况和《中国统计年鉴2020》城镇居民人均收支情况中的数据计算得出。
② 根据《中国统计年鉴1999》城镇居民家庭基本情况和《中国统计年鉴2020》城镇居民人均收支情况中的数据计算得出。

城镇居民的人均转移性收入也出现了快速增长。2019年,城镇居民人均转移性收入为7563.0元,在总收入中的占比为17.9%[1]。

在收入来源渠道日益多元化和收入结构不断优化的前提下,城镇居民可支配收入出现较快增长。2019年,可支配收入上涨到42358.8元,与1998年相比增长了近7倍。收入增长率呈现M型增长,分别在2002年、2007年和2012年达到13.4%、12.2%和12.6%的峰值。可支配收入的增长自然带来消费支出的增长。2018年的城镇居民消费支出从1998年的4331.6元增长到28063.4元,增长了5.5倍[2]。

(二) 城镇居民消费变动情况

从城镇居民消费水平的变化来看。扩大消费以来,城镇居民可支配收入的快速增长直接带动了居民消费水平的飞速提升。2019年,城镇居民人均消费支出28063.4元,是1998年4331.6元的6.5倍,年均增长9.3%。[3] 城镇消费品零售额351317亿元,与1998年的17825亿元相比增长了近19倍。[4]

从城镇居民消费结构的变化来看。首先是食品消费方面。改革开放之时,城镇居民恩格尔系数为57.5%,仍在温饱线上徘徊。1996年首次下降到50%以下,进入小康范围。1998年,恩格尔系数下降到44.5%,并在2000年首次下降到40%以下,进入较富裕阶段。2015年首次下降到30%以下,进入最富裕阶段。2019年,城镇居民家庭平均每人全年食品消费性支出7732.6元,恩格尔系数快速下降至27.6%。除恩格尔系数的变动以外,城镇居民食品消费的内部结构也发生了巨大

---

[1] 根据《中国统计年鉴2020》城镇居民人均收支情况中的数据计算得出。
[2][3] 根据1998~2019年《中国统计年鉴》城镇居民家庭基本情况中的数据整理、计算得出。
[4] 根据《中华人民共和国1998年国民经济和社会发展统计公报》和《中华人民共和国2019年国民经济和社会发展统计公报》中的数据整理、计算得出。

改变。改革开放以前的食品消费内容主要以"主食型"的粮食消费为主,品种相对单调。改革开放后,食品消费内容逐渐向"副食型"消费转变。粮食等碳水化合物的人均消费量和所占比重逐渐减少,以往市场供应紧缺的肉禽蛋奶、瓜果蔬菜等营养价值较为齐全的副食品支出占比大幅度增加,动物蛋白摄入增多。食品消费质量提高,营养结构不断改善。随着居民消费观念的转变,城镇居民外出饮食的次数和比重显著上升。2017年,城镇居民人均外出饮食服务支出1538元,占食品烟酒支出的比重为22.0%。[①]

其次是居住消费方面。改革开放以前的城镇居民住房基本上都属于租赁单位或房屋管理部门的房屋,改革开放后,城镇居民生活条件得到长足改善,国家不断加大民用住宅建设的投资力度。1998年7月,《国务院关于进一步深化城镇住房制度改革加快住房建设的通知》中明确了逐步实现住房分配货币化的目标。住房市场化改革的实行和建设廉租房和经济适用房政策的提出,在很大程度上解决了居民住房难的问题,城镇居民自有住房拥有率大幅提高,居住面积增加,住房质量提升,居住条件明显改善。2019年,城镇居民人均住房建筑面积为39.8平方米[②]。较1998年城市人均居住面积9.3平方米增加了328%。除居住面积增加以外,城镇居民的住房质量、功能和配套设施不断完善,居住条件也大幅提升。2019年,市政公用设施建设中供水普及率、燃气普及率、污水处理率、生活垃圾无害化处理率分别达到98.8%、97.3%、96.8%、99.2%,这一水平已基本与发达国家水平相持平。城市建成区绿地面积和绿地率分别达到228.5亿平方米和37.6%[③]。基于智能化、

---

① 国家统计局. 居民生活水平不断提高 消费质量明显改善:改革开放40年经济社会发展成就系列报告之四 [EB/OL]. (2018-8-31) [2020-9-2]. http://www.stats.gov.cn/ztjc/ztfx/ggkf40n/201808/t20180831_1620079.html.

② 方晓丹. 从居民收支看全面建成小康社会成就 [N]. 人民日报,2020-7-27 (10).

③ 王蒙徽. 住房和城乡建设事业发展成就显著:人民要论·"十三五"辉煌成就·住房和城乡建设 [N]. 人民日报,2020-10-23 (9).

信息化和数字化的新型城市基础设施建设迅速推进。

最后是温饱问题解决后,城镇居民对文化教育和身心健康等方面的关注度提升,消费支出中的发展和享受型消费比重快速上升。城镇居民家庭人均文化教育娱乐用品及服务支出从 1998 年的 499.4 元增加到 2019 年的 3328.0 元,增长了 5.7 倍。人均医疗保健支出从 1998 年的 205.2 元增加到 2019 年的 2282.7 元,增长了 10 倍多,在总消费支出中的占比从 4.7% 翻了近一倍到 8.1%。第三产业的快速发展带动了家庭服务社会化的趋势,居民生活消费从改革前的自给性商品性消费为主发展为以社会性服务性消费为主。2019 年,城镇居民服务性消费为 13517.7 元,在总消费性支出中的占比为 48.2%,较改革开放之时的 10.2% 提高了 38 个百分点[1]。

二、农村居民收入与消费变动情况

(一) 农村居民收入变动情况

1998 年以来,国家先后出台全国范围内的农业税减免、粮食直接补贴、农业"三项补贴"改革等一系列农民增收政策,为农民可支配收入的增长提供重要支撑。2019 年,农村居民人均收入发展到 16020.7 元,是 1998 年农村居民人均纯收入为 2162.0 元的 7.4 倍,年均实际增长 7.9%[2]。改革开放以前,农村居民的主要收入来源是从集体所得的工分,在总收入中的占比超过 70%。改革开放之时,农村居民纯收入中集体统一经营占 66.3%,家庭经营收入则占 26.8%。经过以家庭联产承包责任制为主要内容的经济体制改革后,农民家庭成为独立经营单

---

[1] 根据 1998 年、2019 年《中国统计年鉴》城镇居民家庭基本情况中的数据整理、计算得出。
[2] 根据 1998~2019 年《中国统计年鉴》农村居民家庭基本情况中的数据整理、计算得出。

位，居民收入来源从集体统一经营为主逐渐向家庭经营为主转移。1990年，家庭经营纯收入296.0元，占农村居民纯收入686.3元的比重高达43.1%。扩大消费以来，农村居民的经营性收入实现了成倍增长。此外，随着农村劳务经济的发展，大批农村富余劳动力向第二、三产业转移，发展劳务经济成为解决"三农"问题的关键所在，农村居民的工资性收入快速增长。2019年，农村居民人均工资性收入为6583.5元，比2000年的702.30元增长8.4倍，在纯收入的占比也从22.3%上升到2019年的41.1%，增加了18.8个百分点[①]。农村居民的工资性收入已经成为增收的重要来源。此外，国家关于发放惠农补贴、完善农村社会保障体制以及脱贫攻坚等政策的深入推进，农村居民的转移性收入也实现了快速增长。2019年，农村居民人均工资性收入在人均可支配收入中的占比为41.1%，经营净收入、财产净收入和转移净收入的比重则分别为36.0%、2.4%和20.6%。农村居民收入来源从以集体工分收入和家庭经营收入为主逐渐发展成工资、家庭经营和转移收入共同作用的现状（见表3-1）。

表3-1　　　　　　　　　农村居民收入结构变化　　　　　　　　　单位：%

收入项目	2000年	2005年	2010年	2013年	2015年	2017年	2019年
纯收入/可支配收入	100	100	100	100	100	100	100
工资性收入	22.3	25.4	29.9	38.7	40.3	40.9	41.1
家庭经营收入	71.6	68.3	60.8	41.7	39.4	37.4	36.0
财产性收入	1.4	1.9	2.5	2.1	2.2	2.3	2.4
转移性收入	4.7	4.4	6.8	17.5	18.1	19.4	20.6

资料来源：根据2000年、2005年、2010年和2019年《中国统计年鉴》中数据计算得出。

① 本段数据均通过《中国统计年鉴》中数据进行整理、计算得出。

可支配收入大幅度提高后,农村社会化程度逐步加深,生产商品化进程不断加快,在农村中长期存在的经济自给、半自给情况和以农业为主的单一生产结构实现彻底改变,农村居民收入方式已经从以集体分得的实物收入为主彻底发展为以货币收入为主。收入货币化程度的提高,增强了农村居民的可支配购买能力。

(二) 农村居民消费变动情况

收入增长方式转变和收入结构的变化直接带动农民消费方式的转变,农民的生产、生活消费更多地纳入全社会的市场经济循环中。近年来,国家政策对农村地区经济水平的重视程度逐渐提高,中国城乡户籍壁垒正在逐渐打破。在全面脱贫和乡村振兴等国家政策的逐步落实下,农村地区的经济水平出现质的飞跃,农村居民消费水平也迅速提升。以农村地区为主的下沉市场开始成为未来国家扩大消费政策实施的主战场。

从农村居民消费水平的变化来看。1998~2018年,农村居民生活消费支出从1590.3元增加到13327.7元,增长7.4倍,年均增长10.8%。农村社会消费品零售总额从1998年的11328亿元增加到2019年的351317亿元,增长了30倍。

从农村居民消费结构的变化来看。首先,在生存类消费支出方面。1978年,农村居民的食品消费人均仅为78.6元,食品消费主要为自产粮食,家庭恩格尔系数为67.7%,仍处在贫困状态。1983年首次下降到60%以下,农村居民整体进入温饱阶段。2000年农村人均食品消费支出820.5元,恩格尔系数49.1%,首次进入50%以内的小康生活阶段。2012年,恩格尔系数进一步下降到39.3%,初步进入较富裕阶段。2019年,农村居民食品支出人均3998.2元,恩格尔系数30.0%,即将进入最富裕阶段。农村居民食品消费已呈现多样化趋势,食物结构逐步优化,对于吃好吃精、营养方便的食品消费倾向愈发明显。居民消费的主要食品中，粮食、蔬菜、食用油有所下降，肉禽蛋奶、水产瓜果等副食品消费量逐年增加，生活水平实现了质的提高。2017年，农村居民人均外出饮食服务支出309元，是1985年的67倍，在人均食品烟酒支出中的占比为9.0%，高出1985年6.5个百分点[①]。

农村居民人均居住支出从1998年的239.6元提高到2019年的2871.3元，增长了11倍，占比从15.1%提高到21.4%。人均住房建筑面积为48.9平方米[②]，比1998年23.7平方米增长106.3%。居住条件和环境已经显著改善，居住状况变化瞩目。

其次，在发展和享受型消费方面。在电视机在居民家庭的普及下，教育和信息的重要性迅速提高，农村居民对文化教育等发展性投入不断增大。农村居民家庭人均文教娱乐用品及服务支出从1998年的159.4元发展到2019年的1481.8元，增长8.3倍，在消费性支出中的占比从10%上升到11.1%。生活水平提高后，居民对自身健康的重视程度也迅速提高，2019年农村居民家庭人均用于医疗保健支出为1420.8元，比1998年增长20倍，占比从4.3%提高到10.7%。农村交通基础设施建设不断完善后，现代化的交通通讯工具也在农村居民家庭迅速普及，人均交通通讯支出从60.7元增长到1836.8元，增长近30倍，占比增加了近10个百分点。交通通讯支出是农村居民所有发展享受型消费支出中发展最快的类别。

三、城乡居民消费差异分析

虽然扩大消费以来，城乡经济水平、收入与消费水平均实现巨大提

---

① 国家统计局.居民生活水平不断提高 消费质量明显改善：改革开放40年经济社会发展成就系列报告之四[EB/OL].（2018-8-31）[2020-9-2].http：//www.stats.gov.cn/ztjc/ztfx/ggkf40n/201808/t20180831_1620079.html.

② 方晓丹.从居民收支看全面建成小康社会成就[N].人民日报，2020-7-27（10）.

高，但城镇与农村地区的消费水平和消费结构始终存在明显差异。伴随着城乡之间社会发展的不均衡性加剧，这成为中国全面建成小康社会需要解决的重要问题之一。

（一）城乡可支配收入差异

扩大消费以来，农村与城市间的经济差距经历了从不断扩大逐渐发展为有序缩小的过程。1998年扩大消费政策提出之时，城镇居民人均可支配收入为5425.1元。农村居民人均可支配收入2162.0元，这一水平大致与城镇居民1992年（1826.1元）至1993年（2336.5元）的收入水平相当。人均消费支出1590.3元，消费水平介于城镇居民1991年（1453.8元）与1992年（1671.7元）之间。由此可见，农村地区的经济发展基本上处在落后城市地区5~7年的水平。1998年至2007年，城市居民可支配收入与农村居民可支配收入的差距呈现逐步扩大的趋势，以农村居民可支配收入为指数，这一阶段两者间的差距从2.5倍上升至3.3倍，随后2年间均保持在3.3倍的差距水平。随着国家对农村地区的重视程度不断提高和脱贫攻坚工作的深入开展，国家的方针政策越来越多地倾向于农村经济的发展和农民可支配收入的增长。中国先后出台了减免农业税、实行粮食直接补贴等一系列惠农举措。2009年以后，农村居民可支配收入与城镇居民可支配收入之间的差距开始逐步缩小，从3.3倍逐步下降到2019年的2.6倍，是农村居民收入水平增长最直接的体现。值得注意的是，农村居民人均可支配收入的增速自2010年起首次超过城镇后，一直保持快于城镇的增速，2019年甚至高于城镇居民收入增长率1.7个百分点。虽然城乡间绝对值上的差异仍然存在，但城镇与农村间的收入差距在不断缩小（见表3-2和表3-3）。

表3-2 1998~2019年城镇居民可支配收入和消费支出的绝对值及增长率

年份	城镇可支配收入（元）	城镇收入增长（%）	城镇消费支出（元）	城镇消费增长（%）
1998	5425.1	5.8	4331.6	—
1999	5854.0	9.3	4615.9	6.56
2000	6280.0	6.4	4998.0	8.28
2001	6859.6	8.5	5309.0	6.22
2002	7702.8	13.4	6029.9	13.58
2003	8472.2	9.0	6510.9	7.98
2004	9421.6	7.7	7182.1	10.31
2005	10493.0	9.6	7942.9	10.59
2006	11759.5	10.4	8696.6	9.49
2007	13785.8	12.2	9997.5	14.96
2008	15780.8	8.4	11242.9	12.46
2009	17174.7	9.8	12264.6	9.09
2010	19109.4	7.8	13471.5	9.84
2011	21809.4	8.4	15160.9	12.54
2012	24564.7	12.6	16674.3	9.98
2013	26467.0	9.7	18487.5	10.87
2014	28843.9	9.0	19968.1	8.01
2015	31194.8	8.2	21392.4	7.13
2016	33616.2	7.8	23078.9	7.88
2017	36396.2	8.3	24445.0	5.92
2018	39250.8	7.8	26112.3	6.82
2019	42358.8	7.9	28063.4	7.47

表 3-3　1998~2019 年农村居民可支配收入和消费支出的绝对值及增长率

年份	农村可支配收入（元）	农村收入增长（%）	农村消费支出（元）	农村消费增长（%）
1998	2162.0	4.3	1590.3	—
1999	2210.3	3.8	1577.4	-0.81
2000	2253.4	2.1	1670.1	5.88
2001	2366.4	4.2	1741.1	4.25
2002	2475.6	4.8	1834.3	5.35
2003	2622.2	4.3	1943.3	5.94
2004	2936.4	6.8	2184.7	12.42
2005	3254.9	6.2	2555.4	16.97
2006	3587.0	7.4	2829.0	10.71
2007	4140.4	9.5	3223.9	13.96
2008	4760.6	8.0	3660.7	13.55
2009	5153.2	8.5	3993.5	9.09
2010	5919.0	10.9	4381.8	9.72
2011	6977.3	11.4	5221.1	19.15
2012	7916.6	13.5	5908.0	13.16
2013	8895.9	12.4	7485.1	26.69
2014	10488.9	11.2	8382.6	11.99
2015	11421.7	8.9	9222.6	10.02
2016	12363.4	8.2	10129.8	9.84
2017	13432.4	8.6	10954.5	8.14
2018	14617.0	8.8	12124.3	10.68
2019	16020.7	9.6	13327.7	9.93

资料来源：1998~2019 年《中国统计年鉴》（各项具体数值可参见表 3-4）。其中，可支配收入 2013 年前后统计口径不一致。国民收入统计将过去城镇和农村按不同标准分别统计居民收入的方法改为城乡一体化的居民收入统计数据。

（二）城乡消费水平差异

城乡消费水平在绝对值上均取得巨大进步，相对值上也同样经历了与可支配收入相类似的从差距不断扩大到逐步缩小的过程。1998 年，城镇居民平均消费支出 4331.6 元，农村居民平均消费支出 1590.3 元，前者是后者的 2.7 倍。随着城镇地区居民生活水平的不断提高，城镇居民人均消费支出与农村居民人均消费支出间的差距在 2003 年达到了峰值 3.4 倍。自 2004 年起，农村人均消费支出的增速始终高于或接近城镇地区消费支出的增速。城乡人均消费支出差距自此开始持续下降。1998~2019 年，农村居民生活消费支出从 1590.3 元增加到 13327.7 元，增长 7.4 倍，年均增长 10.8%。这一增长速度快于城镇居民人均消费支出的年均增长率 9.3%[①]。2019 年城乡间绝对值的差距仅为 2.1 倍。农村消费水平正在紧追城镇消费水平。当然，受经济总水平发展程度的影响，当前城乡居民消费结构错位的情况仍然较为显著（见表 3-4）。

表 3-4　　　　1998~2019 年城乡居民收入和消费支出变动情况

年份	城镇居民家庭平均每人 人均可支配收入（元）	实际增长（%）	生活消费支出（元）	名义增长（%）	农村居民家庭平均每人 人均纯收入（元）	实际增长（%）	生活消费支出（元）	名义增长（%）
1998	5425.1	5.8	4331.6	—	2162.0	4.3	1590.3	—
1999	5854.0	9.3	4615.9	6.56	2210.3	3.8	1577.4	-0.81
2000	6280.0	6.4	4998.0	8.28	2253.4	2.1	1670.1	5.88
2001	6859.6	8.5	5309.0	6.22	2366.4	4.2	1741.1	4.25
2002	7702.8	13.4	6029.9	13.58	2475.6	4.8	1834.3	5.35

---

① 根据 1998~2019 年《中国统计年鉴》城镇、农村居民家庭基本情况中的数据整理、计算得出。

续表

年份	城镇居民家庭平均每人				农村居民家庭平均每人			
	人均可支配收入（元）	实际增长（%）	生活消费支出（元）	名义增长（%）	人均纯收入（元）	实际增长（%）	生活消费支出（元）	名义增长（%）
2003	8472.2	9.0	6510.9	7.98	2622.2	4.3	1943.3	5.94
2004	9421.6	7.7	7182.1	10.31	2936.4	6.8	2184.7	12.42
2005	10493.0	9.6	7942.9	10.59	3254.9	6.2	2555.4	16.97
2006	11759.5	10.4	8696.6	9.49	3587.0	7.4	2829.0	10.71
2007	13785.8	12.2	9997.5	14.96	4140.4	9.5	3223.9	13.96
2008	15780.8	8.4	11242.9	12.46	4760.6	8.0	3660.7	13.55
2009	17174.7	9.8	12264.6	9.09	5153.2	8.5	3993.5	9.09
2010	19109.4	7.8	13471.5	9.84	5919.0	10.9	4381.8	9.72
2011	21809.4	8.4	15160.9	12.54	6977.3	11.4	5221.1	19.15
2012	24564.7	12.6	16674.3	9.98	7916.9	13.5	5908.9	13.16
2013	26467.0	9.7	18487.5	10.87	8895.9	12.4	7485.1	26.69
2014	28843.9	9.0	19968.1	8.01	10488.9	11.2	8382.6	11.99
2015	31194.8	8.2	21392.4	7.13	11421.7	8.9	9222.6	10.02
2016	33616.2	7.8	23078.9	7.88	12363.4	8.2	10129.8	9.84
2017	36396.2	8.3	24445.0	5.92	13432.4	8.6	10954.5	8.14
2018	39250.8	7.8	26112.3	6.82	14617.0	8.8	12124.3	10.70
2019	42358.8	7.9	28063.4	7.47	16020.7	9.6	13327.7	9.90

资料来源：1998～2019 年《中国统计年鉴》。其中，可支配收入 2013 年前后统计口径不一致。国民收入统计将过去城镇和农村按不同标准分别统计居民收入的方法改为城乡一体化的居民收入统计数据。

从居民消费倾向来看。根据凯恩斯消费函数理论，居民消费支出会随着收入的增加而增加，消费增量小于收入增量。随着居民生活水平的提高，消费支出在收入中所占比重应逐步递减。扩大消费以来，随着可支配收入的不断增加，城镇地区居民消费支出在收入中所占比重逐年递减,而农村地区居民消费支出在收入中的比重经历了先升(2005年)再降(2010年)再升(2013年)的波动过程。1998~2004年,农村居民的平均消费倾向持续低于城镇居民消费倾向。但在2004年之后,农村居民平均消费倾向开始超过城镇地区,且两者间差距呈现出不断扩大的趋势。由此可见,城镇居民消费倾向基本与凯恩斯消费理论相符,而农村居民消费倾向却存在其特殊性,收入水平相对偏低、收入不确定性相对偏大、传统储蓄观念等原因是影响农村消费倾向的主要原因。

(三) 城乡消费结构差异

扩大消费20余年来,随着城乡居民可支配收入和消费水平的实质性提高,消费结构出现了明显的阶段性改善。20世纪80年代开始,中国开始实施大规模的、长时期的专项扶贫开发计划,农村贫困人口的温饱问题得到初步解决,中国居民生活水平正式结束了温饱阶段,开始从基本的吃穿消费向以教育文化、医疗保健等为代表的发展和享受型消费倾斜。根据表3-5和表3-6,可以直观看出扩大消费政策提出以来城乡消费结构的差异变迁。

表3-5 1998~2019年城镇居民家庭平均每人全年消费性支出及构成

单位: 元/%

年份/占比	消费性支出	食品	衣着	居住	家庭用品	医疗保健	交通通讯	文教娱乐	杂项商品
1998	4331.6	1926.9	480.9	408.4	356.8	205.2	257.2	499.4	197.0
占比	100	44.5	11.1	9.4	8.2	4.7	5.9	11.5	4.6
1999	4615.9	1932.1	482.4	454.0	395.5	245.6	310.6	567.1	228.8
占比	100	41.9	10.5	9.8	8.6	5.3	6.7	12.3	5.0
2000	4998.0	1971.3	500.5	565.3	374.5	318.1	427.0	669.6	171.8
占比	100	39.4	10.0	11.3	7.5	6.4	8.5	13.4	3.4

续表

年份/占比	消费性支出	食品	衣着	居住	家庭用品	医疗保健	交通通讯	文教娱乐	杂项商品
2001	5309.0	2014.0	533.7	548.0	438.9	343.3	457.0	690.0	284.1
占比	100	37.9	10.1	10.3	8.3	6.5	8.6	13.0	5.4
2002	6029.9	2271.8	590.9	624.4	388.7	430.1	626.0	902.3	195.8
占比	100	37.7	9.8	10.4	6.5	7.1	10.4	15.0	3.3
2003	6510.9	2416.9	637.72	699.4	410.3	476.0	721.1	934.4	215.1
占比	100	37.1	9.8	10.7	6.3	7.3	11.1	14.4	3.3
2004	7182.1	2709.6	686.8	733.5	407.4	528.2	843.6	1032.8	240.2
占比	100	37.7	9.6	10.2	5.7	7.4	11.8	14.4	3.3
2005	7942.9	2914.4	800.5	808.7	446.5	600.9	996.7	1097.5	277.8
占比	100	36.7	10.1	10.2	5.6	7.6	12.6	13.8	3.5
2006	8696.6	3111.9	901.8	904.2	498.5	620.5	1147.1	1203.0	309.5
占比	100	35.8	10.4	10.4	5.7	7.1	13.2	13.8	3.6
2007	9997.5	3628.0	1042.0	982.3	601.8	699.1	1357.4	1329.2	357.7
占比	100	36.3	10.4	9.8	6.0	7.0	13.6	13.3	3.6
2008	11242.9	4259.8	1165.9	1145.4	691.8	786.2	1417.1	1358.3	418.3
占比	100	37.9	10.4	10.2	6.2	7.0	12.6	12.1	3.7
2009	12264.6	4478.5	1284.2	1228.9	786.9	856.4	1682.6	1472.8	474.2
占比	100	36.5	10.5	10.0	6.4	7.0	13.7	12.0	3.9
2010	13471.5	4804.7	1444.3	1332.1	908.0	871.8	1983.7	1627.6	499.2
占比	100	35.7	10.7	9.9	6.7	6.5	14.7	12.1	3.7
2011	15160.9	5506.3	1674.7	1405.0	1023.2	969.0	2149.7	1851.7	581.3
占比	100	36.3	11.1	9.3	6.8	6.4	14.2	12.2	3.8
2012	16674.3	6040.9	1823.4	1484.3	1116.1	1063.7	2455.5	2033.5	657.1
占比	100	36.2	10.9	8.9	6.7	6.4	14.7	12.2	3.9
2013	18022.6	6311.9	1902.0	1745.1	1215.1	1118.3	2736.9	2294.0	699.4
占比	100	35.0	10.6	9.7	6.7	6.2	15.2	12.7	3.9

续表

年份/占比	消费性支出	食品	衣着	居住	家庭用品	医疗保健	交通通讯	文教娱乐	杂项商品
2013*	18487.5	5570.7	1553.7	4301.4	1129.2	1136.1	2317.8	1988.3	490.4
占比	100	30.1	8.4	23.3	6.1	6.2	12.5	10.8	2.7
2014	19968.1	6000.0	1627.2	4489.6	1233.2	1305.6	2637.3	2142.3	532.9
占比	100	30.1	8.2	22.5	6.2	6.5	13.2	10.7	2.7
2015	21392.4	6359.7	1701.1	4726.0	1306.5	1443.4	2895.4	2382.8	577.5
占比	100	29.7	8.0	22.1	6.1	6.8	13.5	11.1	2.7
2016	23078.9	6762.4	1739.0	5113.7	1426.8	1630.8	3173.9	2637.6	594.7
占比	100	29.3	7.5	22.2	6.2	7.1	13.8	11.4	2.6
2017	24445.0	7001.0	1757.9	5564.0	1525.0	1777.4	3321.5	2846.6	651.5
占比	100	28.6	7.2	22.8	6.2	7.3	13.6	11.6	2.7
2018	26112.3	7239.0	1808.2	6255.0	1629.4	2045.7	3473.5	2974.1	687.4
占比	100	27.7	6.9	24.0	6.2	7.8	13.3	11.4	2.6
2019	28063.4	7732.6	1831.9	6780.2	1689.3	2282.7	3671.3	3328.0	747.2
占比	100	27.6	6.5	24.2	6.0	8.1	13.1	11.9	2.7

资料来源：根据1998~2019年《中国统计年鉴》人民生活部分中城镇人均各项消费支出等数据进行整理、计算得出。注：2013年起，统计年鉴数据根据城乡一体化住户收支与生活状况调查下的新口径进行调整（2013*为新口径数据）。

表3-6 1998~2019年农村居民家庭平均每人全年消费性支出及构成

单位：元/%

年份/占比	消费性支出	食品	衣着	居住	家庭用品	医疗保健	交通通讯	文教娱乐	杂项商品
1998	1590.3	849.6	98.1	239.6	81.9	68.1	60.7	159.4	32.9
占比	100	53.4	6.2	15.1	5.2	4.3	3.8	10.0	2.1
1999	1577.4	829.0	92.0	232.7	82.3	70.0	68.7	168.3	34.3
占比	100	52.6	5.8	14.8	5.2	4.4	4.4	10.7	2.2

扩大消费政策下的城乡消费发展（1998~2019年） 第三章

续表

年份/占比	消费性支出	食品	衣着	居住	家庭用品	医疗保健	交通通讯	文教娱乐	杂项商品
2000	1670.1	820.5	96.0	258.3	75.5	87.6	93.1	186.7	52.5
占比	100	49.1	5.8	15.5	4.5	5.2	5.6	11.2	3.1
2001	1741.1	830.7	98.7	279.1	77.0	96.6	110.0	192.6	56.4
占比	100	47.7	5.7	16.0	4.4	5.6	6.3	11.1	3.2
2002	1834.3	848.4	105.0	300.2	80.4	103.9	128.5	210.4	57.7
占比	100	46.3	5.7	16.4	4.4	5.7	7.0	11.5	3.1
2003	1943.3	886.0	110.3	308.4	81.7	115.8	162.5	235.7	43.0
占比	100	45.6	5.7	15.9	4.2	6.0	8.4	12.1	2.2
2004	2184.7	1031.8	120.2	324.2	89.1	130.6	192.7	247.5	48.3
占比	100	47.2	5.5	14.8	4.1	6.0	8.8	11.3	2.2
2005	2555.4	1162.2	148.5	370.3	111.4	168.2	245.1	295.4	54.4
占比	100	45.5	5.8	14.5	4.4	6.6	9.6	11.6	2.1
2006	2829.0	1217.0	168.0	469.1	126.5	191.5	288.8	305.3	63.1
占比	100	43.0	5.9	16.6	4.5	6.8	10.2	10.8	2.2
2007	3223.9	1388.8	193.4	573.9	149.3	210.2	328.5	305.6	74.2
占比	100	43.1	6.0	17.8	4.6	6.5	10.2	9.5	2.3
2008	3660.7	1598.6	212.0	678.7	173.9	246.0	360.2	314.5	76.5
占比	100	43.7	5.8	18.5	4.8	6.7	9.8	8.6	2.1
2009	3993.5	1636.1	232.4	805.1	204.9	287.5	402.9	340.6	84.3
占比	100	41.0	5.8	20.3	5.1	7.2	10.1	8.5	2.1
2010	4381.8	1800.5	264.2	835.2	234.0	326.0	461.0	366.8	94.2
占比	100	41.1	6.0	19.1	5.3	7.4	10.5	8.4	2.2
2011	5221.1	2107.3	341.3	961.5	308.9	436.8	547.0	396.4	122.0
占比	100	40.4	6.5	18.4	5.9	8.4	10.5	7.6	2.3
2012	5908.0	2323.9	396.4	1086.4	341.7	513.8	652.8	445.5	147.6
占比	100	39.3	6.7	18.4	5.8	8.7	11.0	7.5	2.5

续表

年份/占比	消费性支出	食品	衣着	居住	家庭用品	医疗保健	交通通讯	文教娱乐	杂项商品
2013	6625.5	2495.5	438.3	1233.6	387.1	614.2	796.0	486.0	174.9
占比	100	37.7	6.6	18.6	5.8	9.3	12.0	7.3	2.6
2013*	7485.1	2554.4	453.8	1579.8	455.1	668.2	874.9	754.6	144.2
占比	100	34.1	6.1	21.1	6.1	8.9	11.7	10.1	1.9
2014	8382.6	2814.0	510.4	1762.7	506.5	753.9	1012.6	859.5	163.0
占比	100	33.6	6.1	21.0	6.0	9.0	12.1	10.3	1.9
2015	9222.6	3048.0	550.5	1926.2	545.6	846.0	1163.1	969.3	174.0
占比	100	33.1	6.0	20.9	5.9	9.2	12.6	10.5	1.9
2016	10129.8	3266.1	575.4	2147.1	595.7	929.2	1359.9	1070.3	186.0
占比	100	32.2	5.7	21.2	5.9	9.2	13.4	10.6	1.8
2017	10954.5	3415.4	611.6	2353.5	634.0	1058.7	1509.1	1171.3	200.9
占比	100	31.2	5.6	21.5	5.8	9.7	13.8	10.7	1.8
2018	12124.3	3645.6	647.7	2660.6	720.5	1240.1	1690	1301.6	218.3
占比	100	30.1	5.3	21.9	5.9	10.2	13.9	10.7	1.8
2019	13327.7	3998.2	713.3	2871.3	763.9	1420.8	1836.8	1481.8	241.5
占比	100	30.0	5.4	21.5	5.7	10.7	13.8	11.1	1.8

资料来源：根据历年《中国统计年鉴》人民生活部分中农村人均各项消费支出等数据进行整理、计算得出。注：2013年起，统计年鉴数据根据城乡一体化住户收支与生活状况调查下的新口径进行调整（2013*为新口径数据）。

第一，食品消费的城乡差异分析。食品消费在居民总消费支出中的占比变化是居民消费结构和消费水平最直观的反映。1978年，城镇与农村的恩格尔系数分别处在温饱（57.5%）和贫困（67.7%）的阶段。经过改革开放带来的经济快速发展，城镇的恩格尔系数在1994年降到小康水平（49.9%），2000年进一步下降到富裕（39.4%）阶段。2002~2012年，城镇恩格尔系数一直在35%~37%之间徘徊，直到2013年左右才降到30%左右。2017年，消费结构中最重要的变化便是恩格尔系数从首次降到30%以下（29.3%），根据联合国粮农组织的标准划分，中国整体上进入富足区间。城镇居民的恩格尔系数最终在2019年降到了27.6%，处于最富裕阶段。农村居民的生活水平受经济发展水平的影响，一直落后于城镇，在2000年才首次降到小康水平（49.1%）。除2004年农村恩格尔系数出现反弹外，一直处于下降趋势。2019年，农村居民的恩格尔系数已降到30.0%，基本进入最富裕水平。[1] 城镇与农村地区食品消费在总消费支出中的比重在整个阶段中处于波动性下降的趋势，居民生活水平整体上实现了大幅度提高。1998年，城乡居民食品支出绝对值的比例为2.27∶1，随后5年间，城镇居民食品结构快速升级，这一比例一直处于扩大的趋势。2004~2008年，城乡间食品支出比例保持在2.5~2.6的范围内。2009年，在两者间比重达到最高点2.74∶1之后开始持续下降，2019年，该比例缩小到1.93∶1。城乡食品支出间差距也经历由大到小的发展过程。

从居民家庭人均主要食品消费总量来看。1998~2019年，食品种类不断丰富，消费品质取得实质性提升。城镇地区食品消费中主食消费明显减少，副食消费占据主要地位，其中蔬菜所占比重最高，膳食结构趋于合理。而农村地区到目前为止的食品消费仍然以粮食为主。城镇地区除粮食（原粮）消费量始终低于农村地区外，其他食品如蔬菜、植物油、猪牛羊、家禽、奶及其制品、蛋及其制品、水产品、水果等，均高于农村地区。城镇地区居民粮食（原粮）从86.72千克波动上升到2013年的121.3千克，随后开始逐渐下降到2019年的110.6千克，实现了从全谷杂粮向精白精米转变（见表3-7）。农村地区居民粮食也从249.28千克逐渐下降到154.8千克，食用植物油的购买量已与城镇地区齐平。蔬菜、猪牛羊、家禽、蛋及制品的购买量接近城镇地区。奶及其

---

[1] 根据1998~2019年《中国统计年鉴》整理、计算得出。

制品、水产品、水果的购买力则仍仅为城市购买量的一半（见表3-8）。这可以说明，城镇地区的饮食结构明显优于农村地区，更加注重营养和均衡。农村地区饮食消费虽然总量偏低，但已十分接近城镇地区，饮食结构也正在迅速优化升级。

表3-7　　1998~2019年城镇居民家庭平均每人主要食品消费量　　单位：千克

年份	粮食（原粮）	蔬菜	食用植物油	猪牛羊	家禽	蛋及制品	水产品	奶及制品	水果（瓜果）
1998	86.72	113.76	7.55	19.22	4.65	10.76	9.84	—	—
1999	84.91	114.94	7.78	20.00	4.92	10.92	10.34	7.88	54.21
2000	82.31	114.74	8.16	20.06	5.44	11.21	11.74	9.94	57.48
2001	79.69	115.86	8.08	19.12	5.30	10.41	10.33	11.90	59.90
2002	78.48	116.52	8.52	23.28	9.24	10.56	13.20	15.72	56.52
2003	79.52	118.34	9.20	23.74	9.20	11.19	13.35	18.62	57.79
2004	78.18	122.32	9.29	22.85	6.37	10.35	12.48	18.83	56.45
2005	76.98	118.58	9.25	23.86	8.97	10.40	12.55	17.92	56.69
2006	75.92	117.56	9.38	23.78	8.34	10.41	12.95	18.32	60.17
2007	77.60	117.80	9.63	22.14	9.66	10.33	14.20	17.75	59.54
2008	—	123.15	10.27	22.70	8.00	10.74	—	15.19	54.48
2009	81.33	120.45	9.67	24.20	10.47	10.57	—	14.91	56.55
2010	81.53	116.11	8.84	24.51	10.21	10.00	15.21	13.98	54.23
2011	80.71	114.56	9.26	24.58	10.59	10.12	14.62	13.70	52.02
2012	78.76	112.33	9.14	24.96	10.75	10.52	15.19	13.95	56.05
2013	121.30	100.10	10.50	23.70	8.10	9.40	14.00	17.10	51.10
2014	117.20	100.10	10.60	24.20	9.10	9.80	14.40	18.10	52.90
2015	112.60	100.20	10.70	24.60	9.40	10.50	14.70	17.10	55.10
2016	111.90	103.20	10.60	24.70	10.20	10.70	14.80	16.50	58.10
2017	109.70	102.50	10.30	24.80	9.70	10.90	14.80	16.50	59.90

续表

年份	粮食（原粮）	蔬菜	食用植物油	猪牛羊	家禽	蛋及制品	水产品	奶及制品	水果（瓜果）
2018	110.00	103.10	8.90	26.90	9.80	10.80	14.30	16.50	62.00
2019	110.60	105.80	8.70	24.60	11.40	11.50	16.70	16.70	66.80

资料来源：1998~2019年《中国统计年鉴》。

表3-8　1998~2019年农村居民家庭平均每人主要食品消费量　单位：千克

年份	粮食（原粮）	蔬菜	食用植物油	猪牛羊	家禽	蛋及制品	奶及制品	水产品	水果（瓜果）
1998	249.28	108.96	—	13.20	2.33	4.11	—	3.66	—
1999	247.45	108.89	—	13.87	2.48	4.28	—	3.82	—
2000	250.23	106.74	5.45	14.41	2.81	4.77	1.06	3.92	18.31
2001	238.62	109.30	5.51	14.50	2.87	4.72	1.20	4.12	20.33
2002	236.50	110.55	5.77	14.87	2.91	4.66	1.19	4.36	18.77
2003	222.44	107.40	5.31	15.04	3.24	4.81	1.71	4.65	17.54
2004	218.26	106.61	4.31	14.76	3.13	4.59	1.98	4.49	16.97
2005	208.85	102.28	4.90	17.09	3.67	4.71	2.86	4.94	17.18
2006	205.62	100.53	4.72	17.03	3.51	5.00	3.15	5.01	19.09
2007	199.48	98.99	5.06	14.88	3.86	4.72	3.52	5.36	19.43
2008	199.07	99.72	5.36	13.94	4.36	5.43	3.43	5.25	19.37
2009	189.26	98.44	5.42	15.33	4.25	5.32	3.60	5.27	20.54
2010	181.44	93.28	5.52	15.83	4.17	5.12	3.55	5.15	19.64
2011	170.74	89.36	6.60	16.32	4.54	5.40	5.16	5.36	21.30
2012	164.27	84.72	6.93	16.36	4.49	5.87	5.29	5.36	22.81
2013	178.50	89.20	9.30	20.60	6.20	7.00	5.70	6.60	29.50
2014	167.60	87.50	9.00	20.70	6.70	7.20	6.40	6.80	30.30
2015	159.50	88.70	9.20	21.20	7.10	8.30	6.30	7.20	32.30
2016	157.20	89.70	9.30	20.70	7.90	8.50	6.60	7.50	36.80

续表

年份	粮食（原粮）	蔬菜	食用植物油	猪牛羊	家禽	蛋及制品	奶及制品	水产品	水果（瓜果）
2017	154.60	88.50	9.20	21.40	7.90	8.90	6.90	7.40	38.40
2018	148.50	87.50	9.00	25.10	8.00	8.40	6.90	7.80	39.90
2019	154.80	89.50	9.00	22.40	10.00	9.60	7.30	9.60	43.30

资料来源：1998～2019年《中国统计年鉴》。

第二，衣着消费的城乡差异分析。扩大消费以来，城乡居民衣着消费更加注重服装的品质、款式的多样和色彩的搭配，消费趋势从美观舒适转变为名牌化、时装化和个性化。衣着消费支出大幅增长。2019年，城镇居民人均衣着支出1808.2元，比1998年增长2.8倍。农村居民人均衣着支出713.3元，比1998年增长6.3倍。城镇地区的衣着消费占总消费支出的比重从11.1%下降到6.5%，在总消费支出中的占比仅高于医疗保健。农村地区衣着消费比重则始终保持在5%～6%之间，占比十分稳定，在所有消费支出项目中占比最低，可见农村居民对衣着消费的重视程度较低。城镇衣着消费总量和占比都高于农村地区，城乡居民人均衣着消费支出的差距从1998年的4.9:1逐渐上升到2003年的5.8:1，随后逐渐降至2019年的2.6:1。这表明，在经济水平的影响下，城镇地区对衣着的款式、品质、品牌等要求都要高于农村地区，但随着农村生活水平的不断提高，人均衣着支出与城镇地区居民人均水平间差距缩小，对衣着的要求也不再仅仅限制在实用性范围。

第三，居住消费的城乡差异分析。改革开放以后，对传统的福利分房制度进行变革的住房制度改革成为中国经济体制改革的一项重要内容。1998年底，全国全面停止实物分房，开始实行住房分配货币化，与社会主义市场相适应的住房保障制度逐渐建立。随着城镇住房制度经济系统的全面推进和深化改革，城镇住房的商品化和社会化初步实现。

加快住房建设，促使居住消费成为新的经济增长点，以此不断满足城镇居民日益增长的住房需求。1998年，城镇居民人均居住消费支出408.4元，在消费总支出中占比9.4%。农村居民人均居住消费239.6元，占比15.1%。城镇居住消费支出占比低于农村5.7个百分点，两者在绝对值上相差不大。这是因为在抑制消费和补偿消费阶段，国家针对城镇地区居民采取住房补贴的政策，而农村地区的住房多为自建房。1998年以后，为改善居民的居住条件，国家在不断加大对民用住宅建设的投资力度的同时，建立起针对中低收入家庭的社会保障性质的经济适用房和公共租赁住房供应体系以及针对高收入家庭的市场调节定价的商品房供应体系，全方位解决居民住房难的问题。住房数量提升以后，居住条件也明显改善。随着棚户区改造和贫困地区危旧房改造项目推进，许多居民家庭告别低矮、破旧、设施简陋的住房，迁入宽敞明亮、设施齐全的楼房。城镇居民住房消费总量和占比均出现大幅上升。2019年，城镇人均居住支出达到了5780.2元，20余年间增长了13.1倍，占比则从9.4%增长到24.2%，成为所有消费支出中增长最快的项目，在总消费支出中的占比仅次于食品支出。农村地区人均居住支出增长11倍，消费占比虽然也是第二大支出项目，但在数值上与食品支出仍然存在一定距离。农村居民居住水平提高的增速明显快于其他发展中国家。

虽然城镇居民的人均住房面积长期以来均小于农村居民住房面积，但居住的环境、条件和质量，都要远远优于农村地区。在配套设施上，2015年7月，习近平在吉林省延边州调研时提出要来场"厕所革命"，让人民用上卫生的厕所。城镇家庭厕所达到世界卫生组织安全管理标准的比重为83.7%，绝对值和增速均居于金砖国家之首[①]。农村地区使用卫生厕所的农户比重也显著提升。2017年，城乡居民居住在钢筋混凝土或砖混材料结构住房的户比重分别为93.5%和65.0%，比2013年分

---

① 世界卫生组织数据。

别提高1.7个和9.3个百分点。城乡居民住宅外道路为水泥或柏油路面的户比重为93.4%和66.3%，分别比2013年提高3.3个和14.9个百分点。城乡居民有管道供水入户的户比重为97.7%和74.6%，分别比2013年提高1.3个和13.7个百分点[1]。

第四，家庭设备用品及服务的城乡差异分析。1998~2019年，城镇居民人均家庭设备用品及服务消费总量从356.8元增长到1689.3元，但在总消费支出中的占比却从8%以上波动下降到6%以上。农村居民人均家庭设备用品支出从81.9元增长到763.9元，增速明显高于城镇地区，在总消费支出中的占比在2004年降到最低值4.1%，之后逐步回升到2013的6.1%，再逐渐下降到2019年的5.7%。受消费水平影响，城镇地区居民家庭设备用品及服务支出的总量和占比均全阶段高于农村地区，总量方面从1998年的4.4倍上升到2001年的5.7倍，随后逐渐下降到2019年的2.2倍。2019年，城镇地区家庭设备用品及服务的支出在总消费支出中的占比与农村地区的占比相差不到1个百分点。可以看到，两者差距缩小明显。

从全国城乡每百户年底耐用消费品拥有量来看（见表3-9），经过20余年的扩大消费，农村居民在洗衣机、电冰箱和彩色电视机的拥有总量已与城镇地区相差无几，移动电话拥有量甚至超越了城镇地区。但是，农村地区在电脑、汽车、空调、照相机的拥有量仍然与城镇差距较大，基本上均未达到城镇拥有量的一半。主要耐用消费品的逐渐饱和是城镇地区支出总量增速放缓和比重持续下降的主要原因。耐用消费品特别是传统电器如洗衣机、电冰箱、彩电等，已经在消费升级的过程中逐渐被汽车、电脑、空调等新型耐用品取代。

---

[1] 国家统计局. 居民生活水平不断提高 消费质量明显改善：改革开放40年经济社会发展成就系列报告之四 [EB/OL]. (2018-8-31) [2020-9-2]. http://www.stats.gov.cn/ztjc/ztfx/ggkf40n/201808/t20180831_1620079.html.

扩大消费政策下的城乡消费发展（1998~2019年） 第三章

表3-9 1998~2019年城乡平均每百户年底耐用消费品拥有量

年份	洗衣机（台）城镇	洗衣机（台）农村	电冰箱（台）城镇	电冰箱（台）农村	彩色电视机（台）城镇	彩色电视机（台）农村	计算机（台）城镇	计算机（台）农村	照相机（架）城镇	照相机（架）农村	空调（台）城镇	空调（台）农村	移动电话（部）城镇	移动电话（部）农村	家用汽车（台）城镇	家用汽车（台）农村
1998	90.6	22.8	76.1	9.3	105.4	32.6	3.8	—	36.3	2.2	20.0	0.6	3.3	—	—	—
1999	91.4	24.3	77.7	10.6	111.6	38.2	5.9	—	38.1	2.7	24.5	0.7	7.1	—	—	—
2000	90.5	28.6	80.1	12.3	116.6	48.7	9.7	0.5	38.4	3.1	30.8	1.3	19.5	4.3	0.5	—
2001	92.2	29.9	81.9	13.6	120.5	54.4	13.3	0.7	39.8	3.2	35.8	1.7	34.0	8.1	—	—
2002	92.9	31.8	87.4	14.8	126.4	60.5	20.6	1.1	44.1	3.3	51.1	2.3	62.9	13.7	—	—
2003	94.4	34.3	88.7	15.9	130.5	67.8	27.8	1.4	45.4	3.4	61.8	3.5	90.1	23.7	3.4	—
2004	95.9	37.3	90.2	17.8	133.4	75.1	33.1	1.9	47.0	3.7	69.8	4.7	111.4	34.7	—	—
2005	95.5	40.2	90.7	20.1	134.8	84.1	41.5	2.1	46.9	4.1	80.7	6.4	137.0	50.2	—	—
2006	96.8	43.0	91.8	22.5	137.4	89.4	47.2	2.7	48.0	4.2	87.8	7.3	152.9	62.1	3.4	—
2007	96.8	45.9	95.0	26.1	137.8	94.4	53.8	3.7	45.1	4.3	95.1	8.5	165.2	77.8	—	—
2008	94.7	49.1	93.6	30.2	132.9	99.2	59.3	5.4	39.1	4.4	100.3	9.8	172.0	96.1	8.8	—
2009	96.0	53.1	95.4	37.1	135.7	108.9	65.7	7.5	41.7	4.8	106.8	12.2	181.0	115.2	10.8	—
2010	96.9	57.3	96.6	45.2	137.4	111.7	71.2	10.3	43.7	5.2	112.1	16.0	188.9	136.5	13.0	—
2011	97.1	62.6	97.2	61.5	135.2	115.4	81.9	17.9	44.5	4.6	122.0	22.6	205.3	179.7	18.5	—
2012	98.0	67.2	98.5	67.3	136.1	116.9	87.0	21.3	46.4	5.2	126.8	25.4	212.6	197.8	21.5	—

129

续表

年份	洗衣机（台）城镇	洗衣机（台）农村	电冰箱（台）城镇	电冰箱（台）农村	彩色电视机（台）城镇	彩色电视机（台）农村	计算机（台）城镇	计算机（台）农村	照相机（架）城镇	照相机（架）农村	空调（台）城镇	空调（台）农村	移动电话（部）城镇	移动电话（部）农村	家用汽车（台）城镇	家用汽车（台）农村
2013	88.4	71.2	89.2	72.9	118.6	112.9	71.5	20.0	34.0	4.4	102.2	29.8	206.1	199.5	22.3	9.9
2014	90.7	74.8	91.7	77.6	122.0	115.6	76.2	23.5	35.2	4.5	107.4	34.2	216.6	215.0	25.7	11.0
2015	92.3	78.8	94.0	82.6	122.3	116.9	78.5	25.7	33.0	4.1	114.6	38.8	223.8	226.1	30.0	13.3
2016	94.2	84.0	96.4	89.5	122.3	118.8	80.0	27.9	28.5	3.4	123.7	47.6	231.4	240.7	35.5	17.4
2017	95.7	86.3	98.0	91.7	123.8	120.0	80.8	29.2	29.1	3.9	128.6	52.6	235.4	246.1	37.5	19.3
2018	97.7	88.5	100.9	95.9	121.3	116.6	73.1	26.9	20.2	2.5	142.2	65.2	243.1	257.0	41.0	22.3
2019	99.2	91.6	102.5	98.6	122.8	117.6	72.2	27.5	19.5	2.3	148.3	71.3	247.4	261.2	43.2	24.7

资料来源：1998~2019年《中国统计年鉴》。

第五，医疗保健消费的城乡差异。1996年5月，国务院办公厅转发了《关于职工医疗保障制度改革扩大试点的意见》，将国家医疗改革试点的范围进一步扩大。这项政策改变了城镇职工一直享有的公费医疗制度和劳保医疗制度，居民人均医疗保障消费支出及占比骤升。2019年城镇居民人均医疗保健支出（2282.7元）是1998年（205.2元）的11.1倍。在总消费支出中的占比从1998年的4.7%快速上涨到2005年的7.6%，随后在居民医保体制逐渐完善后趋于稳定，一直保持在6%~7%的水平。农村地区居民因无法享受公费医疗政策，因此人均医疗保健支出的总量和占比都随着经济水平和价格水平的上升一路增加，其中绝对值增长近20倍，相对值增长6.5个百分点，增势十分稳健。城乡间医疗保健支出绝对值的比例在2002年达到最高值4.1，随后稳步下降至2019年的1.6。

第六，交通通讯消费的城乡差异分析。2001年12月，中国加入世界贸易组织以后，汽车等耐用品受进口商品价格挤压，售价迅速下降，国家在此基础上继续出台新的惠民政策，如取消税费等政策鼓励私人汽车消费。此外，电子通信产品也成为新的消费热点。在这一系列政策推动下，全国特别是城镇地区的交通通讯消费支出迅速增加，人均交通通讯消费支出增长13.3%，在总消费支出中的占比也从仅5.9%上升到13.1%。2009年1月，为实现惠农强农目标和在农村地区拉动消费带动生产，国家在《汽车行业调整振兴规划》政策中提出"汽车下乡"的惠农政策。政策执行后，农村地区摩托车保有量大幅提高，汽车也开始逐渐地进入农村居民生活。此外，近年来国家注重提高建制村通讯基础设施建设，力图实现"村村通"，使得农村通讯消费猛涨。2015年起，全国农村平均每百户移动电话拥有量超过城镇地区的平均水平。农村地区居民人均交通通讯支出增长26.9%，增速超过了城镇地区。2019年，农村地区人均交通通信支出虽然总量上仍然是城镇地区的一半，但在总消费支出中的占比已经从1998年的3.8%上升到13.8%，超越了交通通讯支出在城镇地区居民总消费支出中的占比及增速。

第七,娱乐教育文化用品及服务的城乡差异分析。从总量来看,2019年城镇地区居民人均文教娱乐用品及服务是1998年的6.7倍,农村地区则为9.3倍。20余年间,城镇文教娱乐支出的占比先升再降,1998年时为11.5%,在4年时间内迅速上升到15.0%。2002年前后,国家开始推行教育体制的改革,力求实现教育公平,文教娱乐占比逐渐下降。到2019年文教娱乐占比(11.9%)恢复到与1998年基本相似的水平(11.5%)。农村的占比则经历了先升后降再升的过程,先随着可支配收入的增长从10%缓慢增长至2003年的12.1%。2006年,九年义务教育开始实施后,教育支出发生转移。特别是农村地区,文教娱乐支出的占比在2013年前后下降到7.3%。之后随着农村生活质量和对教育的重视程度同时提高,教育支出占比逐步回升到2019年的11.1%。1998年,城镇居民人均文教娱乐支出(499.4元)是农村居民人均支出(159.4元)的3.1倍,占比高出1.5个百分点。到2019年,城镇支出总额(3328.0元)与农村支出总额(1481.8元)间的比例下降到2.2,占比则仅高出0.7个百分点。这说明在城镇文教娱乐水平始终高于农村的前提下,两者间绝对值和占比差距正在不断缩小。

第二节 城乡消费发展的量化分析

一、扩展线性支出系统模型(ELES)

1973年,经济学家C. Liuch在英国计量经济学家Stone所提出的线性支出系统模型(LES)的基础上提出了一种更完善的需求函数系统,即扩展线性支出系统模型(Extend Linear Expenditure System,ELES)。

该模型假定某一时期内居民对各类商品或服务的消费需求量由其可支配收入和各类商品价格所决定。居民对各种商品的消费需求可以划分为基本消费需求和超过基本消费需求外的部分。其中,居民的基本消费需求与其收入水平无关,属于必要的生活支出。基本需求得到满足后,人们会将剩余的可支配收入按照一定的边际消费倾向用于各类非基本消费支出。这一模型弥补了 LES 模型没有将储蓄纳入考虑的欠缺,具有显著的优越性。ELES 将各类消费支出项看作互相作用的因素,可以直接通过面板数据进行参数估计,较为全面地反映居民消费结构中边际消费倾向、消费需求的收入弹性和基本消费需求。

本节根据国家统计局关于 1998~2019 年[①]时间范围内城乡居民可支配收入、总消费支出、各大类消费支出[②](根据国家统计局标准按照商品或服务的用途将居民消费划分为食品烟酒、衣着、居住、生活用品及服务、交通通信、教育文化娱乐、医疗保健和其他用品及服务八大类)

[①] 根据本书消费发展阶段划分,1998~2019 年为"扩大消费"阶段。

[②] 居民消费支出八大类的具体内容如下:1. 城镇食品消费支出是指城镇居民在商店、集市、工作单位食堂和饮食业购买的各种主食、副食、烟草、酒、饮料、干鲜瓜果、糖果、糕点、奶制品以及在外饮食和食品加工费等;农村食品消费支出是指农村住户主食、副食、其他食品、在外饮食和食品加工费等。2. 城乡衣着消费支出均指居民家庭用于购买各种穿着用品(如成衣、鞋帽及其他零星穿着用品)及加工穿着品的各种材料和加工费的支出。3. 城镇居住消费支出是指与居住有关的消费性支出,包括住房装潢与维修服务费、水、电、燃料、物业管理费、房租等方面的支出,但不包括购房与建房支出;农村居住消费支出是指与农村住户居住有关的所有支出,包括新建(购)房屋、房屋维修、居住服务、租赁住房所付的租金、生活用水、生活用电、用于生活的燃料等支出,以及清洁费、卫生费等。4. 城镇家庭设备用品及服务消费支出是指居民家庭各类日用消费品及家庭服务的费用,包括日用耐用消费品、室内装饰品、床上用品、家庭日用杂品、家具、家庭服务等;农村家庭设备用品及服务消费支出指农村住户购买各种耐用消费品、家庭日用品及家庭用品的加工修理费用。5. 城乡医疗保健消费支出均指居民用于医疗和保健的药品、用品和服务费用,包括医疗器具、保健用品、医药费、滋补保健品、医疗保健服务及其他医疗保健费用。6. 城乡交通和通信消费均是指居民购买交通和通信类工具、使用、维修相关用品的费用支出,包括购买各种交通工具、维修配件、使用燃料;交通费用;各种通讯工具的购买和维修、电信费、邮寄费等。7. 城乡教育文化娱乐服务消费支出均指居民家庭用于教育和文化娱乐方面的支出,包括文化娱乐用品、文化娱乐服务和教育费用等。8. 城乡其他商品和服务消费支出均指无法直接归入上述七类支出的其他商品和服务支出(如首饰、手表、化妆品等,和个人服务如美容美发、旅游住宿、理发洗澡等)。

的截面数据，对城乡居民消费结构的发展情况进行研究。由于国家统计口径在2013年改变为统一实施的城乡一体化住户收支与生活状况调查，故本量化研究分为"1998~2012年"和"2013~2019年"两个时段分别进行。假设将居民消费支出划分为I类，则扩展线性支出系统模型的基本形式可以表示为：

$$V_i = P_i X_i^o + \beta_i (Y - \sum_{i=1}^{n} P_i X_i^o)$$
$$(i = 1, 2, \cdots, n) \tag{3.1}$$

其中，I 为商品种类，Y 为可支配收入水平，V_i 是对第 I 类商品的消费支出，P_i 为商品价格，X_i^o 为第 i 种商品的基本需求量，β_i 为第 i 种商品的边际消费倾向，且 $0 \leq \beta_i \leq 1$，$P_i X_i^o$ 为第 i 种商品的基本消费支出，$Y - \sum_{i=1}^{n} P_i X_i^o$ 为基本消费需求得到满足后的非基本消费支出。

由于本样本数据为横截面数据，因此设：

$$\alpha_i = P_i X_i^o - \beta_i \sum_{i=1}^{n} P_i X_i^o \tag{3.2}$$

则计量模型可以表示为：

$$V_i = (P_i X_i^o - \beta_i \sum_{i=1}^{n} P_i X_i^o) + \beta_i Y + \mu_i = \alpha_i + \beta_i Y + \mu_i$$
$$(i = 1, 2, \cdots, n) \tag{3.3}$$

根据最小二乘法，将1998~2019年全国城乡居民可支配收入和各项消费支出的数据代入以上扩展线性支出系统模型，运用STATA14.0对 α_i 和 β_i 进行参数估计，根据估计结果表3-10，分别得出城乡消费结构如表3-11和城乡消费需求的收入弹性结果如表3-12所示。

统计结果显示，消费八大类的支出在5%的显著性水平下均较为显著，t_β 值和F统计量均通过检验，拟合优度 R^2 除城镇衣着消费（2013~2019年）和农村教育文化娱乐、杂项消费（1998~2012年）以外，均保持在0.95以上。拟合程度良好，模型整体显著。即各消费类别与居民可支配收入之间显著相关。城镇衣着与可支配收入关系不够显著的主要原因在于前期扩大消费衣着方面经历了量变已基本接近饱和。农村地区教育文化娱乐关系不够显著的原因则在于国家教育体制改革使农村教育支出在总支出中的份额减少，转移到其他消费类别之上。

表3-10a　　1998~2012年城镇居民消费结构——基于ELES模型的估计结果

消费类别	α_i	β_i	Robust Std. Err.	t_β	P值	R^2	F统计量	Prob > F
食品	575.21	0.22	0.0030	74.17	0.000	0.9971	5501.11	0.0000
衣着	36.82	0.07	0.0011	62.40	0.000	0.9974	3893.47	0.0000
居住	180.65	0.05	0.0033	17.18	0.000	0.9782	295.10	0.0000
生活用品及服务	88.61	0.04	0.0020	20.56	0.000	0.9607	422.72	0.0000
医疗保健	73.25	0.04	0.0027	16.18	0.000	0.9596	261.71	0.0000
交通通讯	-274.55	0.11	0.0029	39.26	0.000	0.9909	1541.06	0.0000
文教娱乐	234.64	0.07	0.0030	25.01	0.000	0.9724	625.30	0.0000
其他用品及服务	42.27	0.02	0.0013	18.45	0.000	0.9578	340.54	0.0000

表3-10b　　2013~2019年城镇居民消费结构——基于ELES模型的估计结果

消费类别	α_i	β_i	Robust Std. Err.	t_β	P值	R^2	F统计量	Prob > F
食品	2253.67	0.13	0.0065	20.03	0.000	0.9846	401.37	0.0000
衣着	1145.75	0.02	0.0022	7.70	0.001	0.9351	59.28	0.0006
居住	-172.56	0.16	0.0118	13.72	0.000	0.9769	188.37	0.0000
生活用品及服务	183.24	0.04	0.0020	18.21	0.000	0.9896	331.62	0.0000
医疗保健	-771.27	0.07	0.0018	39.31	0.000	0.9957	1545.67	0.0000

续表

消费类别	α_i	β_i	Robust Std. Err.	t_β	P值	R^2	F统计量	Prob > F
交通通讯	255.51	0.08	0.0076	10.93	0.000	0.9636	119.46	0.0001
文教娱乐	-218.99	0.08	0.0030	28.18	0.000	0.9910	794.17	0.0000
其他用品及服务	78.64	0.02	0.0004	39.69	0.000	0.9938	1575.54	0.0000

表3-11a 1998~2012年农村居民消费结构——基于ELES模型的估计结果

消费类别	α_i	β_i	Robust Std. Err.	t_β	P值	R^2	F统计量	Prob > F
食品	234.78	0.27	0.0053	50.52	0.000	0.9934	2552.46	0.0000
衣着	-22.22	0.05	0.0015	33.29	0.000	0.9929	1108.24	0.0000
居住	-90.65	0.15	0.0056	27.80	0.000	0.9843	773.07	0.0000
生活用品及服务	-36.40	0.05	0.0016	28.74	0.000	0.9867	825.78	0.0000
医疗保健	-83.23	0.07	0.0021	34.44	0.000	0.9920	1185.86	0.0000
交通通讯	-108.95	0.10	0.0032	30.21	0.000	0.9793	912.76	0.0000
文教娱乐	101.70	0.05	0.0029	15.30	0.000	0.9198	234.08	0.0000
其他用品及服务	3.87	0.02	0.0014	12.13	0.000	0.9385	147.13	0.0000

表3-11b 2013~2019年农村居民消费结构——基于ELES模型的估计结果

消费类别	α_i	β_i	Robust Std. Err.	t_β	P值	R^2	F统计量	Prob > F
食品	744.24	0.20	0.0061	33.16	0.000	0.9954	1099.28	0.0000
衣着	140.33	0.04	0.0011	32.45	0.000	0.9958	1053.08	0.0000
居住	-204.33	0.19	0.0108	17.81	0.000	0.9879	317.02	0.0000

续表

消费类别	α_i	β_i	Robust Std. Err.	t_β	P 值	R^2	F 统计量	Prob > F
生活用品及服务	36.56	0.05	0.0023	19.94	0.000	0.9879	397.66	0.0000
医疗保健	-366.57	0.11	0.0099	10.99	0.000	0.9730	120.88	0.0001
交通通讯	-443.71	0.14	0.0069	20.91	0.000	0.9891	437.20	0.0000
文教娱乐	-198.32	0.10	0.0056	18.47	0.000	0.9921	341.05	0.0000
其他用品及服务	20.37	0.01	0.0005	25.04	0.000	0.9950	627.16	0.0000

表 3-12　1998~2019 年城乡居民消费需求的收入弹性

类别	1998~2012 年 城镇	1998~2012 年 农村	2013~2019 年 城镇	2013~2019 年 农村
食品	0.81	0.82	0.66	0.77
衣着	0.96	1.10	0.40	0.86
居住	0.69	1.14	1.02	1.09
生活用品及服务	0.83	1.37	0.96	1.04
医疗保健	0.82	1.35	1.43	1.40
交通通讯	1.21	1.43	0.89	1.30
文教娱乐	0.79	0.70	1.04	1.15
其他用品及服务	0.72	1.13	1.11	0.66

注：需求收入弹性公式中居民可支配收入及各类消费支出量取各时间段的均值。

二、城乡居民消费支出的边际消费倾向（MPC）

城乡边际消费倾向 β_i 表示每增加一单位的可支配收入时用于各类消

费项目增加的支出比重,可以有效反映扩大消费政策自1998年提出以来城镇与农村居民消费偏好和消费结构的变动趋势。

从城镇来看,1998~2012年居民新增可支配收入用于消费的部分保持在62%的水平,即收入每增加100元就会使用62元用于消费。2013~2019年这一比重下降到60%。从具体消费类别来看,城镇居民食品和衣着的边际消费倾向下降明显,分别从22%下降到13%、从7%下降到2%。生存类支出显著下降。居住的边际消费倾向显著增加,从5%上升到16%,提高了11个百分点,边际消费倾向超过食品成为最高的支出项目,在居民消费支出中占据绝对比重。医疗保健支出和教育文化娱乐支出的边际消费倾向稳步上升,分别上升3%和1%。生活用品及服务支出倾向基本保持不变,始终保持在4%的水平。交通通讯边际消费倾向下降了3个百分点。

从农村来看,1998~2012年农村居民新增可支配收入用于消费的比例为76%,2013~2019年这一比重上升到84%(见表3-13)。可见农村居民消费的上升趋势十分强势,且边际消费倾向始终高于城镇地区。具体消费类别上,农村居民食品和衣着的边际消费倾向也呈现下降趋势,其中食品下降了7个百分点,但总量上仍高于城镇水平,2013年以后的农村食品边际消费倾向略低于2013年以前的城镇食品边际消费倾向。衣着边际消费倾向也呈现下降趋势,降低了1个百分点,下降幅度明显小于城镇。除生活用品及服务消费倾向基本持平外,农村居民居住、医疗保健、交通通信和教育文化娱乐的消费倾向均呈现上升趋势,其中增幅最大的类别为教育文化娱乐支出,增长了5个百分点,居住支出、交通通讯支出和医疗保健支出均增长了4个百分点。因此,对扩大农村居民消费的着力点可放在交通通讯和教育文化娱乐方面。

表 3-13　　1998~2019 年城乡居民消费结构中各类别的边际消费倾向

类别	城镇 1998~2012 年	城镇 2013~2019 年	农村 1998~2012 年	农村 2013~2019 年
食品	0.22	0.13	0.27	0.20
衣着	0.07	0.02	0.05	0.04
居住	0.05	0.16	0.15	0.19
生活用品及服务	0.04	0.04	0.05	0.05
医疗保健	0.04	0.07	0.07	0.11
交通通讯	0.11	0.08	0.10	0.14
文教娱乐	0.07	0.08	0.05	0.10
其他用品及服务	0.02	0.02	0.02	0.01
总和	0.62	0.60	0.76	0.84

三、城乡居民需求收入弹性比较

根据 ELES 模型，当各项商品价格不变时，可支配收入每变动 1% 所引起的第 I 种商品需求量的变化，被称为需求的收入弹性。其表达公式为：

$$\eta_i = \frac{\partial V_i}{\partial Y} \cdot \frac{Y}{V_i} = \beta_i \cdot \frac{Y}{V_i} \quad (3.4)$$

其中，Y 为人均可支配收入，V_i 为第 i 类商品或服务的需求量，即对第 i 类商品或服务的支出，β_i 为第 i 种商品或服务的边际消费倾向。结合 ELES 模型估计结果和国家统计局发布的城乡可支配收入数据，代入以上公式进行运算得出城乡各类消费需求的收入弹性系数如表 3-12 所示。计算出的所有弹性系数均为正数，表明收入的变动对各类消费的影响均为正。需求收入弹性在城乡中的不同结果，表现为不同的消费形态。

（一）1998~2012年城乡居民需求收入弹性

1998~2012年，城镇居民消费仅交通通讯一项的平均需求收入弹性系数大于1，其余类别均小于1。这说明这一时间段内城镇居民收入的变动在交通通讯上的影响最为显著，交通通信对于这一时期的城镇居民来说属于高档消费，家庭汽车拥有量和移动电话使用量快速提高。农村居民除食品和教育文化娱乐以外，所有消费类别的需求收入弹性系数均大于1。这说明这六大类消费支出的增长速度高于农村居民可支配收入的增长速度，收入的变化对其支出的影响较为显著。收入的增长开始全方位地促进居民消费支出。其中，交通通讯的弹性系数最高，说明在可支配收入发生变动后，居民在交通通讯方面的支出反应最强烈。

（二）2013~2019年城乡居民需求收入弹性

2013~2019年，城镇居民需求收入弹性系数大于1的消费类别由高到低分别为医疗保健、教育文化娱乐和居住。这说明经济发展进入新常态后，城镇居民在基本生存需求上的消费欲望越来越低，对享受型消费的需求则随着生活水平和收入水平的快速上升而上升。农村居民消费需求的收入弹性除食品和衣着消费以外均大于1，由高到低分别为医疗保健、交通通讯、教育文化娱乐、居住和生活用品及服务。这表明随着可支配收入的提升，农村居民的消费结构也在向享受型消费发生转移。通过对比两个时间段的消费升级趋势，农村地区的发展趋势要强于城镇地区。

综上所述，扩大消费以来，城乡居民整体消费水平和消费结构都随着可支配收入的增加而迅速提高，但城镇与农村分别处在不同的消费结构和消费升级趋势中。受绝对经济水平差异的影响，城乡消费结构的差异仍然较为显著，城镇居民消费水平显著高于农村地区。1998~2019年，城镇地区居民消费升级趋势明显，食品、衣着等基本生存类消费的边际消费倾向显著下降，医疗、教育、交通等发展享受型消费的边际消费倾向明显上升，但增速均呈现放缓趋势。居民消费基本上已经完全处在发展与享受型消费阶段。同期，农村地区居民消费生存类消费下降幅度低于城镇地区，发展与享受型消费增长势头则强于城镇地区，消费结构处在从生存消费向发展与享受型消费快速过渡的阶段。

统筹兼顾、全面发展是中国经济高质量发展的内在要求。习近平指出，"统筹考虑需要和可能，按照经济社会发展规律循序渐进""要自觉主动解决地区差距、城乡差距、收入差距等问题，推动社会全面进步和人的全面发展"[①]。党的十六大以后，中国注重统筹城乡经济社会发展，开始了从城乡二元体制向一元体制转变的过渡，逐渐形成了城乡经济社会发展一体化新格局，统筹推进新型城镇化和乡村全面振兴。城镇化是扩大消费政策实施的重要支撑，将扩大消费和以人为核心的新型城镇化战略有序衔接起来，是经济发展的重要推动力；全面实施乡村振兴战略，积极推动农村现代化，是释放消费潜力、促进产业升级、实现共同富裕的重要举措。近年来，农村居民可支配收入与消费增速均已逐渐超越城镇地区的发展速度，农村居民消费的收入弹性高于城镇居民，具有极强的消费潜力。这也正是国家针对提高农村地区消费水平的政策倾向不断增强的重要原因之一。农村居民生活水平不断提高后，虽然消费结构同城镇居民仍存在一定差距，但两者间的差距正在逐渐缩小。这是多年来在协调城乡经济发展方面取得的巨大成就，尽管如此，仍然不能忽视自然条件、资源禀赋等原因带来的城乡间经济发展不平衡的问题是中国需要长期解决的一个大问题。

---

① 习近平谈治国理政：第4卷[M]. 北京：外文出版社，2022：171.

第四章

扩大消费政策下的区域消费发展
(1998～2019年)

第一节 区域居民消费总量变动和结构变迁

一、各区域收入水平和消费水平变动差异

中国由于地大物博、疆域辽阔，自然条件、经济条件和历史条件均较为复杂。2000年，根据16个指标所衡量的小康实现情况，东部地区人均国内生产总值为1600美元，100%实现小康，中部地区小康实现率为78%，西部地区人均国内生产总值则仅为610美元，小康实现率仅为56%[①]。各地区的经济发展水平十分不平衡。根据经济发展水平和地域位置的差异，将中国大陆地区所有省份分为东、中、西、东北

---

① 贺铿．关于总体小康水平和全面小康社会的设想［J］．管理评论，2003（3）．

四大区域[①]。各区域内居民的收入水平、消费水平和消费结构具有不同的发展阶段和特征。为推进区域经济协调均衡发展，2003年11月，中共十六届三中全会提出"五个统筹之一"——区域协调发展，具体内容包括积极推进西部大开发、促进中部地区崛起、振兴东北地区老工业基地，鼓励东部地区率先发展，继续发挥各个地区的优势和积极性，通过健全市场机制、合作机制、互助机制、扶持机制，逐步扭转区域发展差距拉大的趋势，形成东、中、西、东北地区相互促进、优势互补、共同发展的新格局。

2000年10月，中共十五届五中全会通过的《中共中央关于制定国民经济和社会发展第十个五年计划的建议》，发行长期国债14亿元，把实施西部大开发、促进地区协调发展作为一项战略任务，提出要"依托亚欧大陆桥、长江水道、西南出海通道等交通干线，发挥中心城市作用，以线串点，以点带面，逐步形成我国西部有特色的西陇海兰新线、南（宁）贵、成昆（明）等跨行政区域的经济带，带动其他地区发展，有步骤、有重点地推进西部大开发"。2006年12月，国务院审议通过《西部大开发"十一五"规划》，目标是努力实现西部地区经济又好又快发展，人民生活水平持续稳定提高，基础设施和生态环境建设取得新突破，重点区域和重点产业的发展达到新水平，教育、卫生等基本公共服务均等化取得新成效。2012年2月，《西部大开发"十二五"规划》将深入实施西部大开发战略放在区域发展战略优先位置，区域经济增速和城乡居民收入增速"双高于"全国平

[①] 为科学反映中国不同区域的社会经济发展状况，为国家制定区域发展政策提供依据，国家统计局根据《中共中央、国务院关于促进中部地区崛起的若干意见》《国务院发布关于西部大开发若干政策措施的实施意见》以及党的十六大报告的精神，将中国经济区域划分为东部、中部、西部和东北四大地区。其中，东部地区包括10个省（直辖市）：北京、天津、河北、上海、江苏、浙江、福建、山东、广东和海南。中部地区包括6个省：山西、安徽、江西、河南、湖北和湖南。西部地区包括12个省（自治区、直辖市）：重庆、四川、贵州、云南、西藏、陕西、甘肃、青海、宁夏、新疆、内蒙古和广西。东北地区包括3个省：黑龙江、吉林和辽宁。

均水平,九年义务教育巩固率达到90%以上,城镇化率超过45%等目标。

2004年3月,温家宝在政府工作报告中首次明确提出实施促进中部地区崛起战略,促进中部地区崛起是落实四大板块区域布局和"三大战略"的重要内容,有利于构建全国统一大市场、推动形成东中西区域良性互动协调发展。2012年7月,国务院在《关于大力实施促进中部地区崛起战略的若干意见》中提出,城乡居民收入与经济同步增长,城镇化率力争达到全国平均水平,基本公共服务主要指标接近东部地区水平。2016年12月,国务院在《促进中部地区崛起"十三五"规划》[1]中,在中部地区"三基地、一枢纽"(即全国重要粮食生产基地、能源原材料基地、现代装备制造及高技术产业基地和综合交通运输枢纽)定位的基础上,新增了"一中心、四区"(全国重要先进制造业中心、全国新型城镇化重点区、全国现代农业发展核心区、全国生态文明建设示范区、全方位开放重要支撑区)的战略定位[2],提出了到2020年全面建成小康社会,经济保持中高速增长、迈向中高端水平,现代农业发展走在全国前列,生态环境质量总体改善,人民生活水平和质量普遍提高的发展目标。

2004年8月,国家根据党的十六大提出的"振兴东北老工业基地"战略任务提出了"振兴东北"发展战略,加快东北地区等老工业基地调整、改造和振兴,实行东西互动,带动中部,促进区域经济协调发展。2012年3月,《东北振兴"十二五"规划》,提出使"零就业家庭"实现至少一人就业的就业政策,解决"老工伤"人

---

[1] 中国政府网. 国务院关于促进中部地区崛起"十三五"规划的批复 [EB/OL]. (2016 - 12 - 17) [2020 - 9 - 21]. http://www.gov.cn/gongbao/content/2017/content_5160242.htm.

[2] 中华人民共和国国家发展和改革委员会. 国家发展改革委关于印发促进中部崛起"十三五"规划的通知 [EB/OL]. (2016 - 12 - 20) [2020 - 9 - 21]. https://www.ndrc.gov.cn/xxgk/zcfb/tz/201612/t20161226_962830.html?code=&state=123.

员待遇纳入工伤保险统筹管理问题和居民住房、冬季取暖等突出民生问题。

2017年10月，习近平在党的十九大报告中指出，实施区域协调发展战略。强化举措推进西部大开发形成新格局，深化改革加快东北等老工业基地振兴，发挥优势推动中部地区崛起，创新引领率先实现东部地区优化发展，建立更加有效的区域协调发展新机制。国家在"十四五"规划中提出了新的区域政策和区域定位，即"西部大开发新格局，东北振兴新突破，中部加快崛起，东部加快推进现代化"。通过健全区域间战略统筹、合作互助、利益补偿等机制，优化国民经济结构，培育带动全国高质量发展的动力源，不断扩大内需，培育新的经济增长点。实现发达地区和欠发达地区，东中西部和东北地区的协同发展和共同富裕，形成协调发展，构建良性互动、优势互补的区域新布局和发展新格局。

本章主要针对1998年扩大消费政策提出至2019年间的区域消费变迁进行量化研究。随着国家区域发展政策的不断推进，1998～2019年间各区域经济水平之间的距离逐渐缩小，居民人均可支配收入和人均消费支出也随之变动（见表4-1）。通过对全国各省市人均可支配收入和人口数进行加权计算得出各区域人均可支配收入。结果发现，1998年东、中、西、东北地区的人均可支配收入分别为4658.3元、2650.4元、3118.9元和3566.2元。四者间的比例为1∶0.57∶0.67∶0.77，东部和中部地区的人均可支配收入差距最大。随着经济水平的不断增长，东、中、西、东北地区的人均可支配收入持续增加，2013年前后东中比例上升到稳定的1∶0.65。国内以"三区三州"为代表的深度贫困地区均位于中西部，贫困人口较为集中。按现行农村贫困标准测算，2019年末仍有超过90%的农村贫困人口集中在中西部地区。中西部地区经济发展水平和居民收入仍落后于东部地区。2019年，东、中、西、东北四个区域的可支配收入较1998年分别增长7.5倍、8.8倍、6.7倍和

6.7倍，相互间比例已逐渐缩小到1：0.66：0.61：0.69。可见，中部地区居民可支配收入增长最快，与东部地区比例显著上升。西部、东北地区增速相近，与东部地区比例先降后升。总体来看四者之间的可支配收入增长水平向着较为均衡的方向发展。

表4-1a 1998~2019年四大区域人均可支配收入和人均消费支出增长趋势（收入）

单位：元

年份	东部收入	中部收入	西部收入	东北收入
1998	4658.29	2650.39	3118.85	3566.23
2000	5481.04	3036.24	2822.29	3694.03
2005	9293.73	5094.66	4592.25	6330.09
2008	13642.79	8042.67	7140.31	9647.22
2012	22449.62	13693.96	12547.20	15946.62
2014	25954.00	16867.70	15376.10	19604.40
2015	28223.30	18442.10	16868.10	21008.40
2016	30654.70	20006.20	18406.80	22351.50
2017	33414.00	21833.60	20130.30	23900.50
2018	36298.20	23798.30	21935.80	25543.20
2019	39438.90	26025.30	23986.10	27370.60

表4-1b 1998~2019年四大区域人均可支配收入和人均消费支出增长趋势（支出）

单位：元

年份	东部支出	中部支出	西部支出	东北支出
1998	3488.62	2047.69	2545.32	2738.54
2000	4110.74	2334.89	2296.13	2911.32
2005	6850.95	3834.81	3730.39	4916.74

续表

年份	东部支出	中部支出	西部支出	东北支出
2008	9626.55	5778.70	5448.73	7302.22
2012	14999.28	9480.32	9293.67	11321.54
2014	18416.23	11853.98	11609.07	14153.15
2015	19895.79	12914.88	12728.82	15013.42
2016	21569.17	14188.97	13817.18	16697.40
2017	22974.44	15308.11	14902.58	17553.99
2018	24662.34	16903.60	16220.24	18817.22
2019	26795.00	18532.90	17620.70	19752.10

资料来源：根据各年份统计年鉴中分区域内各地区的人口、收入和消费等数据加权计算得出。

同样测算方法计算出四个区域间居民人均消费支出的发展情况，测算结果发现人均消费支出与人均可支配收入的变动趋势较为类似（见表4-1）。1998年东、中、西、东北地区的人均消费支出分别为3488.6元、2047.7元、2545.3元和2738.5元，四者间的比例为1∶0.59∶0.73∶0.78，东部和中部地区的人均消费支出差距最大。扩大消费以来，东、中、西、东北地区的人均消费支出增加到26795.0元、18532.9元、17620.7元、19752.1元，分别增长6.7倍、8.1倍、5.9倍和6.2倍，四者间比例变化为东中比例先显著上升，到2013年前后进入到稳定的1∶0.65。而到了2019年，四个区域的消费支出比例已逐渐缩小为1∶0.69∶0.66∶0.74。中部比例上升明显，从59%上升到69%，中西部消费支出绝对值逐渐接近。东部与东北地区比例逐渐发展到1∶0.74。中、西、东北与东部地区间的差距大范围缩小（见表4-2）。

表 4-2　1998~2019 年各区域人均可支配收入与人均消费支出变动

年份	人均可支配收入					人均消费支出				
	东部	中部	西部	东北	比例	东部	中部	西部	东北	比例
1998	4658.3	2650.4	3118.9	3566.2	1 : 0.57 : 0.67 : 0.77	3488.6	2047.7	2545.3	2738.5	1 : 0.59 : 0.73 : 0.78
2000	5481.0	3036.2	2822.3	3694.0	1 : 0.55 : 0.51 : 0.67	4110.7	2334.9	2296.1	2911.3	1 : 0.57 : 0.56 : 0.71
2005	9293.7	5094.66	4592.3	6330.1	1 : 0.55 : 0.49 : 0.68	6851.0	3834.8	3730.4	4916.7	1 : 0.56 : 0.54 : 0.72
2008	13642.8	8042.7	7140.3	9647.2	1 : 0.59 : 0.52 : 0.71	9626.6	5778.7	5448.7	7302.2	1 : 0.60 : 0.57 : 0.76
2012	22449.6	13694.0	12547.2	15946.6	1 : 0.61 : 0.56 : 0.71	14999.3	9480.3	9293.7	11321.5	1 : 0.63 : 0.62 : 0.75
2014	25954.0	16867.7	15376.1	19604.4	1 : 0.65 : 0.59 : 0.76	18416.2	11854.0	11609.1	14153.2	1 : 0.64 : 0.63 : 0.77
2015	28223.3	18442.1	16868.8	21008.4	1 : 0.65 : 0.60 : 0.74	19895.8	12914.9	12728.8	15013.4	1 : 0.65 : 0.64 : 0.75
2016	30654.7	20006.2	18406.8	22351.5	1 : 0.65 : 0.60 : 0.73	21569.2	14189.0	13817.2	16697.4	1 : 0.66 : 0.64 : 0.77
2017	33414.0	21833.6	20130.3	23900.5	1 : 0.65 : 0.60 : 0.72	22974.4	15308.1	14902.6	17554.0	1 : 0.67 : 0.65 : 0.76
2018	36298.2	23798.3	21935.8	25543.2	1 : 0.66 : 0.60 : 0.70	24662.3	16903.6	16220.2	18817.2	1 : 0.69 : 0.66 : 0.76
2019	39438.9	26025.3	23986.1	27370.6	1 : 0.66 : 0.61 : 0.69	26795.0	18532.9	17620.7	19752.1	1 : 0.69 : 0.66 : 0.74

资料来源：根据 1998~2019 年《中国统计年鉴》中不同地区各省、自治区居民人均可支配收入、人均消费支出与地区人口总数数据加权计算得出。其中个别年份，由于部分省市人口、收入或支出数据缺失，故未对其进行该年份人均数据的测算。

二、各区域间居民消费结构变动差异

(一) 食品消费的区域差异分析

根据表 4-3 可以看出，东部地区居民人均食品烟酒消费支出总量从 1998 年的 1611.7 元增长到 2019 年的 7445.4 元，增长 3.6 倍。食品支出总额占个人消费支出总额中的占比（即恩格尔系数）则从 46.2% 下降到 27.8%，其中，2015 年首次降到 30% 以下，整个 20 年间东部地区居民生活水平实现了从小康的低级阶段发展到富裕阶段，再到进入最富裕阶段。

中部地区居民人均食品烟酒消费支出总量从 1998 年的 1047.1 元增长到 2019 年的 5194.7 元，增长近 4 倍。1998 年，中部地区食品支出总额占个人消费支出总额中的占比为 51.1%，根据恩格尔系数的标准来判断，仍处于温饱阶段与小康阶段的边界线。2010 年前后中部地区从小康阶段进入到富裕阶段。2017 年下降到 29.3%，首次降到 30% 以下，进入最富裕阶段。2019 年，中部地区恩格尔系数下降到 28.0%。

西部地区居民人均食品烟酒消费支出总量从 1998 年的 1249.5 元增长到 2019 年的 5288.9 元，增长 3.2 倍。居民人均食品烟酒的消费支出占总消费支出的比例迅速下降，下降幅度与中部地区相类似。1998 年，西部地区食品支出总额占个人消费支出总额中的占比仅为 49.1%，处于刚刚告别温饱的阶段。2012 年西部地区首次从小康阶段进入到富裕阶段。2018 和 2019 年分别为 29.9% 和 30.0%，处于从富裕阶段进入最富裕阶段的边缘线上。至此全国所有区域全部进入最富裕阶段。

东北地区居民人均食品烟酒消费支出总量从 1998 年的 1284.0 元增长到 2019 年的 5228.7 元，增长 3.1 倍，人均食品消费的总量增速接近西部地区，是全国人均食品消费支出增长最慢的区域。居民人均食品烟酒消费支出占总消费支出的比例处于不断下降的趋势，从 1998 年 46.7% 下降到 26.5%。2013 年前后，东北地区成为全国恩格尔系数最先下降到 30% 以下的地区。自此之后，东北地区的食品消费占比一直处于全国最低的位置。

表 4-3a　　1998~2019 年四大区域居民人均食品烟酒消费总量和占比变化（总量）　　单位：元

年份	东部支出	中部支出	西部支出	东北支出
1998	1611.73	1047.06	1249.46	1284.04
2000	1678.11	1049.21	1043.31	1199.74
2005	2537.91	1590.27	1576.78	1819.23
2008	3627.01	2372.62	2343.29	2710.20
2012	5404.40	3553.10	3647.68	3989.09
2014	5571.58	3726.64	3887.13	3943.14
2015	5941.01	4019.73	4198.33	4160.82
2016	6367.04	4299.95	4453.21	4571.17
2017	6623.98	4485.68	4664.30	4753.79
2018	6911.20	4772.80	4855.40	4998.80
2019	7445.42	5194.69	5288.94	5228.69

表 4-3b　　1998~2019 年四大区域居民人均食品烟酒消费总量和占比变化（占比）　　单位：%

年份	东部占比	中部占比	西部占比	东北占比
1998	46.20	51.13	49.09	46.89
2000	40.82	44.94	45.44	41.21
2005	37.04	41.47	42.27	37.00
2008	37.68	41.06	43.01	37.11
2012	36.03	37.48	39.25	35.23

续表

年份	东部占比	中部占比	西部占比	东北占比
2014	30.25	31.44	33.48	27.86
2015	29.86	31.12	32.98	27.71
2016	29.52	30.30	32.23	27.38
2017	28.83	29.30	31.30	27.08
2018	28.02	28.24	29.93	26.57
2019	27.79	28.03	30.02	26.47

资料来源：根据各年份统计年鉴中分区域内各地区的人口、收入和消费等数据加权计算得出。

（二）衣着消费的区域差异分析

根据表4-4可以看出，1998~2019年东部地区人均衣着消费从282.9元增长到1490.1元，增长了4.3倍。东部衣着消费在总消费支出中的占比经历了一个先升后降的过程。衣着消费占比在2012年前后提升到9%后开始下降，2019年下降到5.6%。买方市场形成后，衣着数量、种类和质量供给增加，带动居民衣着消费上升，当衣着市场达到供给平衡时，衣着消费增速迅速放缓。2014~2019年，居民人均衣着消费的年均增长率仅为3%。

中部地区人均衣着消费从176.9元增长到1264.7元，增长了6.1倍。衣着消费在总消费支出中的占比同样经历了一个先升后降的过程，先在2012年前后提升到10.3%后开始下降，2019年下降到6.8%。中部地区居民人均服装消费支出的占比始终高出东部地区1.3个百分点左右。

西部地区人均衣着消费从237.9元增长到1149.6元，增长了3.8倍。衣着消费在总消费支出中的占比同样先升后降。占比最高值提升到10.5%后开始下降，2019年下降到6.5%。衣着支出占比基本上与中部地区保持一致，两者间相差3个百分点。

表4-4a 1998~2019年四大区域居民人均衣着消费总量和占比变化（总量） 单位：元

年份	东部支出	中部支出	西部支出	东北支出
1998	282.85	176.91	237.92	364.10
2000	302.68	199.38	186.24	336.61
2005	544.94	374.51	321.75	530.65
2008	809.49	557.54	515.87	813.69
2012	1356.08	980.51	978.27	1380.98
2014	1260.37	983.10	908.88	1350.79
2015	1330.15	1046.96	975.65	1389.30
2016	1368.21	1066.59	1021.68	1475.07
2017	1394.62	1112.62	1052.99	1517.00
2018	1438.00	1194.00	1109.90	1492.90
2019	1490.10	1264.70	1149.60	1489.80

表4-4b 1998~2019年四大区域居民人均衣着消费总量和占比变化（占比） 单位：%

年份	东部占比	中部占比	西部占比	东北占比
1998	8.11	8.64	9.35	13.30
2000	7.36	8.54	8.11	11.56
2005	7.95	9.77	8.63	10.79
2008	8.41	9.65	9.47	11.14
2012	9.04	10.34	10.53	12.20
2014	6.84	8.29	7.83	9.54
2015	6.69	8.11	7.66	9.25
2016	6.34	7.52	7.39	8.83
2017	6.07	7.27	7.07	8.64
2018	5.83	7.06	6.84	7.93
2019	5.56	6.82	6.52	7.54

资料来源：根据各年份统计年鉴中分区域内各地区的人口、收入和消费等数据加权计算得出。

东北地区人均衣着消费从 364.1 元增长到 1489.8 元，增长了 3.1 倍。衣着消费在总消费支出中的占比呈现逐年下降的状态，从 1998 年的 13.3% 逐步下降到 2019 年的 7.5%。即使占比持续下降，受气候等因素影响，东北地区居民人均衣着消费的总量和占比均始终领先于其他三个地区。

（三）居住消费的区域差异分析

人均居住支出是各区域居民所有消费项目中总量和占比均增长最快的消费项目，通过表 4-5 可以直观地反映出居住消费在各区域居民消费中支出和比重的快速增长。2019 年，东部地区人均居住支出已达到 7046.1 元，是 1998 年 407.0 元的 17.3 倍。1998~2013 年，东部地区居民人均居住消费在总消费支出中的占比始终在 10%~12% 之间徘徊。2013 年前后，居住消费的占比快速上升到 24% 左右，并在 2019 年高达 26.3%。东部地区平均居高不下的住房成本，使东部地区居民人均居住支出占到了总消费支出的四分之一。

表 4-5a　　　　1998~2019 年四大区域居民人均居住消费总量
和占比变化（总量）　　　　　　　　　　　单位：元

年份	东部支出	中部支出	西部支出	东北支出
1998	407.03	250.04	268.18	280.02
2000	496.93	298.32	271.52	326.77
2005	776.82	440.80	413.14	607.13
2008	1164.95	772.08	648.47	960.91
2012	1586.24	1200.13	1043.44	1200.46
2014	4410.40	2498.95	2256.10	2941.83
2015	4741.03	2646.97	2434.07	2978.93
2016	5190.36	2976.85	2660.75	3096.25

续表

年份	东部支出	中部支出	西部支出	东北支出
2017	5731.34	3318.40	2835.33	3214.18
2018	6445.10	3805.90	3220.70	3605.40
2019	7046.10	4138.70	3502.00	3768.10

表4-5b　　1998~2019年四大区域居民人均居住消费总量和占比变化（占比）　　单位：%

年份	东部占比	中部占比	西部占比	东北占比
1998	11.67	12.21	10.54	10.23
2000	12.09	12.78	11.83	11.22
2005	11.34	11.49	11.07	12.35
2008	12.10	13.36	11.90	13.16
2012	10.58	12.66	11.23	10.60
2014	23.95	21.08	19.43	20.79
2015	23.83	20.50	19.12	19.84
2016	24.06	20.98	19.26	18.54
2017	24.95	21.68	19.03	18.31
2018	26.13	22.52	19.86	19.16
2019	26.30	22.33	19.87	19.08

资料来源：根据各年份统计年鉴中分区域内各地区的人口、收入和消费等数据加权计算得出。

中部地区2019年人均居住消费支出4138.7元，是1998年250.0元的16.6倍。中部地区居民居住消费支出总量的增长率与东部地区近似，但居住支出在总消费支出中占比的增长要低于东部地区。1998~2013年，中部地区居民人均居住消费在总消费支出中的占比徘徊在11%~13%之间，高出东部地区1~2个百分点。而在2013年之后，居住消费逐渐提高到2019年的22.3%，占比则始终低于东部地区，两者间占比差距也在逐渐扩大。

西部地区 2019 年人均居住支出已达到 3502.0 元,是 1998 年 268.2 元的 13.1 倍。20 余年间,西部地区的人均居民居住消费支出总量始终是所有区域中最低的,占比则与东北地区近似,相差不超过 1 个百分点。2013 年之前,西部地区居民人均居住消费在总消费支出中的占比徘徊在 10%~11% 之间,四个区域相差不大。但在 2013 年之后,居住消费逐渐提高到 19% 以上,区域间的占比差距也逐步拉大。

东北地区 2019 年人均居住支出已达到 3768.1 元,是 1998 年 280.0 元的 13.5 倍。东北地区的人均居民居住消费支出占比逐步上升,在 2014 年前后到达顶点 20.8% 之后,开始下降,并始终在 18%~19% 之间徘徊。

(四) 生活用品及服务消费的区域差异分析

如表 4-6 所示,1998~2019 年,东部地区人均生活用品及服务的消费支出总量从 291.4 元上涨到 1546.2 元,生活用品消费支出总量增长了 4.3 倍,是四大区域中增速最慢的地区。东部生活用品支出在消费总支出中的占比从 2000 年前后的 8% 以上之后开始逐渐下降,之后占比始终保持在 5%~6% 之间。

表 4-6a   1998~2019 年四大区域居民人均生活用品及服务消费
总量和占比变化 (总量)

单位:元

年份	东部支出	中部支出	西部支出	东北支出
1998	291.41	119.63	181.86	160.20
2000	336.58	155.36	157.49	164.11
2005	383.03	198.03	192.70	198.58
2008	569.13	351.90	305.04	345.24

续表

年份	东部支出	中部支出	西部支出	东北支出
2012	964.92	650.18	605.34	645.16
2014	1092.68	770.08	751.95	774.70
2015	1168.13	817.50	811.04	826.59
2016	1287.97	893.12	879.71	929.75
2017	1231.83	968.76	947.78	948.09
2018	1471.30	1088.30	1054.20	1039.70
2019	1546.20	1168.40	1082.60	1044.20

表4-6b 1998~2019年四大区域居民人均生活用品及服务消费总量和占比变化（占比） 单位：%

年份	东部占比	中部占比	西部占比	东北占比
1998	8.35	5.84	7.14	5.85
2000	8.19	6.65	6.86	5.64
2005	5.59	5.16	5.17	4.04
2008	5.91	6.09	5.60	4.73
2012	6.43	6.86	6.51	5.70
2014	5.93	6.50	6.48	5.47
2015	5.87	6.33	6.37	5.51
2016	5.97	6.29	6.37	5.57
2017	5.36	6.33	6.36	5.40
2018	5.97	6.44	6.50	5.53
2019	5.77	6.30	6.14	5.29

资料来源：根据各年份统计年鉴中分区域内各地区的人口、收入和消费等数据加权计算得出。

中部地区人均生活用品及服务的消费支出总量在20年间从119.6元上涨到1168.4元，总量增长了近9倍，是所有区域中总量增速最快的地区。生活用品及服务支出在消费总支出中的占比十分稳定，扩大消费以来始终保持在5%~6%之间。

西部地区人均生活用品及服务的消费支出总量在20年间从181.9元上涨到1082.6元，总量增长了5倍。西部地区人均生活用品及服务消费在消费总支出中的占比也较为稳定，20余年间始终保持在6%~7%之间。

东北地区人均生活用品及服务的消费支出总量在20余年间从160.2元上涨到1044.2元，总量增长了5.5倍，增速在四大区域中仅次于中部地区。历年来，东北地区居民人均生活用品及服务消费总量与中部地区接近，在消费总支出中的占比也基本稳定在5%左右。

（五）交通通讯消费的区域差异分析

如表4-7所示，2019年东部地区人均交通通讯3584.6元是1998年212.4元的16.9倍，这一增速甚至高于东部地区居住类消费增速。随着通讯的快速普及，人均交通通讯在总消费支出中的占比从1998年的6.1%增长到2019年的13.4%。

表4-7a　　1998~2019年四大区域居民人均交通通讯消费总量和占比变化（总量）

单位：元

年份	东部支出	中部支出	西部支出	东北支出
1998	393.96	230.14	278.14	263.05
2000	503.41	280.71	276.41	328.87
2005	955.96	481.37	473.75	589.49
2008	1186.66	588.43	523.63	766.77
2012	1840.85	980.57	880.74	1174.59
2014	1868.20	1354.97	1213.03	1613.97
2015	2078.39	1539.86	1385.08	1744.75

续表

年份	东部支出	中部支出	西部支出	东北支出
2016	2297.21	1720.22	1534.26	2023.29
2017	2475.97	1912.38	1676.60	2161.33
2018	3353.60	2093.70	2305.20	2577.60
2019	3584.60	2284.70	2472.40	2581.60

表4-7b 1998~2019年四大区域居民人均交通通讯消费总量和占比变化（占比）

单位：%

年份	东部占比	中部占比	西部占比	东北占比
1998	11.29	11.24	10.93	9.61
2000	12.25	12.02	12.04	11.30
2005	13.95	12.55	12.70	11.99
2008	12.33	10.18	9.61	10.50
2012	12.27	10.34	9.48	10.37
2014	10.14	11.43	10.45	11.40
2015	10.45	11.92	10.88	11.62
2016	10.65	12.12	11.10	12.12
2017	10.78	12.49	11.25	12.31
2018	13.60	12.39	14.21	13.70
2019	13.38	12.33	14.03	13.07

资料来源：根据各年份统计年鉴中分区域内各地区的人口、收入和消费等数据加权计算得出。

中部地区人均交通通讯消费支出总量20余年间增长了27.2倍，是所有消费支出项目中增长最多的一项。人均交通通讯在总消费支出中的占比也从1998年的4.0%增长到2019年的12.3%，占比从最初仅为东部地区的一半经过20余年的发展增长到接近东部地区水平。

2019年，西部地区人均交通通讯消费支出2472.4元，比1998年

123.2 元增加了 19 倍。人均交通通讯在总消费支出中的占比从 1998 年的 4.8% 增长到 2019 年的 14.0%。西部地区人均交通通讯消费支出在总消费支出中的占比始终高于中部地区，自 2008 年起超过东北地区，自 2017 年起超过东部地区。

2019 年，东北地区人均交通通讯消费支出 2581.6 元，比 1998 年增加了 18.3 倍。人均交通通讯在总消费支出中的占比从 1998 年的 4.9% 持续增长到 2019 年的 13.0%。东北地区人均交通通讯消费支出在总消费支出中的占比增长迅速且始终高于中部地区，2014 年起基本与东部和西部地区保持持平。

（六）教育文化娱乐消费的区域差异分析

如表 4-8 所示，1998~2019 年间，东部居民人均教育文化娱乐支出从 394.0 元增长到 3001.8 元，增长了 6.6 倍。教育文化娱乐在总消费支出中的占比呈现出先升后降的趋势。1998 年时占比为 11.3%，经过多年发展在 2005 年左右达到 14.0% 后开始下降，最终在 2019 年降回 11.2%。

表 4-8a　　1998~2019 年四大区域居民人均教育、文化、娱乐
消费总量和占比变化（总量）　　　　　　　　　单位：元

年份	东部支出	中部支出	西部支出	东北支出
1998	393.96	230.14	278.14	263.05
2000	503.41	280.71	276.41	328.87
2005	955.96	481.37	473.75	589.49
2008	1186.66	588.43	523.63	766.77
2012	1840.85	980.57	880.74	1174.59
2014	1868.20	1354.97	1213.03	1613.97
2015	2078.39	1539.86	1385.08	1744.75

续表

年份	东部支出	中部支出	西部支出	东北支出
2016	2297.21	1720.22	1534.26	2023.29
2017	2475.97	1912.38	1676.60	2161.33
2018	2620.70	2054.50	1798.00	2343.60
2019	3001.80	2314.60	1989.30	2638.10

表4-8b 1998~2019年四大区域居民人均教育、文化、娱乐消费总量和占比变化（占比）

单位：%

年份	东部占比	中部占比	西部占比	东北占比
1998	11.29	11.24	10.93	9.61
2000	12.25	12.02	12.04	11.30
2005	13.95	12.55	12.70	11.99
2008	12.33	10.18	9.61	10.50
2012	12.27	10.34	9.48	10.37
2014	10.14	11.43	10.45	11.40
2015	10.45	11.92	10.88	11.62
2016	10.65	12.12	11.10	12.12
2017	10.78	12.49	11.25	12.31
2018	10.63	12.15	11.08	12.45
2019	11.20	12.49	11.29	13.36

资料来源：根据各年份统计年鉴中分区域内各地区的人口、收入和消费等数据加权计算得出。

中部居民人均教育文化娱乐支出1998~2019年间从230.1元增长到2314.6元，增长了9倍多。中部地区教育、文化、娱乐支出在总消费支出中的占比较为稳定，基本始终保持在10%~12%之间。

西部居民人均教育文化娱乐支出在1998~2019年间从278.1元增

长到1989.3元,增长了6倍多。西部地区教育文化娱乐支出在总消费支出中的占比先降后升,1998年占比为10.9%,随后上升到12%之后一直保持在9%~11%之间。

东北居民人均教育文化娱乐支出在1998~2019年间从263.1元增长到2638.1元,增长了9倍,整体增速与中部持平,且快于东部和西部地区。东北地区教育、文化、娱乐支出在总消费支出中的占比基本保持在10%~12%之间,呈现小范围的先降后升,最终在2019年提高到13.4%。

(七) 医疗保健消费的区域差异分析

如表4-9所示,1998~2019年间,东部地区居民人均医疗保健消费总量从154.6元发展到2016.2元,增长12倍。2005年之前,居民人均医疗保健消费在总消费支出中的占比从1998年的4.4%迅速上升到7.0%,随后缓慢上升至2019年的7.5%。

表4-9a　　1998~2019年四大区域居民人均医疗保健消费总量和占比变化(总量)

单位:元

年份	东部支出	中部支出	西部支出	东北支出
1998	154.61	81.08	109.49	156.32
2000	235.55	116.39	128.42	232.54
2005	478.56	260.74	268.35	482.22
2008	615.39	416.24	377.48	655.63
2012	909.32	726.75	662.52	1058.77
2014	1169.18	918.71	892.59	1372.74
2015	1297.12	1007.33	1014.75	1542.70
2016	1420.45	1153.69	1157.13	1778.68
2017	1564.09	1313.66	1295.72	1881.85

续表

年份	东部支出	中部支出	西部支出	东北支出
2018	1823.00	1517.90	1501.40	2188.30
2019	2016.20	1766.62	1730.13	2377.29

表4-9b 1998~2019年四大区域居民人均医疗保健消费总量和占比变化（占比）

单位：%

年份	东部占比	中部占比	西部占比	东北占比
1998	4.43	3.96	4.30	5.71
2000	5.73	4.98	5.59	7.99
2005	6.99	6.80	7.19	9.81
2008	6.39	7.20	6.93	8.98
2012	6.06	7.67	7.13	9.35
2014	6.35	7.75	7.69	9.70
2015	6.52	7.80	7.97	10.28
2016	6.59	8.13	8.37	10.65
2017	6.81	8.58	8.69	10.72
2018	7.39	8.98	9.26	11.63
2019	7.52	9.53	9.82	12.04

资料来源：根据各年份统计年鉴中分区域内各地区的人口、收入和消费等数据加权计算得出。

中部地区居民人均医疗保健消费总量从1998年的81.1元发展到2019年的1766.6元，增长近21倍。中部地区居民医疗保健的增长率在所有消费支出项目中仅次于该地区的人均交通通讯支出，也是所有区域中该项目增长率最快的地区。1998~2015年，人均医疗保健消费支出占比增长近一倍，从4.0%上升到7.8%，随后人均医疗保健支出的占比逐步上升到2019的9.5%。

西部地区居民人均医疗保健消费总量从1998年的109.5元发展到

2019 年的 1730.1 元，增长了近 15 倍。占比则从 4.3% 上升到 9.8%，增长了一倍。2000 年以后，西部地区人均医疗保健消费支出在总消费支出的占比始终高于东部地区。除 2008~2014 年间以外，西部地区人均医疗保健消费占比均高于中部地区。

东北地区居民人均医疗保健消费总量从 1998 年的 156.3 元发展到 2019 年的 2377.3 元，增长 14.2 倍。人均医疗保健支出在总消费支出中的占比也从 1998 年的 5.7% 上升到 2019 年的 12.0%。20 余年间，东北地区的人均医疗保健支出始终是全国最高的区域，无论是总量还是占比均始终高于东、中、西地区。

第二节　区域消费发展的量化分析

一、扩展线性支出系统模型（ELES）

本节同样使用与第三章相同的扩展线性支出模型对东部、中部、西部和东北地区居民在 1998~2019 年间针对各类商品或服务的基本消费需求之外的边际消费倾向，以及每单位可支配收入的变动对各项消费支出的弹性。扩展线性支出系统模型的基本形式可以表示为：

$$V_i = P_i X_i^o + \beta_i (Y - \sum_{i=1}^{n} P_i X_i^o)$$
$$(i = 1, 2, \cdots, n) \quad (4.1)$$

其中，I 为商品种类，Y 为可支配收入水平，V_i 是对第 I 类商品的消费支出。P_i 为商品价格，X_i^o 为第 i 种商品的基本需求量。β_i 为第 i 种商品的边际消费倾向，且 $0 \leq \beta_i \leq 1$。$P_i X_i^o$ 为第 i 种商品的基本消费支出，$Y - \sum_{i=1}^{n} P_i X_i^o$ 为基本消费需求得到满足后的非基本消费支出。

由于本样本数据为横截面数据，因此设：

$$\alpha_i = P_i X_i^o - \beta_i \sum_{i-1}^{n} P_i X_i^o \tag{4.2}$$

则计量模型可以表示为：

$$V_i = (P_i X_i^o - \beta_i \sum_{i-1}^{n} P_i X_i^o) + \beta_i Y + \mu_i = \alpha_i + \beta_i Y + \mu_i$$
$$(i = 1, 2, \cdots, n) \tag{4.3}$$

通过对国家统计局关于1998~2019年[①]扩大消费以来东、中、西、东北地区所包含的各省、自治区、直辖市的居民人口数、可支配收入、总消费支出进行加权计算后，得出各区域居民八大类消费支出（食品烟酒、衣着、居住、生活用品及服务、交通通讯、教育文化娱乐、医疗保健和其他用品及服务）的数据，再根据最小二乘法对区域居民消费结构的发展情况进行研究。由于个别省份的人口、收入和消费数据存在缺失，故在进行加权计算时未将其计算在内。同时由于统计口径发生变化，此实证分析也将分为"1998~2012年"和"2013~2019年"两个时段分别进行。运用STATA14.0对 α_i 和 β_i 进行参数估计，根据估计结果表4-10、表4-11、表4-12、表4-13分别得出东部、中部、西部、东北地区居民各类消费的边际消费倾向如表4-14所示。

表4-10a   1998~2012年东部地区居民消费结构
——基于ELES模型的估计结果

消费类别	α_i	β_i	Robust Std. Err.	t_β	P值	R^2	F统计量	Prob > F
食品	553.12	0.22	0.0043	50.92	0.000	0.9980	2592.52	0.0000
衣着	-19.11	0.06	0.0009	70.56	0.000	0.9993	4978.09	0.0000

[①] 部分年份的各省市具体消费数据缺失，故1999年、2001~2004年、2006年、2007年、2009~2011年数据未统计在内，采用阶段数据对该阶段消费情况进行计量分析。

续表

消费类别	α_i	β_i	Robust Std. Err.	t_β	P值	R^2	F统计量	Prob > F
居住	145.10	0.07	0.0048	14.04	0.001	0.9813	196.99	0.0008
生活用品及服务	93.10	0.04	0.0028	13.31	0.001	0.9751	177.27	0.0009
医疗保健	22.69	0.04	0.0035	11.62	0.001	0.9688	135.05	0.0014
交通通讯	-276.40	0.12	0.0033	36.29	0.000	0.9931	1317.22	0.0000
文教娱乐	94.92	0.08	0.0041	19.55	0.000	0.9835	382.08	0.0003
其他用品及服务	34.88	0.02	0.0017	13.38	0.001	0.9757	179.01	0.0009

表4-10b　　　2013~2019年东部地区居民消费结构
　　　　　　——基于ELES模型的估计结果

消费类别	α_i	β_i	Robust Std. Err.	t_β	P值	R^2	F统计量	Prob > F
食品	2194.52	0.13	0.0057	23.24	0.000	0.9888	540.28	0.0000
衣着	870.19	0.02	0.0014	11.65	0.000	0.9745	135.62	0.0003
居住	-876.65	0.20	0.0066	30.15	0.000	0.9952	909.10	0.0000
生活用品及服务	227.01	0.03	0.0021	15.45	0.000	0.9068	238.78	0.0001
医疗保健	-500.14	0.06	0.0022	28.18	0.000	0.9907	793.87	0.0000
交通通讯	786.47	0.07	0.0060	11.94	0.000	0.9667	142.53	0.0003
文教娱乐	-170.10	0.08	0.0048	16.56	0.000	0.9859	274.35	0.0001
其他用品及服务	142.86	0.01	0.0012	10.82	0.000	0.9717	117.16	0.0004

表4-11a 1998~2012年中部地区居民消费结构
——基于ELES模型的估计结果

消费类别	α_i	β_i	Robust Std. Err.	t_β	P值	R^2	F统计量	Prob > F
食品	409.85	0.23	0.0064	36.22	0.000	0.9966	1312.05	0.0000
衣着	-13.40	0.07	0.0007	107.79	0.000	0.9987	11619.08	0.0000
居住	27.69	0.09	0.0023	37.55	0.000	0.9947	1410.36	0.0000
生活用品及服务	-13.82	0.05	0.0022	21.31	0.000	0.9892	454.06	0.0002
医疗保健	-54.86	0.06	0.0015	39.10	0.000	0.9968	1528.56	0.0000
交通通讯	-131.74	0.09	0.0019	46.00	0.000	0.9942	2115.78	0.0000
文教娱乐	87.33	0.07	0.0024	27.72	0.000	0.9853	768.27	0.0001
其他用品及服务	13.54	0.02	0.0014	14.46	0.001	0.9795	209.14	0.0007

表4-11b 2013~2019年中部地区居民消费结构
——基于ELES模型的估计结果

消费类别	α_i	β_i	Robust Std. Err.	t_β	P值	R^2	F统计量	Prob > F
食品	1164.98	0.15	0.0053	28.74	0.000	0.9931	825.80	0.0000
衣着	478.16	0.03	0.0013	22.48	0.000	0.9845	505.13	0.0000
居住	-772.19	0.19	0.0094	20.05	0.000	0.9905	402.19	0.0000
生活用品及服务	-7.76	0.05	0.0017	26.24	0.000	0.9933	688.59	0.0000
医疗保健	-703.05	0.09	0.0051	18.43	0.000	0.9918	339.62	0.0001
交通通讯	-362.75	0.10	0.0054	19.08	0.000	0.9840	363.96	0.0000
文教娱乐	-349.98	0.10	0.0027	37.90	0.000	0.9956	1436.30	0.0000
其他用品及服务	47.46	0.01	0.0005	24.89	0.000	0.9839	619.37	0.0000

表 4-12a　　　　1998~2012 年西部地区居民消费结构
　　　　　　　——基于 ELES 模型的估计结果

消费类别	α_i	β_i	Robust Std. Err.	t_β	P 值	R^2	F 统计量	Prob > F
食品	433.45	0.23	0.0061	36.68	0.000	0.9963	1345.79	0.0000
衣着	29.90	0.08	0.0026	31.63	0.000	0.9961	1000.26	0.0001
居住	86.79	0.08	0.0098	7.64	0.005	0.9400	58.31	0.0047
生活用品及服务	-5.32	0.04	0.0031	12.61	0.001	0.9727	159.11	0.0011
医疗保健	-27.49	0.07	0.0042	16.72	0.000	0.9817	279.65	0.0005
交通通讯	-178.61	0.10	0.0025	39.29	0.000	0.9949	1543.96	0.0000
文教娱乐	70.87	0.07	0.0041	17.44	0.000	0.9826	304.11	0.0004
其他用品及服务	3.78	0.03	0.0008	35.56	0.000	0.9967	1264.66	0.0000

表 4-12b　　　　2013~2019 年西部地区居民消费结构
　　　　　　　——基于 ELES 模型的估计结果

消费类别	α_i	β_i	Robust Std. Err.	t_β	P 值	R^2	F 统计量	Prob > F
食品	1578.95	0.15	0.0082	18.77	0.000	0.9879	352.15	0.0000
衣着	508.71	0.03	0.0021	12.91	0.000	0.9820	166.72	0.0002
居住	-33.25	0.15	0.0048	30.72	0.000	0.9911	943.52	0.0000
生活用品及服务	129.89	0.04	0.0032	12.89	0.000	0.9817	166.10	0.0002
医疗保健	-618.35	0.10	0.0035	27.38	0.000	0.9949	749.67	0.0000
交通通讯	-427.51	0.12	0.0057	21.48	0.000	0.9915	461.57	0.0000
文教娱乐	-101.73	0.09	0.0033	26.15	0.000	0.9939	683.71	0.0000
其他用品及服务	-44.58	0.02	0.0005	36.96	0.000	0.9946	1366.04	0.0000

表4－13a 1998～2012年东北地区居民消费结构
——基于ELES模型的估计结果

消费类别	α_i	β_i	Robust Std. Err.	t_β	P值	R^2	F统计量	Prob > F
食品	433.45	0.23	0.0061	36.68	0.000	0.9963	1345.79	0.0000
衣着	29.90	0.08	0.0026	31.63	0.000	0.9961	1000.26	0.0001
居住	86.79	0.08	0.0098	7.64	0.005	0.9400	58.31	0.0047
生活用品及服务	－5.32	0.04	0.0031	12.61	0.001	0.9727	159.11	0.0011
医疗保健	－27.49	0.07	0.0042	16.72	0.000	0.9817	279.65	0.0005
交通通讯	－178.61	0.10	0.0025	39.29	0.000	0.9949	1543.96	0.0000
文教娱乐	70.87	0.07	0.0041	17.44	0.000	0.9826	304.11	0.0004
其他用品及服务	3.78	0.03	0.0008	5.56	0.000	0.9967	1264.66	0.0000

表4－13b 2013～2019年东北地区居民消费结构
——基于ELES模型的估计结果

消费类别	α_i	β_i	Robust Std. Err.	t_β	P值	R^2	F统计量	Prob > F
食品	701.13	0.17	0.0108	15.59	0.000	0.9776	243.07	0.0001
衣着	1017.18	0.02	0.0062	3.03	0.039	0.6619	9.18	0.0388
居住	595.429	0.11	0.0129	8.88	0.001	0.9373	78.86	0.0009
生活用品及服务	72.25	0.04	0.0050	7.39	0.002	0.9349	54.58	0.0018
医疗保健	－1188.34	0.13	0.0034	38.00	0.000	0.9906	1443.96	0.0000
交通通讯	－328.19	0.11	0.0269	4.19	0.014	0.8085	17.56	0.0138
文教娱乐	－955.65	0.13	0.0048	27.14	0.000	0.9899	736.84	0.0000
其他用品及服务	－189.70	0.03	0.0025	11.90	0.000	0.9747	141.59	0.0003

表4-14　　1998~2019年四大区域居民消费结构中各类别的边际消费倾向

类别	1998~2012年				2013~2019年			
	东部	中部	西部	东北	东部	中部	西部	东北
食品	0.22	0.23	0.23	0.23	0.13	0.15	0.15	0.17
衣着	0.06	0.07	0.08	0.08	0.02	0.03	0.03	0.02
居住	0.07	0.09	0.08	0.08	0.20	0.19	0.15	0.11
生活用品及服务	0.04	0.05	0.04	0.04	0.03	0.05	0.04	0.04
医疗保健	0.04	0.06	0.07	0.07	0.06	0.09	0.10	0.13
交通通讯	0.12	0.09	0.10	0.10	0.07	0.10	0.12	0.11
文教娱乐	0.08	0.07	0.07	0.07	0.08	0.10	0.09	0.13
其他用品及服务	0.02	0.02	0.03	0.03	0.01	0.01	0.02	0.03
总和	0.65	0.68	0.70	0.70	0.60	0.72	0.70	0.74

统计结果显示，各区域居民消费八大类的支出在5%的显著性水平下均较为显著，t_β值和F统计量均通过检验，拟合优度R^2不在0.94及以上的类别分别为东部地区的生活用品及服务消费（2013~2019年），东北地区的居住（2013~2019年）、衣着（2013~2019年）、生活用品及服务（2013~2019年）和交通通讯（2013~2019年）。总体上来说，拟合程度较为良好，模型整体显著，多项消费类别的拟合优度甚至高达0.99以上，基本上与居民可支配收入之间显著相关。东部地区生活用品及服务消费支出在2013年以后与可支配收入关系不够显著的主要原因在于东部地区整体发展水平较高，新常态后更是经济高速发展，率先进入消费结构升级，对生活用品及服务的需求已经基本饱和。东北地区的居住、衣着生活用品及服务和交通通讯均不显著，说明东部地区居民将可支配收入更多地分配到除这几项以外的消费支出上。

二、区域居民消费支出的边际消费倾向（MPC）

根据表4-14可以看出，1998~2012年间东部地区居民新增可支配收入用于消费的部分为65%，即每增加1单位的收入便会将0.65的比例用于消费。这一总和消费倾向的比重在四个区域中最低，中部地区总和消费倾向高出东部地区3个百分点。西部地区和东北地区的边际消费倾向相同，均为70%。2013~2019年，东部地区消费倾向较前一时间段进一步下降到60%，仍然为四大区域最低。中部地区总和消费倾向较前一时期上升了4个百分点。西部地区总和消费倾向与前一时间段保持相同。东北地区总和消费倾向上升至74%，较前一时间段增长4个百分点，处于四个区域中最高的水平。

具体消费类别来看，东部地区食品消费支出的边际消费倾向从1998~2013年的22%下降到2013~2019年的13%，衣着消费从6%下降到2%。越来越高的住房成本使得东部地区居住类边际消费倾向在所有类别中增幅最为显著，从7%陡然上升到20%，居住类支出的边际消费倾向开始高于食品的边际消费倾向。生活用品及服务消费由于耐用消费品和其他日用品已经从增量转化为存量，开始从4%下降到3%。由于东部地区的社会保障体系建设较其他地区较为健全，教育发展水平较其他地区较为先进。因此，东部地区居民医疗保健支出的边际消费倾向仅上升2个百分点。教育文化娱乐支出前后两个阶段基本持平，均为8%。交通通信支出受通信成本下降的影响边际消费倾向下降5个百分点。

中部地区总和消费倾向在1998~2019年这一时间段内小幅上升。食品支出的边际消费倾向从23%下降到15%，衣着支出从7%下降到3%。食品和衣着支出边际消费倾向的下降代表着中部地区居民消费的升级趋势。生活用品及服务支出保持持平，始终为5%，说明中部地区的耐用消费品及其他日用品仍保持增量水平。居住消费支出的边际消费倾向从9%上升到19%，增幅虽低于东部地区居住数据，但也超越了食品消费倾向，成为中部地区居民消费倾向中最高的部分。此外，中部地区医疗保健、交通通信和教育文化娱乐支出的边际消费倾向均呈现上升趋势，分别上涨3个、1个、3个百分点，享受型消费逐渐上升。

西部地区总和消费倾向在1998~2019年间保持持平，均为70%。食品支出的边际消费从23%下降到15%，衣着支出从8%下降到3%。生活用品及服务支出仍处在增量阶段，边际消费倾向始终保持在4%的水平。居住支出的边际消费倾向上涨7个百分点，增速明显低于东部和中部地区。西部地区医疗保健、交通通信和教育文化娱乐支出的边际消费倾向均呈现上升趋势，分别上涨3个、2个、2个百分点，享受型消费也呈现上升趋势。

东北地区总和消费倾向在所有区域中增幅与中部地区一致，均增长4个百分点，但总和消费倾向始终是四个区域中最高的地区，即与边际储蓄倾向相比，东北地区的边际消费倾向最高。食品支出的边际消费倾向从23%下降到17%，仅下降6个百分点，在所有区域中降幅最小。衣着支出的边际消费倾向下降6个百分点，在四个区域中降幅最大。生活用品及服务支出的边际消费倾向保持不变，始终为4个百分点，耐用品和日用品支出处在增量阶段。居住支出的边际消费倾向上升3个百分点，是所有区域中居住支出增长最少的地区。东北地区医疗保健和教育文化娱乐支出的边际消费倾向均从7%增加到13%，上涨了6个百分点，这两类消费支出在所有区域中均增幅最快。交通通信的边际消费倾向仅上涨1个百分点。消费结构升级趋势较为明显。

三、区域居民需求收入弹性比较

根据1998～2019年东部、中部、西部、东北四个地区内所属各省市、自治区、直辖市的人口数据、可支配收入数据和八大类具体消费支出数据进行加权计算,再结合以上各类消费支出的边际消费倾向,代入需求的收入弹性公式,计算得出各区域居民各类消费需求的收入弹性。收入弹性公式如下:

$$\eta_i = \frac{\partial V_i}{\partial Y} \cdot \frac{Y}{V_i} = \beta_i \cdot \frac{Y}{V_i} \quad (4.4)$$

其中,Y 为各区域内所有省市、自治区、直辖市通过人口和收入加权计算得出的各区域总体人均可支配收入,V_i 为第 i 类商品或服务的需求量,即对第 i 类商品或服务的支出,β_i 为 ELES 模型下运用 STATA14.0 软件估计得出的第 i 种商品或服务的边际消费倾向。计算得出各区域居民消费需求的收入弹性如表4-15所示。所有弹性系数均为正数,表明收入的变动对各类消费的影响均为正。

表4-15　　　　1998～2019年四大区域居民消费需求的收入弹性

类别	1998～2012年				2013～2019年			
	东部	中部	西部	东北	东部	中部	西部	东北
食品	0.82	0.59	0.70	0.82	0.65	0.72	0.64	0.86
衣着	1.01	0.75	1.08	0.91	0.47	0.57	0.56	0.32
居住	0.88	0.74	0.91	0.93	1.16	1.24	1.04	0.78
生活用品及服务	0.87	0.83	0.84	1.04	0.75	1.11	0.84	1.01
医疗保健	0.46	0.92	1.37	1.06	0.93	1.49	1.54	1.63
交通通讯	1.28	0.99	1.27	1.30	0.73	1.17	1.19	1.12
文教娱乐	0.91	0.67	0.87	0.88	1.08	1.17	1.09	1.45

（一）1998～2012年区域居民需求收入弹性

1998～2012年，受居民收入水平的发展阶段影响，东部地区居民需求收入弹性大于1的类别为衣着消费和交通通信消费，说明这一时期收入的变动对这两项消费类别的影响最为明显，其中，交通通讯支出弹性系数最高，东部地区居民用于各种交通工具和通讯工具的购买、维修、使用等支出受收入影响最大。中部地区居民所有消费支出类别的收入弹性均小于1，说明这一阶段中部地区居民绝大部分的消费品支出均属于普通消费。西部地区居民衣着消费、医疗保健和交通通讯消费需求的收入弹性大于1，为高档消费。东北地区居民的高档消费类别为交通通信、医疗保健和生活用品及服务。

（二）2013～2019年区域居民需求收入弹性

2013～2019年，居民收入水平提高，消费结构出现明显升级。东部地区居民消费的收入弹性系数大于1的消费类别变化为居住和教育文化娱乐，收入变动对这两项消费支出的影响提升最快且最显著。其他类别中，食品、衣着生活用品及服务、交通通讯的需求收入弹性均呈现下降趋势，按照降幅高低分别为交通通信类下降55%，衣着类下降54%，食品类下降7%和生活用品及服务类下降12%。中部地区除衣着消费需求的收入弹性从0.75下降到0.57以外，其他消费支出的收入弹性均呈现出上涨趋势，其中，居住、生活用品及服务、医疗保健、交通通讯、文教娱乐均从普通消费转变为高档消费。按照涨幅高低排序分别为医疗保健类57%，居住类和教育文化娱乐类增长50%，生活用品及服务类28%，交通通信类18%和食品类13%。西部地区食品、衣着和交通通信的收入弹性呈现下降趋势。生活用品及服务的收入弹性保持不变。居住、医疗保健和文教娱乐的收入弹性均呈现上升趋势，收入弹性均大于1，表现为高档消费。其中，教育文化娱乐类消费的需求收入弹性增幅最大，增长了22个百分点，其次分别为医疗保健类17个百分点和居住类13个百分点。享受消费增幅显著，消费升级趋势明显。东北地区除食品、衣着和居住外的所有消费支出的收入弹性均大于一，说明东部地区居民发展和享受类消费支出的增长速度要高于这一时期居民的收入增长速度。收入弹性从高到低表现为医疗保健、教育文化娱乐、交通通讯、生活用品及服务，反映了东北地区居民可支配收入发生变动后消费支出反应程度的高低。

基于1998～2019年中国大陆31个省级行政区域的面板数据，运用ELES模型，对东部、中部、西部和东北四大区域居民消费结构变迁进行实证分析。结果显示，随着国家区域协调发展战略下各项政策的持续推进，四大区域居民的消费水平和消费结构随之发生变动，四大区域居民的人均可支配收入不断上升，居民家庭消费支出快速增长，消费种类总量持续扩展、品质逐步提升，居民消费的升级趋势逐渐增强。其中，区域居民收入发展表现为中部地区居民人均收入增长速度最快，与东部的比例显著上升。西部地区收入增速与东北地区相近，与东部地区之间的比例则与中部地区相近。东北地区与东部地区的差距则在波动中缓慢扩大。1998～2019年，四大区域间居民收入差距在经历快速扩大后开始向逐渐缩小发生转变，收入增长水平向着较为均衡的方向发展。2019年，中部、西部和东北地区三者间的居民可支配收入最终趋于近似，形成了明显的"东部—中、西、东北地区"的东部增长极现象；从区域居民消费支出的演变趋势来看，四大区域人均总消费支出始终呈现出"东部—中部、西部—东北"的总量水平差异，而人均各项消费支出的增速则呈现出"中部—东部—西部、东北"的增速水平差异，消费水平之间的差距也随着收入水平的变动由扩大转为缩小。从消费支出结构、边际消费倾向和需求收入弹性的变动来看，四大区域居民的消费结构升级趋势是：东部地区居民消费结构最优，在促进区域均衡发展中发挥了优先发展的增长极作用，但该区域居民的边际消费倾向最低，消费品类以服务类为主，注重服务类消费的品质提升。随着中部、西部和东北地区收入和消费的发展水平逐渐趋同，与东部地区的差距也在进一步缩小。中部居民上升增加明显，消费升级趋势最为显著，发展享受型需求增速较快，消费品类从实物向服务类扩展。西部地区其次，东北地区则逐渐下降，西部和东北居民的消费结构升级速度低于东部和中部，消费品质提升仍以实物类为主，在一定程度上向服务类扩展，消费潜力有待进一步挖掘。

总的来看，在经济高速发展期，各区域间居民的生活水平差距一直表现出不断扩大的趋势。但在进入高质量发展期之后，随着消费政策的不断优化和整体居民生活水平的改善，有力地促进了全体中国人民的共同富裕（见表4-16）。因此，必须在全国统一大市场框架下推动区域协调发展，优化区域经济布局，发挥各区域比较优势，努力实现差异竞争、错位发展，持续释放区域协调发展的巨大消费潜力。始终坚持实施区域重大战略、区域协调发展战略，"全国一盘棋"地增强发展的整体性、协调性，充分释放消费潜在势能。

习近平指出："共同富裕是一个长远目标，需要一个过程，不可能一蹴而就，对其长期性、艰巨性、复杂性要有充分估计，办好这件事，等不得，也急不得。"[1] 相关部门除切实提高不同地区居民的收入水平外，更要积极拓展新型消费业态和模式，提高消费水平和增加高层次消费。对于东部地区，在保持其消费水平和消费结构最优发展的基础上，进一步激发消费活力，充分带动其他区域消费发展和升级。同时，合理引导消费发展趋向，注重服务类消费的品质提升。对于中部地区，应切实提高中部地区居民收入水平，优化消费供给结构，实现中部地区居民消费结构进一步升级和经济持续稳健发展。对于西部和东北地区，则需要坚持供给侧结构性改革，稳定食品、衣着和住房消费等生存性消费产

---

[1] 习近平谈治国理政：第4卷 [M]. 北京：外文出版社，2022：143.

表4-16　1998~2019年全国不同区域居民消费结构

单位：元

年份	食品烟酒 东	食品烟酒 中	食品烟酒 西	食品烟酒 东北	衣着 东	衣着 中	衣着 西	衣着 东北	居住 东	居住 中	居住 西	居住 东北	生活用品及服务 东	生活用品及服务 中	生活用品及服务 西	生活用品及服务 东北
1998	1611.7	1047.1	1249.5	1284.0	282.9	176.9	237.9	364.1	407.0	250.0	268.2	280.0	291.4	119.6	181.9	160.2
2000	1678.1	1049.2	1043.3	1199.7	302.7	199.4	186.2	336.6	496.9	298.3	271.5	326.8	336.6	155.4	157.5	164.1
2005	2537.9	1590.3	1576.8	1819.2	544.9	374.5	321.8	530.7	776.8	440.8	413.1	607.1	383.0	198.0	192.7	198.6
2008	3627.0	2372.6	2343.3	2710.2	809.5	557.5	515.9	813.7	1165.0	772.1	648.5	960.9	569.1	351.9	305.0	345.2
2012	5404.4	3553.1	3647.7	3989.1	1356.1	980.5	978.3	1381.0	1586.2	1200.1	1043.4	1200.5	964.9	650.2	605.3	645.2
2014	5571.6	3726.6	3887.1	3943.1	1260.4	983.1	908.9	1350.8	4410.4	2499.0	2256.1	2941.8	1092.7	770.1	752.0	774.7
2015	5941.0	4019.7	4198.3	4160.8	1330.2	1047.0	975.7	1389.3	4741.0	2647.0	2434.1	2978.9	1168.1	817.5	811.0	826.6
2016	6367.0	4300.0	4453.2	4571.2	1368.2	1066.6	1021.7	1475.1	5190.4	2976.9	2660.8	3096.3	1288.0	893.1	879.7	929.8
2017	6624.0	4485.7	4664.3	4753.8	1394.6	1112.6	1053.0	1517.0	5731.3	3318.4	2835.3	3214.2	1231.8	968.8	947.8	948.1
2018	6911.2	4772.8	4855.4	4998.8	1438.0	1194.0	1109.9	1492.9	6445.1	3805.9	3220.7	3605.4	1471.3	1088.3	1054.2	1039.7
2019	7445.4	5194.7	5288.9	5228.7	1490.1	1264.7	1149.6	1489.8	7046.1	4138.7	3502.0	3768.1	1546.2	1168.4	1082.6	1044.2

扩大消费政策下的区域消费发展（1998~2019年） 第四章

续表

年份	交通通讯 东	交通通讯 中	交通通讯 西	交通通讯 东北	教育文化娱乐 东	教育文化娱乐 中	教育文化娱乐 西	教育文化娱乐 东北	医疗保健 东	医疗保健 中	医疗保健 西	医疗保健 东北	其他用品及服务 东	其他用品及服务 中	其他用品及服务 西	其他用品及服务 东北
1998	212.4	80.9	123.2	134.1	394.0	230.1	278.1	263.1	154.6	81.1	109.5	156.3	134.7	61.9	97.1	96.7
2000	357.0	138.2	135.9	201.0	503.4	280.7	276.4	328.9	235.6	116.4	128.4	232.5	200.5	97.3	96.8	121.7
2005	951.2	367.3	378.7	506.8	956.0	481.4	473.8	589.5	478.6	260.7	268.4	482.2	222.5	107.3	105.2	182.7
2008	1320.7	549.1	576.3	759.8	1186.7	588.4	523.6	766.8	615.4	416.2	377.5	655.6	333.3	170.8	158.6	290.0
2012	2368.5	1085.8	1162.3	1408.7	1840.9	980.6	880.7	1174.6	909.3	726.8	662.5	1058.8	568.7	303.3	312.9	463.8
2014	2564.4	1321.4	1453.1	1745.0	1868.2	1355.6	1213.0	1614.0	1169.2	918.7	892.6	1372.7	479.5	280.1	246.3	411.0
2015	2817.3	1535.1	1632.8	1952.0	2078.4	1539.9	1385.1	1744.8	1297.1	1007.3	1014.8	1542.7	522.6	301.5	277.1	418.4
2016	3094.5	1770.3	1814.5	2368.5	2297.2	1720.2	1534.3	2023.3	1420.5	1153.7	1157.1	1778.7	543.4	308.3	295.9	454.7
2017	3220.5	1852.9	2095.1	2556.4	2476.0	1912.4	1676.4	2161.3	1564.1	1313.7	1295.7	1881.9	582.3	343.8	334.7	521.3
2018	3353.6	2093.7	2305.2	2577.6	2620.7	2054.5	1798.3	2343.6	1823.0	1517.9	1501.4	2188.3	599.5	376.4	375.4	570.8
2019	3584.6	2284.7	2472.4	2581.6	3001.8	2314.6	1989.3	2638.1	2016.2	1766.6	1730.1	2377.3	672.4	400.5	405.8	624.4

资料来源：根据1998~2019年《中国统计年鉴》、各省份《统计年鉴》、《中国人口和就业统计年鉴》中东部、中部、西部、东北地区中各省份的相关数据，以该区域人口总数为权数进行整理。

品价格，加快提升供给体系对高品质需求的适配能力和对潜在需求的引导能力。最终，实质缩小区域间消费水平差距，加快促进区域间消费水平和结构升级趋势的趋同，有效解决人民日益增长的美好生活需要和不平衡不充分的发展之间的矛盾，真正实现共同富裕目标。

第五章

总结与建议

第一节 总 结

一、扩大消费的总体成效

自1998年扩大消费这一概念提出至今，消费在经济中的地位已经从轻到重发展到了一个前所未有的新高度。消费水平和消费结构不仅关系着中国14亿多居民的生活水平，也影响着国民经济的持续健康发展。当前，中国处于深化改革开放、加快转变经济发展方式的攻坚时期，迈入全面建设社会主义现代化国家的新征程。过去以生产主导型为重点的经济发展方式已不能再与新时期的经济形势相适应。中国经济增长总体上以消费为主导的局面已经形成，中国消费进入新一轮升级期。尽管中国的消费在水平和结构上与发达国家相比仍然存在相对差距，但扩大消费政策实行之后，消费无论是在整体上，还是在城乡、区域的划分上，均已取得质的提高。

（一）消费增速放缓但总量持续增加

扩大消费政策提出以来，中国消费发展增速放缓但总量实现质的提升，居民消费水平发生质变。国民经济的连年高速发展带动了全国居民可支配收入的巨大飞跃。2021年，全国居民人均可支配收入35128元，扣除价格因素实际增长8.1%，快于同期人均GDP增速，居民收入增速与国家经济增速基本同步。与1998年人均可支配收入的3254.1元相比增加了9.8倍。人均消费支出24100元，扣除价格因素，实际增长12.6%。居民可支配收入与消费支出的年均增速均高于同期人均GDP年均增速。可支配收入的增长为消费总额的增长提供强力支撑。1998年，全国居民消费水平仅为2973元，2020年已经上涨到27438元[1]，增长了8.3倍。

中国目前总人口已突破14亿，中等收入群体[2]突破4亿人，约1.4亿个家庭，这使中国拥有世界上最大规模的国内市场和最强劲的消费潜力。2021年，中国消费总量不断突破历史新高，社会消费品零售总额全年社会消费品零售总额44.1万亿元，比上年增长12.5%[3]。扩大消费20余年来，中国社会消费品零售总额已经实现了一个质的飞跃（见图5-1）。尽管中国消费增长持续放缓，但在庞大的消费总量的支撑下，2021年中国消费的增量仍远超2008年时（经济增速水平高达

---

[1] 资料来源：1998、2020年《中国统计年鉴》。其中，居民消费水平是指依据国民经济核算原则，用GDP支出法中的居民消费除以平均常住人口数计算得出的人均居民消费支出（居民最终消费支出/年末总人口数）。而统计年鉴中全国居民人均收支情况中的人均消费支出是指依据住户调查得出的居民用于满足家庭日常生活消费需要的八大类支出。二者区别在于居民消费水平对部分消费项目按照投入产出表的相应比例进行测算，调整进消费支出中。补充计算了住户调查中不包含的居民金融中介服务和保险服务消费支出。此外，两者对居民自有住房的估算方法不同。

[2] 据国家统计局定义，中等收入群体为以中国典型三口之家，家庭年收入在10万~50万元之间，有购车、购房、闲暇旅游能力的群体。

[3] 国家统计局．董礼华：消费市场总体持续恢复 消费结构优化升级［EB/OL］．（2022-1-18）［2022-2-23］．http://www.stats.gov.cn/xxgk/jd/sjjd2020/202201/t20220118_1826607.html．

20%）的消费增量水平。中国消费稳步增长和潜力释放的趋势不会发生改变。

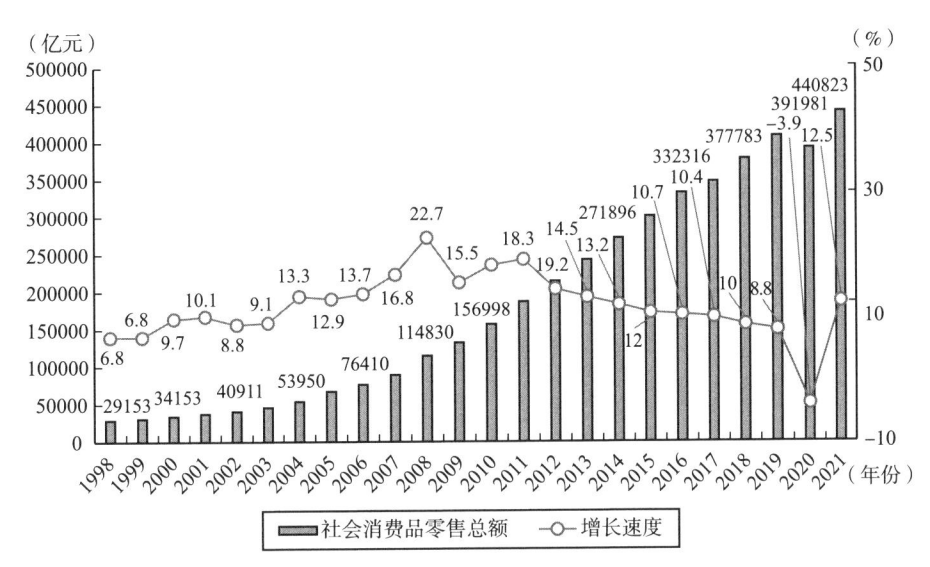

图 5-1 1998~2021 年中国社会消费品零售总额（亿元）及其增长速度（%）

资料来源：根据中华人民共和国国家统计局 1998~2021 年《中国统计年鉴》整理得出。其中，2011~2014 年数据根据第三次经济普查结果进行修订，与前期统计年鉴数据相比发生变动，本图中采用最新数据。

（二）消费结构从基本生活消费向发展享受型消费升级

扩大消费政策提出以来，居民消费结构①经历了从传统的基本生活消费快速向发展型和享受型消费升级转移的过程。根据罗斯托对经济增长的阶段理论，当人均收入上升到一个较高水平，使大多数人能够获得超过基本食物、住房和穿着的消费时，社会不再将现代技术的进一步扩展作为压倒一切的目标，而是通过政治秩序将更多的资源用于社会福利

---

① 若无特别说明，本章消费结构数据中 1998 年数据根据当年城镇和农村人口数、单项消费支出、总消费支出计算得出，2021 年数据根据《中华人民共和国 2021 年国民经济和社会发展统计公报》得出。

和社会保障。消费者主权占据优势地位，资源越来越倾向于引导到汽车等耐用消费品的生产和大众化服务的普及。这一阶段可以被称为大众高消费时代[1]。

从居民食品消费的变动情况来看。全国居民人均食品消费支出从1998年的1177元提高到2021年的7178元，增长了5.1倍。据联合国粮农组织提出的划分标准，恩格尔系数（即人均食品烟酒消费支出占消费支出比重）在59%以上为贫困，50%～59%为温饱，40%～50%为小康，30%～40%为富裕，低于30%为最富裕。通过城乡人口及消费数据计算得出1998～2021年中国恩格尔系数变动趋势，1998年扩大消费政策提出之时，中国居民恩格尔系数为48.6%，刚刚从温饱进入小康区间。2004年前后从小康进入相对富裕区间。2017年，中国恩格尔系数降低到29.3%，首次低于30%，进入富足区间。2020年，受新冠疫情影响，恩格尔系数一度回升到30.2%。2021年，恩格尔系数进一步降低到29.8%，降回最富裕阶段，全国居民生活水平大幅度提高（见图5-2）。根据《全国人民小康生活水平的基本标准》中小康实现程度计算公式：小康实现程度=（即期值-1980年值）/（小康值-1980年值）×100%来对中国小康的建设进程进行测算，以1980年的指标作为温饱生活阶段的初始值（或下限值），1990年全国小康生活水平实现程度达到48.3%，1998年为90.6%[2]。2000年，小康实现程度达到了95.6%[3]，基本达到温饱生活阶段的上限值，也是小康生活阶段的初始值（或下限值），全国居民生活实现了从温饱到总体小康的历史性跨越。此后20年间，居民生活水平进一步获得了重大提高，从"总体达

---

[1] W·W·罗斯托. 经济增长的阶段：非共产党宣言[M]. 郭熙保，王松茂译. 北京：中国社会科学出版社，2001：11.
[2] 程晞. 小康的评价标准及实现程度[J]. 科技术语研究，2002（4）.
[3] 国家统计局. 系列报告之四：城乡居民生活从贫困向全面小康迈进[EB/OL]. (2009-9-10) [2022-2-23]. http://www.stats.gov.cn/ztjc/ztfx/qzxzgcl60zn/200909/t20090910_68636.html.

到小康水平"发展到"全面建成小康社会"。

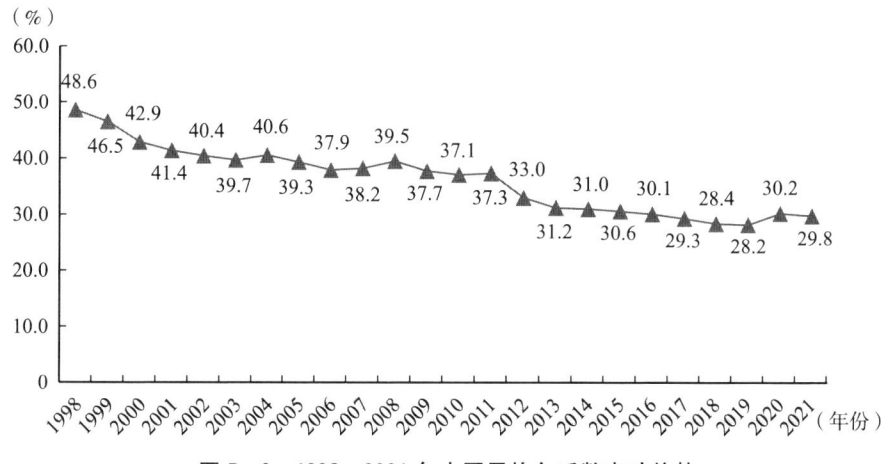

图 5-2　1998~2021 年中国恩格尔系数变动趋势

资料来源：1998~2011年中国恩格尔系数的数据是根据1998~2011年《中国统计年鉴》中城乡人口、城乡人均总消费支出和城乡人均食品消费支出数据计算得出。具体计算公式为：全国恩格尔系数 = 全国人均食品消费支出/全国人均总消费支出 = （城市人口数 × 城市人均食品消费支出 + 农村人口数 × 农村人均食品消费支出）/（城市人口数 × 城市人均总消费支出 + 农村人口数 × 农村人均总消费支出）。2012~2021年中国恩格尔系数的数据则为根据国家统计局公布的官方数据进行汇总。

　　从居民食物消费内部来看，人均粮食的消费量下降，肉蛋奶等食品的人均消费量则显著增加，饮食消费结构优化。随着国民经济的快速发展和居民温饱问题的基本解决，用以维持人们基本生存需求的口粮的收入需求弹性开始下降，而代表生活质量提高的动植物食品的收入需求弹性则开始上升，突出表现在间接粮食消费在总粮食消费中的比重显著上升。食品消费结构是指一个国家或地区居民总膳食的主要食品种类及数量，主要衡量指标包括蛋白质、脂肪等营养摄入比重，动物性食品比重和谷物食品比重等。因此，居民各类食品摄入的数量变化可以动态考察其食品消费结构的升级情况。随着居民收入水平的不断提高，中国城乡居民的动物性食品消费均持续增加，膳食营养结构不断完善。

从衣着消费来看，全国居民衣着消费支出从1998年的214.4元增长到2021年的1419元，增长了5.6倍。虽然衣着消费支出总量上取得了绝对增长，但占比却处于持续下降趋势，从1998年的8.8%下降到2021年的5.9%。全国居民生存类消费在总消费支出中的总比重显著下降。改革开放以前的居民衣着状态被总结为"新三年、旧三年、缝缝补补又三年"，衣着消费主要为购买衣料以自行制作服装，落后的经济水平使得衣服在兄弟姐妹间的"继承"使用成为常态。改革开放后，人们生活水平提高，居民衣着功能发生改变，从保暖的基础功能为主转变为美观的附加功能为主，消费方式从量体裁衣为主转变为商场或线上购买为主。随着对质量和款式的重视程度提高，名牌化、时尚化和个性化成为居民衣着消费的最新趋势。

从居住消费来看，20余年间全国居民人均居住消费支出从290.9元增长到5641元，增长了18.4倍。居住消费支出在总消费支出中的占比则从12.0%提高到23.4%，在所有消费支出项目中占比提高最多。1998年，住房制度改革使得居民的居住支出激增。20余年来，国家不断推进住房体系建设，解决城乡居民住房困难问题，努力实现全民住有所居。目前，中国已建成世界最大的以公租房、保障性租赁住房和共有产权住房为主体的住房保障体系，努力建成多主体供给、多渠道保障和租购并举的住房制度，全国累计建设各类保障性住房和棚改安置住房8000多万套，帮助2亿多困难居民实现对住房条件的改善[1]。

虽然居住消费支出增长势头强劲，但以吃、穿、住为内容的生存型消费占比总体上处于下降的趋势。与此同时，居民发展和享受型消费支出直线上升。生活节奏不断加快后，城乡内部和城乡之间相互的交流和

---

[1] 中国政府网. 住房和城乡建设部：增加保障性住房供给努力实现全体人民住有所居[EB/OL]. (2021-8-31)[2022-2-25]. http://www.gov.cn/xinwen/2021-08/31/content_5634550.htm.

沟通增加，人们开始追求更加方便快捷的现代化交通方式，交通消费在消费支出中开始占据重要地位。1998年，全国居民人均交通通讯支出120.4元，到2021年时已增加到3156元，增长了25.2倍，是所有消费支出中增长率最快的项目，其在总消费支出中的占比也从5.0%上升到13.1%，占比的增加额在所有消费支出项目中仅次于居民居住消费。物质生活水平提高后，对精神文化生活和身体健康的重视程度也快速增加，人均教育文化娱乐支出从262.8元增长到2599元，人均医疗保健支出从109.8元增长到2115元，分别增长8.9倍和18.3倍，在总消费支出中的占比分别上涨0.9个百分点和4.3个百分点。20余年间，所有发展型和享受型消费支出项目的占比均呈现增长趋势。

2021年，中国GDP超过114万亿元，人均GDP实现了8万元人民币（约1.27万美元）的历史性突破[1]，人均国民生产总值与美国20世纪70年代末期、日本20世纪80年代、韩国20世纪90年代的水平基本相当。收入规模的增长带来消费能力的提高和消费结构的升级。根据一般经济规律，这一经济发展阶段各国的消费均呈现出需求爆发式增长和服务业占比近半的特征，居民消费升级会带动服务业和消费较快增长。在食物消费比重减少的同时，服务性消费支出[2]在居民人均消费支出中逐渐占据半壁江山，最高曾达到45.9的比重，增速快于商品类消费[3]。消费向服务性商品倾斜推动服务业发展迅速，满足生产生活需求的能力不断提高。服务业增加值占国内生产总值比重达54.3%[4]，成为经济增长主要拉动力。卫生、体育、文化、旅游、餐饮等发展享受型消费均增速醒目。全国居民人均团体旅游、景点门票、体育健身活动、电影话剧

---

[1] 国家统计局. 中华人民共和国2021年国民经济和社会发展统计公报［R］. 2022-2-28.
[2] 服务性消费支出是指调查户用于本家庭生活方面的各种非商品性服务费用。
[3] 国家统计局. 宁吉喆：对冲克服新冠肺炎疫情影响 巩固发展经济长期向好趋势［EB/OL］.（2020-4-14）［2022-2-25］. http://www.stats.gov.cn/ztjc/zthd/lhfw/2021/lh_hgjj/202102/t20210219_1813620.html.
[4] 宁吉喆. 以经济发展新成效确保开好局起好步［N］. 人民日报, 2021-1-4（9）.

演出票、家政服务支出的增长率均远高于居民在食品烟酒、衣着等基本需求消费支出的增长速度。生存消费和服务性消费比重的此消彼长,代表着中国居民消费从生存型消费(食品、衣着等)向发展型、服务型和享受型(医疗、保健、通信等)进行良性转化,居民消费逐步合理化,消费结构不断升级。此外,居民耐用消费品拥有量继续增加且升级换代,不断向现代化、高档化方向发展。2021年,居民住房和车辆拥有率提升,全国每百户居民拥有量中家用汽车41.8辆,空调131.2台,洗衣机98.7台,电冰箱103.9台,移动电话259.1台[1],较上年均保持增长态势,且农村居民耐用品升级换代趋势要强于城镇。

消费结构的快速升级与消费思想的不断变化相互作用,使个性化、多样化、高质化的消费需求渐成中国现阶段的消费主流。以"老三大件(手表、自行车、缝纫机)""新三大件(彩电、冰箱、洗衣机)"和"新新三大件(汽车、电脑、手机)"为特点的模仿型排浪式消费已经基本结束。中国消费的阶段性特征已经从解决温饱问题的以"吃穿用"为代表的非耐用品时代,历经强调物质贵重性的以住房和汽车为代表的耐用消费品时代,再到如今追求满足感和个性化的以服务消费为主导的新消费时代。新兴消费领域的拓展和新消费增长点的形成带动消费品进出口和消费相关行业投资增长,分享经济、共享经济、数字经济、平台经济等现代消费模式发展速度明显加快,网络直播购物、无人无感超市、多维虚拟现实购物等新型消费方式迅速成长,智能设备、智能家电等新型消费热点不断涌现,打破了消费者传统的购物体验。5G技术的推广和应用促进消费各领域的深度融合,引发消费方式的深刻变革。新消费方式为消费者提供新消费场景,通过新鲜感激发其消费欲

---

[1] 国家统计局. 方晓丹:居民收入继续稳步增长 居民消费支出持续恢复[EB/OL]. (2022-1-18)[2022-2-25]. http://www.stats.gov.cn/xxgk/jd/sjjd2020/202201/t20220118_1826611.html.

望，势头正盛的粉丝经济、网红经济和直播经济持续刷新着自身数据上限。

（三）中国内部消费发展情况

从不同收入水平居民的消费发展来看。中国高收入群体在整体消费群体中占比较小，但其收入已达到发达国家水平，消费潜力巨大。在经济下行压力下仍然可以凭借强大的购买力维持升级趋势，表现之一便是在经济增速放缓的新常态下中国消费者仍然是全球奢侈品市场的中坚力量，2012~2018年中国为全球奢侈品市场贡献了超过一半的增幅，2018年中国境内外奢侈品消费支出1150亿美元，占到全球奢侈品消费总额的三分之一，平均每户消费奢侈品的家庭支出超1万美元用于购买奢侈品[①]。高收入群体的消费欲望受经济环境波动的影响较弱，虽然其消费能力和潜力巨大，但丰富的物质财富和精神财富基础使得这一群体的实际消费弹性处于很低的水平，边际消费倾向强度不足。超4亿总人数的中等收入群体以其巨大的数量优势成为消费主力军，消费内容开始倾向于更高端、更小众的具有服务溢价的商品，倡导有仪式感的精致生活。与此同时，具备一定财富积累的中等收入群体也出现了中产焦虑，他们在享受新时代消费主义带来益处的同时，也承受着来自住房、医疗、父母养老和子女养育的多重生活压力，为增强生活保障和安全感，储蓄率居高不下，可支配收入多用于投资住房、车辆及子女养育等，生活消费动力不足或消费欲望受到一定程度的制约。低收入群体债务收入比持续增长、偿债能力较弱，债务负担在所有收入层级中最重，高企不降的居民部门杠杆率会对消费产生挤出效应，使得低收入者消费增长缺乏持续的动力支持。受收入水平和债务偿还能力的综合影

---

① McKinsey & Compan. 中国奢侈品报告2019——社交裂变：中国"80后"和"90后"催生全球奢侈品新赛道［R］.2019（4）：4.

响，低收入家庭的消费主要为刚性支出，意外支出致使财务脆弱状况频现。低收入群体消费拓展空间巨大，消费潜力经过深度挖掘可以成为居民消费坚实的后备力量。虽然市场的主力消费者是人数上占据优势的由中等收入和低收入群体组成的普通消费者，但高收入群体以绝少的人数掌握着社会绝大多数的财富与资源，财富与社会分层构成了消费中的二八法则。

从城乡消费发展来看。中国城乡二元制结构决定了城市与农村经济发展水平的差异，直接影响消费便捷度、消费范围和消费环境，这导致城市消费水平在过去很长一段时间内远远超过农村消费水平。然而，近年来农村居民可支配收入的增长有了质的飞跃，再加上海陆空物流体系的构建、数字科技的普及，使得农村消费水平大幅度向城市靠拢。2021年，习近平在建党百年大会上宣布，中国历史性消除了绝对贫困。城镇居民人均可支配收入47412元，实际增长7.1%，人均消费支出30307元，实际增长11.1%；农村居民人均可支配收入18931元，实际增长9.7%。人均消费支出15916元，实际增长15.3%[①]。人均可支配收入和人均消费支出增长速度均快于城镇居民，城乡相对差距逐步缩小。目前，城市整体上呈消费升中有缓趋势，其中一二线城市消费放缓，三线及以下城市则呈消费升级态势。以三线及以下城市、县镇和农村为主要地区作为下沉市场的主战场，其巨大的消费市场使之成为商家必争之地。拼多多、淘宝聚划算等电商，重点针对下沉市场寻求消费增量，依靠私域流量的力量在目标消费群体中通过零售社交化产生规模裂变，成为消费领域现象级成功案例。苏宁易购打造"全场景零售布局"、京东启动"主站与站外京喜业务"，双轮驱动攻占下沉新兴市场。

---

① 国家统计局. 2021年居民收入和消费支出情况 [EB/OL]. (2022-1-17) [2022-1-18]. http://www.stats.gov.cn/xxgk/sjfb/zxfb2020/202201/t20220117_1826442.html.

从区域消费发展来看。东部地区消费增速走弱，中西部地区呈消费升级态势，东、中、西地区所处的消费阶段取决于东中西部不同的经济发展程度。受长期经济差距和发展不平衡不充分的影响，东中西部的居民消费水平存在着明显的梯度差异，东部地区人均地区生产总值接近高收入国家水平，在国民经济快速增长过程中发挥着重要的极化效应和扩散效应，因此东部地区消费始终领跑中西部地区消费，东部地区的收入水平和物价水平使得东部地区的消费以服务消费和耐用品消费为主，中西部地区则以耐用品消费和非耐用品消费为主。自中部崛起和西部大开发战略深入实施以来，中西部地区的经济、城市化、工业化水平不断提高。2021年，中部、西部地区居民人均可支配收入增长快于全国居民0.1个、0.3个百分点①。中、西部地区常住人口城镇化率、规模以上工业增加值和社会消费品零售总额增速均高于东部地区。城乡之间、区域之间差距的逐步缩小，使中国区域消费发展逐渐呈现均衡态势。不断增长的居民可支配收入提升了农村地区和中部、西部、东北地区居民的生活水平和边际消费倾向，消费支出开始逐渐转向服务性支出，消费升级趋势明显。

二、扩大消费对经济增长的影响

（一）消费贡献率变化对经济增长的影响

改革开放之前，中国消费基本上完全依赖政府指令性计划，消费品极端短缺，居民消费支出主要用于解决温饱问题。1978年，最终消费

---

① 国家统计局．国家统计局局长就2021年国民经济运行情况答记者问［EB/OL］．（2022－1－17）［2022－1－18］．http://www.stats.gov.cn/xxgk/jd/sjjd2020/202202/t20220209_1827283.html．

支出对国内生产总值增长的贡献率仅为38.3%。改革开放后至1998年扩大消费政策提出之前，经济体制逐渐发生改变，消费品开始从短缺走向生产过剩。1998~2007年，受经济增长的动力主要来自出口和投资的影响，对于消费的侧重较少，这种经济方式直接导致中国在面对2008年世界经济危机的冲击时，出口水平出现较大波动。为此，中国经济发展方式开始侧重消费方面，逐渐转为以消费为导向的消费型国家。

扩大消费以来，中国的最终消费支出不仅取得了绝对量的增长，在GDP中的贡献率也始终保持着曲折中稳定上升的趋势。扩大消费政策提出后，消费经历了短暂的恢复性增长，1999年消费对国家GDP的贡献率一度高达88.6%，随后快速下降并在2003年降到最低点36.1%后波动上升。2004~2008年，消费贡献率基本保持在40%~50%之间。2009~2014年，消费贡献率基本保持在50%~60%之间。2015年以后，最终消费支出对国内生产总值增长的贡献率基本保持在60%左右。2017年，中国经济增长91%靠内需拉动，而内需中60%是消费[①]。2021年，最终消费支出对国内生产总值增长的贡献率累计值已经达到65.4%，高出资本形成总额51.7个百分点[②]，这一数值已达到发达国家经济发展中的消费贡献率水平。可见，自扩大消费政策提出以来，虽然个别年份略有波动，但总体上消费需求对经济增长的贡献率呈现出阶段性波动中总体上升的趋势（见图5-3）。消费连续六年保持经济增长的最大引擎，位居拉动经济的消费、投资、出口"三驾马车"之首，是保持经济平稳运行的"稳定器"和"压舱石"。

---

① 国家统计局.中华人民共和国2019年国民经济和社会发展统计公报[R].2020-2-28.
② 国家统计局.国家统计局局长就2021年国民经济运行情况答记者问[EB/OL].(2022-1-17)[2022-2-25]. http://www.stats.gov.cn/xxgk/jd/sjjd2020/202202/t20220209_1827283.html.

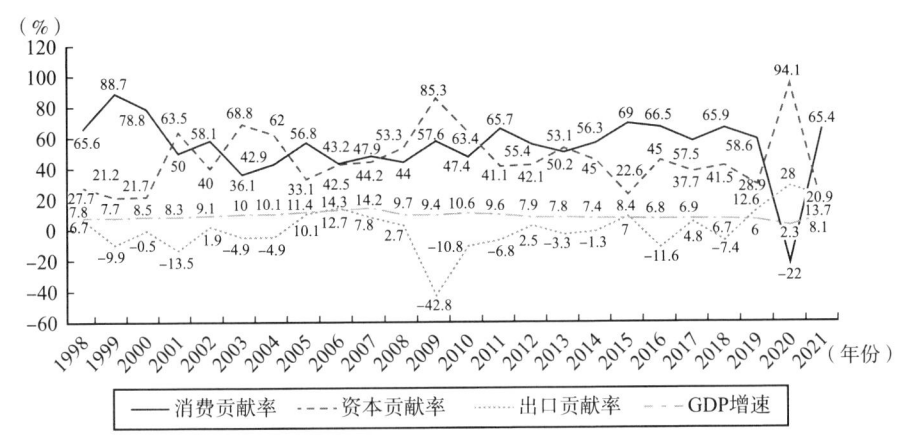

图 5-3　1998~2021 年中国最终消费支出、资本形成总额、货物和服务净出口对国内生产总值增长贡献率

资料来源：中华人民共和国国家统计局《中国统计年鉴 2021》。

罗斯托认为，当一个社会在技术上达到成熟阶段或者达到成熟阶段之后，社会成为一个高度发达的工业社会，社会的主要注意力就从供给转到需求，从生产问题转到消费问题和最广义的福利问题。成熟阶段实现后的一个发展方向是提高消费水平，使之超越衣食住的基本需求的范围，不仅使人们有更好的衣食住，还要使人们能够消费成熟经济所能提供的耐用消费品和服务。一般居民家庭对耐用消费品的购买保证了经济的持续增长，经济增长的主导部门已转移到消费品和服务业。社会进入大众高消费时代[1]。2008 年世界经济危机以来，中国内需总和对经济增长的贡献率超过 100% 的年份多达 7 年，其中，国内消费成为经济增长的主要动力[2]。过去，投资在很长一段时间内成为拉动经济增长的主力，但随着边际效应递减和过度投资频现的影响，投资的拉动作用日益

---

[1]　W·W·罗斯托. 经济增长的阶段：非共产党宣言 [M]. 郭熙保，王松茂译. 北京：中国社会科学出版社，2001：77.
[2]　习近平在亚太经合组织第二十七次领导人非正式会议上的讲话 [M]. 北京：人民出版社，2020：4.

下降。同时，出口也频繁受到国际经济不稳定不确定环境的冲击。因此，消费在中国经济发展中贡献率的不断增强，改变了中国经济的持续增长方式。这有利于中国经济继续保持长期稳中有进的中高速发展态势，有利于供给侧结构性改革中产业结构的进一步优化升级，有利于提高国家在面临国际经济环境波诡云谲、国内经济下行压力加大和突发危机事件时抵御经济风险的能力，这符合新时代的高质量发展观。

（二）居民消费率变动对经济增长的影响

最终消费率是衡量一个国家的居民生活消费或最终消费是否合理的重要标志之一，受世界各国经济发展水平、经济总量与经济结构等综合因素的影响，最终消费率水平呈现显著差异，但其最终消费规模、消费结构等方面又呈现出一些共同的趋势，表现在不同收入国家的最终消费率总体上稳中趋高，且最终消费的增速基本与该国 GDP 持平或略高。消费市场将经济发展和社会民生紧密相连，是国家经济发展的主要依托，世界发达国家的经济常具有以消费为主导的显著特征。

20世纪90年代以来，国内需求持续不足，居民消费率始终与世界平均水平存在较大差距，这一状况严重阻碍了中国经济增长方式的转变，不利于消费在国民经济的可持续发展和高质量发展中发挥重要的支撑作用。根据 H. 钱纳里关于工业化阶段理论的研究，当一国的人均 GDP 达到 1000 美元左右时，该国居民消费占 GDP 的比重（即居民消费率）一般为 61%[1]。然而，中国的居民消费需求始终没有实现显著提升。与国际水平相比，中国最终消费率长期偏低且整体走低，既明显与世界最终消费率变化的一般趋势不符，也显著落后于本国的经济增长速度。随着居民可支配收入的不断增长，中国在 2000 年左右从最不发达国家变成初等发达国家，人均 GDP 则在 2003 年突破了 1000 美元，同

---

[1] H. 钱纳里. 发展的型式：1950－1970 [M]. 李新华等译. 北京：经济科学出版社，1998.

期的居民消费率却仅有42.7%，明显低于世界平均水平和国际上发展水平相近的国家，与发达国家的差距更是巨大（见图5-4）。2010年，居民消费率下滑至34.3%的历史低点，随后虽然有所回升但仍然处于相对低位。2021年，居民消费率回升到39.2%。同期，美国的居民消费率高达67.9%，英国为64.0%，高等收入国家的平均水平为58.7%。中国作为中高等收入国家，居民消费率却低于中等收入国家平均水平15个百分点。准确把握中国与世界其他国家消费水平之间的差距，有利于借鉴国际先进经验，找到适合中国提升最终消费率的有效途径，才能充分发挥国内大循环的优势。

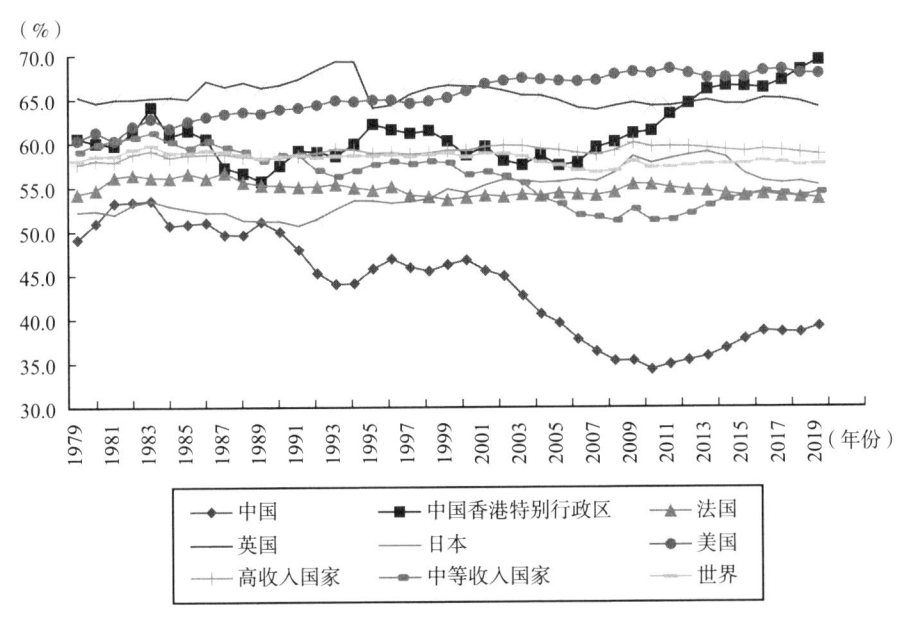

图5-4 居民消费在GDP中的占比（家庭消费及为住户服务的非营利机构）

资料来源：World Bank national accounts data, and OECD National Accounts data files.

中国居民消费率长期偏低的根本原因是在于经济发展过程中实行的高投资发展模式导致了资本的过度积累。改革开放后的中国经济增长高度依赖投资，使得投资率（固定资本形成率占 GDP 的比重）始终高于 30%。2000 年以后更是一直处在 40% 多接近 50% 的水平，这一数值明显高于世界上的主要经济体，较 20% 左右的世界平均水平高出一倍多。2001 年更是达到峰值 47.03%，随后虽然有所下降但到 2019 年仍然高达 43.1%。[①] 根据资本净回报率的定义，扣除折旧后的全社会资本净回报率与经济增速之间的差距决定了一国的资本积累过度与否，即当资本净回报率小于经济增长的速度时，就代表着资本积累已经过度。从宏观角度来看，一国的资本回报率与其投资水平及增长模式有着紧密的关系，可以直接影响该国潜在的产出趋势及经济发展的可持续性。从微观角度来看，一国的资本回报率在很大程度上影响了微观主体的盈利水平和投资意愿，有利于国家做出科学决策，从而改善微观主体经营条件。据测算，无论是从资本净回报率的角度还是从资本产出比的角度来看，中国的资本积累均已处在过度的状态[②]。索洛经济增长理论认为，当资本处于过度积累的状态时，若要增加居民消费需要就必须降低资本存量。埃德蒙·费尔普斯的"经济增长黄金律"解释了资本边际效率递减引致投资和资本积累在高速扩张后将达到使消费实现最大化的最优水平。在从资本过度积累向黄金律稳态水平的转变过程中，会造成经济增速的显著下滑。这与中国自改革开放后将经济持续快速增长作为首要任务的发展目标有所违悖。

历史和世界经验表明，投资能够短期内在一定程度上实现经济恢复和拉动经济增长。投资率过高的同时居民消费率还不到 40%。然而，投资作为拉动经济发展的动力之一却并不利于维持长期的、持续的经济增长，会引发结构失衡。消费缺乏有效动力来拉动经济增长，而大量投

[①] 中国数据来自 Wind 数据库；世界各经济体数据来自世界银行 WDI 数据库（2020 年 8 月版）。

[②] 陈彦斌. 增强消费对经济发展的基础性作用［N］. 光明日报，2017-12-19（14）.

资又造成了投资过度、产能过剩、效率下降和过多负债等问题。因此，必须将恢复结构平衡放在最重要的位置，适度降低投资率，将消费率恢复到合理的水平和结构。进入经济发展新常态以后，中国已成为中高收入国家之一，不再以经济增速作为经济发展的唯一核心指标，中国经济增速长期保持的高速度出现下降。以高投资换取高增长的传统经济增长模式难以为继，中国经济开始向中高速为主的高质量发展转变，经济增长模式也从投资主导向消费主导转变。

（三）消费结构升级对经济增长的影响

消费结构的升级也会对社会总产出产生重要的拉动作用。消费是物质资料生产总过程的最终目的和动力。威廉·鲍莫尔提出，当某种产品或服务的消费端需求高涨时，资本就会为获取更多利润而流入相关产业，促进了产业的技术进步和生产率提高，并降低商品生产成本，在生产效率提高和成本下降的共同作用下，产业规模便会得到扩大[1]。在制造业动力不足之时，服务业旺盛的活力带来稳定就业，这就在服务业产出、就业总量和消费者信心之间形成良性反馈循环。此外，居民消费结构的变化会引发产业结构出现相应的变化，从而将过剩的产能自然淘汰掉，并刺激新的产业诞生以适应新的消费需求。根据列昂惕夫逆矩阵理论，每增加一个单位的第 N 个部门最终产品，需要消耗该部门一个单位产品和其他所有部门提供的中间产品之和，由此反映出每获得一单位最终产品对社会总产品的拉动作用，也可以反映出对整体经济的带动能力。随着生活水平的不断提高，居民消费升级的趋势愈发明显，这对生产行业的发展起到了重要的支撑和促进作用。根据投入产出表的计算，居民最终消费对农业的拉动作用逐年递减，而对第三产业的拉动作用逐

---

[1] William J. Baumol. Macroeconomics of Unbalanced Growth: The Anatomy of Urban Crisis. American Economic Review, 1967 (57).

年递增。消费对生产性基础产业的拉动作用是一个先增强后减弱又逐渐变强的过程，而对消费性终端产品产业特别是服务业的拉动作用则始终在增强[1]。消费拉动非农业产业总产出最高的五大行业也在不断变化和升级（见表5-1）。居民消费结构的升级促进了各生产行业的均衡发展，对不同产业产出的促进作用之间的差距明显缩小，使得产业结构向合理、健康和高端化方向升级。

表5-1　居民最终消费拉动非农产业总产出的行业、总量和占比

年份	1997	2000	2005	2007	2010
行业	食品制造及烟草加工业	食品制造及烟草加工业	化学工业	批发和零售贸易业	食品制造及烟草加工业
	国内商业和对外贸易业	化学工业	食品制造及烟草加工业	房地产业	化学工业
	粮油加工业	纺织业	交通运输及仓储业	食品制造及烟草加工业	房地产业
	日用电器制造业	批发和零售贸易	电力、热力的生产和供应业	餐饮业	电力、热力的生产和供应业
	日用金属产品制造业	日用电器制造业	通信设备、计算机及其他电子设备制造业	电力、热力的生产和供应业	批发和零售贸易业
拉动总产出	—	88	84	69.8	91
拉动额占比	—	34.9%	31.4%	37.4%	32.9%

资料来源：1997年、2007年数据来自任兴洲. 扩大消费需求：任务、机制与政策 [M]. 北京：中国发展出版社，2010：18. 2000年、2005年、2010年数据来自刘慧，王海南. 居民消费结构升级对产业发展的影响研究 [J]. 经济问题探索，2015（2）：35-39.

综上所述，消费需求是拉动经济增长的最稳定因素，对于经济冲击

---

[1] 刘慧，王海南. 居民消费结构升级对产业发展的影响研究 [J]. 经济问题探索，2015（2）：35-39.

或是衰退时具有自发的抑制作用。扩大消费政策提出后，中国消费整体上实现了规模持续扩大、水平实质提高和结构快速升级的发展，消费在中国经济发展中逐渐被确立为基础性地位。这一时期，人民生活实现了从总体小康到迈向全面小康的历史性跨越。尽管如此，仍然不能忽视中国消费率与发达国家仍然存在较大距离的客观事实。在新发展时期，进一步挖掘潜力巨大的内需市场，是经济长足和稳定发展的必由之路。

第二节　前瞻与建议

一、消费发展前瞻

在新冠疫情的影响下，世界经济受到影响，各国居民生活发生深远变化，失业率上升，储蓄收益率下降，数字货币化趋势增强，债务水平走高和不平等现象加剧等。经济发展前景的不稳定性、不确定性进一步增强。尽管疫情给国内经济和外贸出口带来严重影响，但中国经济长期向好的态势没有改变。2020年5月，习近平发表重要讲话中提到"我们要把满足国内需求作为发展的出发点和落脚点，加快构建完整的内需体系，大力推进科技创新及其他各方面创新，加快推进数字经济、智能制造、生命健康、新材料等战略性新兴产业，形成更多新的增长点、增长极，着力打通生产、分配、流通、消费各个环节，逐步形成以国内大循环为主体、国内国际双循环相互促进的新发展格局"[①]。也就是说，国内大循环要以满足中国经济发展需要作为立足点，目的是更好地满足

---

① 在看望全国政协十三届三次会议经济界委员并参加联组会时的讲话（2020年5月23日）[N]. 人民日报，2020-5-24（1）.

人民对内容更广、层次更多、质量要求更高的美好生活需要。国内消费需求不再局限于"生存、享受"需要,而是更多地体现在"全面发展"的需要,既要满足居民对衣食住行的物质需求,也要满足居民对文化、环境、健康、公平正义等的需求。加快扩大内需、释放国内市场巨大规模的消费潜力,形成以国内大循环为主体的发展新格局,已成为当务之急。综合分析,中国扩大消费正呈现出融合化、下沉化、绿色化、智能化、康养化等五大发展趋势。把握好这些走向,对 2020 年及以后的后疫情时期中国"全面促进消费"政策的持续推进、以国内大循环为主体的新发展格局的加快形成和国民经济的高质量发展具有重要的战略意义。

(一) 消费融合化

消费融合化突出表现在线上与线下消费的融合。近年来,线上消费快速发展。新冠疫情暴发后,不仅线上消费发展更为迅猛,而且线上与线下消费的融合趋势更加明显,成为中国消费增长的重要推动力。移动互联网普及率的日益提升和网购用户规模的持续增加为线上线下消费融合化提供了条件。2021 年 12 月,中国网络购物用户规模达 8.42 亿人[1],数字经济是继农业经济、工业经济之后的主要经济形态,数字化转型正在驱动生产方式、生活方式和治理方式发生深刻变革。数字鸿沟的快速缩小使中国七年来稳坐全球最大数字消费市场之首。线上购物渗透率呈现跨越式提升,新冠疫情期间甚至达到近 40%。线上线下消费融合化已经渗透到零售、教育、医疗等社会经济生活的各个方面。

零售融合化。2021 年,全国实物商品网上零售额 10.8 万亿元,占社会消费品零售总额的 24.5%[2]。疫情影响下多种消费场景重塑,线上

---

[1] 中国互联网络信息中心 (CNNIC). 第 50 次中国互联网络发展状况统计报告 [R]. 2022 (6): 46.

[2] 国家统计局. 中华人民共和国 2021 年国民经济和社会发展统计公报 [R]. 2022 - 2 - 28.

消费加速渗透。传统零售业态借机升级,并积极寻求数字化转型。直播电商、生鲜电商呈现火爆场面。习近平强调,电商在农副产品的推销方面是大有可为的[①],他在直播平台前点赞的柞水木耳被抢购一空。以互联网为依托,运用大数据、人工智能、云计算等创新技术,对产品的生产、流通和销售过程进行升级,线上服务、线下体验和现代物流三者间的深度融合构成了新零售业态的典型特征。5G时代,纯电商或者纯零售的形式将被彻底打破,线上线下消费将从原来的相对独立、相互冲突逐渐转化为互相促进、彼此融合,并进一步向深度发展。

教育融合化。线上教育是以网络为介质的教学方式,发展至今已形成了中国大学MOOC(慕课)、学而思、51talk等较为成熟的"互联网+教育"平台,雨课堂、中成智慧课堂等智慧教学工具也在逐渐走入校园。疫情防控期间"停课不停学"模式催生线上教育迅速普及,在线教育用户呈现爆发式增长,在线教育用户规模突破4亿。[②] 教育内容共享使消费群体出现结构性扩张,推动在线教育消费激增。随着线上教育市场的顺势规范和发展,消费者对在线教育的接受度不断提升,在线付费意识日益增强。

医疗融合化。为破解信息共享程度较低、医疗资源配置不当、患者就医体验不良等传统医疗痛点,"医联网"[③] 应运而生,它与"新基建"共同推进了先进的移动医疗卫生服务体系的供给侧改革。国内早已开始推广智慧医疗系统,加快搭建线上医疗健康平台,迅速打造起以实体医院为依托,以常规咨询和复诊为主,集在线问诊、在线检查、在线处

---

① 电商大有可为:习近平讲故事[N]. 人民日报海外版,2020-5-7(5).
② 中国互联网络信息中心(CNNIC). 第45次中国互联网络发展状况统计报告[R]. 2020(4):22.
③ 医联网是指以工业互联网、物联网、无线通信和云计算等技术为依托,充分利用有限人力和设备资源,在疾病诊断、监护、治疗、药品流通和医保等方面提供的移动医疗服务。概念来自2020年6月9日由赛迪顾问物联网产业研究中心与新浪5G联合发布的《医联网产业开发建设及投资机会白皮书》。

方、在线治疗、在线支付与在线配药于一体的一站式互联网医疗中心。2020年3月，国家医疗保障局、国家卫健委正式提出将符合条件的"互联网+"医疗服务费用纳入医保支付范围[1]。同年4月，华中科技大学同济医院"云门诊"再升级，开药、检查、入院等流程可以在线上一键完成，率先在湖北省内全面实现医疗融合化。医疗服务融合化目前已进入快速成长期，未来可以通过整合医疗资源、完善平台运营等方式，实现医疗融合化的进一步发展。

（二）消费下沉化

消费下沉化是指消费市场从上线消费市场逐渐向下线消费市场扩展的过程。近些年来，在一二线城市消费日趋饱和的情形下，三线及以下城市、县、镇、乡的地区市场正成长为新的消费增长点。这些地区的居民收入和消费支出都在快速增长，消费市场保障条件不断改善，以及消费群体规模大、增速高，扩大消费的下沉化趋势更加明显。

下沉地区[2]居民收入和消费支出均增长较快。从三四线城市看，2010~2018年，年可支配收入在14万元至30万元之间的较富裕家庭的年复合增长率达到38%，明显高于一二线城市的23%。这些"宽裕小康"阶层占三四线城市人口的34%以上，[3] 这一占比大约与一二线城市五年前（2013年）的水平相当。同时，三四线城市消费总额增速和消

---

[1] 中国政府网. 国家医保局 国家卫生健康委联合印发《关于推进新冠肺炎疫情防控期间开展"互联网+"医保服务的指导意见》[EB/OL]. (2020-3-3) [2022-1-23]. http://www.gov.cn/xinwen/2020-03/03/content_5486260.htm?gov.

[2] 此处下沉地区人口数量根据2019年全国总人口数（140005万）减去一线、新一线、二线城市统计年鉴等相关公开数据公布的常住人口数总和（约43627.58万）测算得出。其中一线城市：北京、上海、广州、深圳（共4个），新一线城市：成都、杭州、重庆、武汉、西安、苏州、天津、南京、长沙、郑州、东莞、青岛、沈阳、宁波、昆明（共15个），二线城市：无锡、佛山、合肥、大连、福州、厦门、哈尔滨、济南、温州、南宁、长春、泉州、石家庄、贵阳、南昌、金华、常州、南通、嘉兴、太原、徐州、惠州、珠海、中山、台州、烟台、兰州、绍兴、海口、扬州（共30个）。注：大连、沈阳为户籍人口数，泉州常住人口数不含金门地区。

[3] 麦肯锡中国. 2020消费者调查报告：中国消费者多样化"脸谱"[R]. 2019-12.

费品价值增速也均高于一二线城市，反映出其消费质量和消费结构方面的升级趋势明显。从农村地区看，2021年，农村居民人均可支配收入和人均消费支出的增长速度已经连续多年快于城镇居民。农村消费品零售额及其占比增速明显，在教育文化娱乐和医疗保健等方面的消费支出保持着两位数的增长速度，服务消费发展前景广阔。近期，中共中央进一步强调要"多措并举促进城乡居民增收，缩小收入分配差距，扩大中等收入群体"[1]。美国摩根士丹利的经济学家预计，中国的中产阶级在未来10年将继续保持非常强劲的增长[2]。目前中国中等收入群体已超4亿人，已成为全球最具成长性的消费市场，预计未来10年会扩大到6亿人，到2050年第二个百年计划实现之时，将增加到9亿人以上[3]，实现由金字塔型社会过渡到"两头小中间大"的纺锤型社会。新增的中等收入人群将主要集中在三线城市及以下地区。在三线城市及以下城镇和乡村居民收入水平进一步提升后，必将不断释放出巨大的消费潜力，下沉市场的红利也会持续上扬。

下沉地区消费市场保障条件不断改善。尽管下沉市场成为消费增长的新引擎，但其保障条件仍显不足，物流基础设施网络也不完善，特别是村级电商和快递覆盖率偏低。近年来，下沉地区的交通物流短板正在加速补齐，现代流通体系建设取得显著进展。国家有关部门正在广大农村地区加紧打造"电商+物流"的商业模式，商务部大力推广"电商村村通"，国家邮政局早于2020年便启动"快递村村通"工程，计划三年内在符合条件的建制村基本实现村村通快递，推进城乡高效配送专项行动，构建一个共建共生的农村快递物流生态圈。可以预见，未来下

---

[1] 新华网．中共中央 国务院关于新时代市场经济体制的意见：2020年5月11日［EB/OL］．(2020-5-18)［2022-1-23］．http://www.qstheory.cn/yaowen/2020-05/18/c_1126001559.htm.
[2] 疫情后中国的情况会好于美国［N］．环球时报，2020-6-29.
[3] 中国日报网．中国中等收入群体超3亿人2050年有望达9亿人以上［EB/OL］．(2018-4-17)［2022-1-23］．https://baijiahao.baidu.com/s?id=1597970527158227115&wfr=spider&for=pc.

沉市场的消费需求会在商流物流保障体系完善后得到进一步扩大。

下沉地区消费群体规模大、增速高。下沉地区常住人口总量接近10亿，占比超过了70%，形成万亿级以上规模的消费市场。随着线下场景重构、消费补贴增加及电商普及的提升，下沉市场中社交型消费、娱乐型消费、线上型消费用户增长明显。2019年"双11"期间，来自以三四线城市、县城、乡镇为代表的下沉市场的新增网购用户占到约70%。家电、美妆、家具等畅销产品中，来自下沉市场的订单占到约60%[①]。下沉市场的消费结构正从以低端廉价商品为主向以中端高性价比商品为主升级。以全国近3百个地级市、3千个县城、4万个乡镇、66万个村庄为主的下沉市场日益成为中国人口基数最大、面积最大、潜力最大的市场[②]，消费的下沉化正处于上升期，且将进一步提速。

（三）消费绿色化

20世纪90年代初，消费绿色化开始在中国兴起，30年来已经有了长足发展。从提出绿色消费概念到绿色标志的产生，从开展绿色认证到绿色浪潮的形成，绿色化成为不可阻挡的消费潮流。消费绿色化是指在消费过程中以节约资源和保护环境为特征的消费行为，主要表现为崇尚勤俭节约，减少损失浪费，选择高效、环保的产品和服务，降低消费过程中的资源消耗和污染排放。近些年来，国家对绿色消费的支持力度进一步增强，消费者的绿色消费意识逐渐加深，绿色消费市场不断扩大。

绿色消费政策力度加大。党的十九大报告中提出要加快建立绿色生产和消费的法律制度和政策导向。习近平强调，要倡导推广绿色消费，推动形成节约适度、绿色低碳、文明健康的消费模式[③]。国家发改委联

---

① 中华人民共和国商务部. 商务部召开例行新闻发布会：2019年11月21日 [EB/OL]. (2019-11-21) [2022-1-24]. http://www.mofcom.gov.cn/xwfbh/20191121.shtml.
② 商务部国际贸易经济合作研究院. 下沉市场发展与电商平台价值研究 [R]. 2019-9.
③ 习近平主持中共中央政治局第四十一次集体学习 [N]. 人民日报，2017-5-28.

合科技部、商务部等十部门在 2016 年出台了《关于促进绿色消费的指导意见》，提出要着力培育绿色消费观念，积极倡导绿色生活方式，鼓励绿色产品消费，扩大绿色消费市场。2019 年底又印发实施了《绿色生活创建行动总体方案》，在家庭、学校、社区、商场、出行等多个领域提出了相应的绿色创建行动，推动绿色消费，目标到 2022 年形成崇尚绿色生活的社会氛围。2020 年 3 月，国家发改委又与司法部联合出台了《关于加快建立绿色生产和消费法规政策体系的意见》，要求到 2025 年，绿色生产和消费相关的法制、标准、政策进一步健全，绿色生产和消费方式在重点领域、重点行业、重点环节全面推行，以利于更好地扩大绿色消费。

绿色消费意识日益增强。消费者是绿色消费的主体，随着人们对生态重要性认识的提高，与大自然"和谐"相处的意识也在不断增强。追求数量无节制增长的资源耗费型消费的传统理念已逐渐向新型绿色消费理念转变，绿色消费成为社会共识。消费者在追求健康舒适的同时，更加注重自然环保和节约资源，尽可能降低资源消耗。从过度消费转向适度消费，从非理性消费转向理性消费，绿色消费行为正在成为一种自觉，绿色消费者在不断增多。据统计，天猫淘宝上的绿色消费者总数在 2012 年仅有约 433 万，到 2016 年突破了 6500 万，2019 年已超过 3.8 亿[1]。以食品为例，越来越多的消费者已经在日常生活中有意识地选择以营养低碳为导向的绿色健康食品。高线城市中，表示会经常查看包装食品成分表的消费者占到 60%，表示"健康和天然原料"是购买产品时的首选因素的消费者占到 55%，此外，对"无糖""有机"等概念的重视度显著提升。低线城市也逐渐开始崇尚绿色健康生活方式[2]。

绿色消费市场不断扩大。在消费者绿色消费意识不断增强的背景

---

[1] 阿里研究院. 中国绿色消费者报告 [R]. 2016 – 7；2019 天猫双 11 绿色消费报告 [R]. 2019 – 11.

[2] 麦肯锡中国. 2020 消费者调查报告：中国消费者多样化"脸谱" [R]. 2019 – 12.

下，购买绿色产品的种类和数量迅速增多，绿色消费市场也在不断扩大。绿色产品种类繁多，从吃穿用到住行玩，基本覆盖到所有商品类别，包括绿色食品、绿色服装、绿色家电、绿色汽车等。在超市，绿色食品越来越受到消费者青睐，绿色食品销量迅速增长。据统计，2018年中国绿色食品销售额达到4557亿元，同比增长12.96%。中商产业研究院预测到2022年绿色食品市场规模将达到6350亿元。在商场，绿色家电成为家电市场的主打商品，节能环保已成为主要促销卖点。到2020年，能效标识2级以上的空调、冰箱、热水器等节能家电市场占有率达到50%以上[①]。京东大数据研究院发布《2019绿色消费趋势发展报告》显示，"绿色消费"商品的种类已超过1亿种，销售数量的增速超出京东全站18%，并不断向三线及以下城市渗透。在各市场等级占比上，二线和三线市场占比相对更高，而一线市场绿色消费总量最高，新兴的下沉市场销量增速较快，未来绿色消费市场规模潜力巨大[②]。

（四）消费智能化

得益于科学技术的迅猛发展和人民生活水平的不断改善，智能化产品层出不穷，智能化消费势不可挡。在线上购物系统升级与智能化相结合后，线上购物不再仅仅是简单、单一的网页浏览模式，智能线上实景体验使消费者足不出户即可享受与实体店同比复制的模式和服务，在节省购物时间成本的同时，体验高科技带来的消费乐趣。到2030年，中国人工智能核心产业规模超过1万亿元，带动相关产业规模超过10万亿元[③]。

---

① 国家发改委十部门. 关于促进绿色消费的指导意见［N］. 经济日报，2016-3-3.
② 京东发布.2019年绿色消费趋势发展报告［R］.2019-12-27.
③ 中国政府网：国务院关于印发新一代人工智能发展规划的通知［EB/OL］. (2017-7-8) [2022-1-25]. http：//www.gov.cn/zhengce/content/2017-07/20/content_5211996.htm.

5G 技术赋能消费智能化。未来消费智能化趋势的发展，将重点依托 5G 技术的推广和应用。5G + AioT（人工智能物联网技术）引领互联网 3.0 从万物互联走进万物智联，服务对象从原先单纯的人与人通信扩展到人与物、物与物通信，这将从本质上改变人们的消费习惯，从而引发消费方式的深刻变革。当前，物联网产业体系基本形成，物联网行业市场规模不断增长，物联网将成为 5G 技术的核心发力点和主要应用场景。5G 可以从物联网技术的规模应用、高频率传输支持"万屏互联"和超高可靠低时延通信网络等方面提升消费者购物体验。华为创始人任正非在全国科技创新大会上提出，从科技的角度来看，未来二三十年人类社会将演变成一个智能社会，其深度和广度我们还想象不到。中国 5G 商用化应用目前已取得诸多成功实践。5G 的应用场景之一"增强移动宽带（eMBB）"可以立竿见影地带来移动互联网流量的爆炸式增长，超高的带宽会为国内巨大规模的移动互联网消费者带来身临其境的全新消费体验，如 4K/8k 高清视频、VR/AR/MR、全息通信、多维虚拟现实购物等。应用场景之二"超高可靠低时延通信（uRLLC）"主要用于解决自动驾驶、立体停车场、远程医疗、虚拟商城、虚拟银行等对时延和可靠性具有极高要求的垂直行业消费需求，以更高的速率和更强的性能带来极低的时延体验和无限制的连接数量。生活中万物皆可接入 5G 网络，为消费者提供更加便捷、舒适、高品质、科技化的消费环境。应用场景之三"海量机器类通信（mMTC）"主要面向智能家居、智能交通、智能医疗、智慧城市、智慧交通等以传感和数据采集为目标的消费需求，实现了通信行业和消费领域的深度融合，为消费升级赋能，提升传统产业数字化、智能化、网络化发展水平，是建设新一代智能社会的重要基础设施，极大地扩展了消费领域。5G 的三大应用场景将全面支撑消费新模式、新业态的创新发展。未来 10 年至 20 年间，着力推进 5G 与大数据、人工智能、云计算等新技术的紧密融合，将使"智能+"消费蕴藏无限机会。

智能家居引领消费智能化。国家发改委等十部门印发了《进一步优化供给推动消费平稳增长促进形成强大国内市场的实施方案（2019年）》。预计在未来10年中，智能家居系统将会进入千家万户。智能家居可按功能分为控制类、传感类、安防类三种。控制类产品用于管理体系庞杂、配件繁多的智能家居，如智能多模网管和万能遥控器等，负责发送指令来控制家电运行。智能音箱如小爱同学、天猫精灵等，简约高效地集成多模块智能产品。原本要通过亲自行动才能完成的指令现在只需张张嘴将需求告诉智能音箱，智能音箱便将指令发送给万能遥控代为实现。传感类产品通过网关分析判断人体移动、窗户开合等信息，帮助消费者自动打开或关闭需要的灯具和电器。比如当人体传感器感应到人进出房间时自动开关灯，门窗传感器在感应到开门或关窗时，会自动开关空调。安防类可以为日常生活提供安全保障，在提供便捷的同时，减少意外发生的可能性。指纹锁使得人们再也无须担心出门忘带钥匙，智能猫眼可以记录门外人流过往，兼具门铃功能，人不在家也可远程与门外访客沟通对话。未来智能生活将形成这样一种场景：清晨被智能音箱音乐唤醒，电动窗帘自动开启。出门前智能音箱播报天气，主人离家后所有电源自行关闭，扫拖一体机器人开始打扫卫生，警戒看家模式开启。下班前通过手机远程开启电饭锅煮饭功能，到家即可享用晚饭。睡前跟智能音箱道晚安，灯源、窗帘自动关闭，空调睡眠模式随之开启。

（五）消费康养化

民众的健康意识正伴随着人均可支配收入的增长而逐渐增强，消费者愿意拿出更多的钱用于满足自己和家人日益增长的多层次多样化的健康养生需求。环境污染、老龄化社会、医疗卫生供需矛盾，都在促使社会大众对康养观念发生转变。特别是新冠疫情之后，康养的理念更加深入人心。康养环境的改善、康养资源的挖掘和康养设施的完善为消费康养化趋势创造了条件，全国康养水平正处于不断上升的阶段。健康养生注重个人、个人与社会以及个人与自然的统一性和整体性，注重健康的保持和疾病的预防，契合当下社会对健康的需求，符合"健康中国"战略的目标和要求。2019年全国居民健康素养水平升至19.17%[1]，相当于2008年的6.48%的3倍、2013年的9.48%的2倍[2]，呈现稳步上升趋势。《健康中国2030规划纲要》提出，"2030年健康服务业总规模达到16万亿元以上"，主要健康指标步入高收入国家行列。

康养产业快速发展。目前，康养旅游休闲业和康养医疗保健业都在成为新的消费热点。在康养旅游休闲方面，"康养+旅游"模式旨在自然、人文等康养环境的基础上，发展健康旅游产品、观赏游乐服务、休闲养生服务等，提高健康旅游供给服务水平。国家发改委等五部门在《关于促进健康旅游发展的指导意见》中提出，到2020年建成一批国际健康旅游目的地，到2030年，基本建立比较完善的健康旅游服务体系，满足群众多层次、个性化健康服务和旅游需求。民政部等部门于2020年联合公布了第一批以县和经营主体为单位的覆盖25个省份的共计107家国家森林康养基地名单。[3] 在康养医疗保健方面，"康养+医疗"模式旨在物产、林草、水等康养资源和医疗资源、养老机构等康养设施的基础上，发展中医药特色服务、康复疗养服务、专业养老服务等。2018年天津启动以生物医疗保健为主打的智能医疗与健康专项行动计划，建成了医疗大健康信息共享平台和覆盖公立医疗卫生机构的智能医疗与健康服务和业务应用，在滨海新区打造国际医疗城。2020年6

---

[1] 国家卫生健康委员会宣传司.2019年全国居民健康素养水平升至19.17% [EB/OL].(2020-4-24) [2022-1-27]. http://www.nhc.gov.cn/xcs/s3582/202004/df8d7c746e664ad783d1c1cf5ce849d5.shtml.

[2] 国家卫生健康委员会宣传司.2013年我国居民健康素养水平提高至9.48% [EB/OL].(2014-12-17) [2022-1-27]. http://www.nhc.gov.cn/xcs/s3582/201412/971753f8b9504caba6e081cb88cf6a58.shtml.

[3] 中国政府网.关于国家森林康养基地（第一批）名单的公示 [EB/OL].(2020-3-16) [2022-1-27]. http://www.gov.cn/xinwen/2020-03/18/content_5492615.htm.

月,武汉在长江新区建设"国际健康城",湖北大健康产业规模已超过4500亿元①。海南博鳌也正在筹建乐城、银丰等多家以研究型医院和旅游资源为依托的、秉承"上医治未病"理念的集精准医疗服务和保健康养为一体的现代化绿色国际化康养中心。

康养群体和规模持续扩大。当前,中国社会老龄化程度不断加剧,老龄人口抚养比不断上升。2020年中国人口抚养比达到了45.9%②,第二波生育高峰"60后"进入退休年龄,中国将在"十四五"期间从轻度老龄化进入中度老龄化。根据第七次全国人口普查结果,全国60岁及以上人口已达到2.6亿人,占总人口数的18.7%③,预计到2025年突破3亿,2033年突破4亿,2050年前后达到4.87亿,约占总人口数的三成。根据预测,2015~2050年间,中国用于老年人养老、医疗、照料等方面的费用占GDP的比例将从7.33%升至26.24%④。老龄社会的到来,不仅给国家应对人口老龄化任务提出挑战,也为主要面向老年人的消费市场带来了广阔的发展空间。数以亿计的老年群体的消费观念正在发生改变,新的康养消费理念正在形成,许多老年人更加注重提高晚年生活质量,开始增加康养消费,老年群体消费金额和频次屡创新高。养老产业不断推陈出新,文化养生型、生态养生型、医养综合型、旅居度假型、运动健身型、长寿资源型、中医药膳型等针对老年消费者的中高端康养产业逐渐兴起。为释放"银发经济"潜力,多地纷纷学习国际前沿健康养老模式和经验,着手打造生态养生谷、森林康养、海

---

① 我省大健康产业谋划突破性发展 [N]. 湖北日报,2020 - 7 - 8 (1).
② 人民网. 我国人口发展呈现新特点与新趋势:第七次全国人口普查公报解读 [EB/OL]. (2021 - 5 - 13) [2022 - 1 - 27]. http://finance.people.com.cn/n1/2021/0513/c1004 - 32101889.html.
③ 国家统计局. 第七次全国人口普查主要数据结果新闻发布会答记者问 [EB/OL]. (2021 - 5 - 11) [2022 - 1 - 27]. http://www.stats.gov.cn/xxgk/jd/sjjd2020/202105/t20210511_1817280.html.
④ 新华网. 到2050年老年人将占我国总人口约三分之一 [EB/OL]. (2018 - 7 - 20) [2022 - 1 - 27]. http://www.xinhuanet.com/health/2018 - 07/20/c_1123151851.htm.

岛避寒康养、高山避暑康养等新模式。

中青年康养消费显著增强。青少年健身产业市场不断扩大。健康养生的需求不再是老年人的专属，康养消费正在向全民化发展。90后群体开始注重自身保养以对抗"初老"，对健身养生内容和产品的消费十分超前，未来20年将进入康养全龄化时代，颐养长乐、放松康益、亲子互动的主题覆盖老、中、青全生命周期，涵盖医、食、住、游、学、护、娱、情、美等设施和服务，以全方位全龄化、高品质多层次、高精准多维度、高保障全周期为发展目标的康养体系将有望构建，形成小型化家庭规模的"一家三代"康养消费新模式。

综上所述，中国消费呈现出五大走向：一是消费融合化，主要体现在线上与线下的消费融合；二是消费下沉化，主要体现在向三线城市及以下消费潜力巨大的市场下沉；三是消费绿色化，越来越多的消费者在消费过程中更加注重节能环保无污染无公害；四是消费智能化，即追求消费的快捷便利、高效舒适；五是消费康养化，不同年龄段的消费者都更加注重康健养生，向往有品质的生活。"凡事预则立，不预则废"，把握新时代消费的这些新走向，精准施策，顺势而为，才能更好地推进供给侧结构性改革和双循环格局的形成，更有效地推进新时代新征程的高质量发展。

二、全面促进消费政策建议

当前，世界和中国均正面临百年未有之大变局，全球经济持续低迷，不平衡不确定性增强，单边主义、贸易保护主义、逆全球化思潮和新冠疫情的冲击为中国的经济发展带来需求收缩、供给冲击、预期转弱等一系列前所未有的困难和挑战。在这个严峻复杂的大环境下中国经济增长速度仍然维持在中高速水平。2021年，中国国内生产总值较2020年增长8.1%，经济增速在全球主要经济体中名列前茅，经济总量达

114.4万亿元,突破110万亿元,稳居世界第二,占全球经济的比重预计超过18%,人均国内生产总值80976元,突破了1.2万美元[①],逐渐接近高收入国家人均水平的下限。中国对世界经济增长的贡献率预计将达到25%左右[②],连续15年稳居第一位。在全球经济萎缩的背景下中国经济仍然能够取得优异成绩,既得益于改革开放40多年来的持续深化,也得益于消费基础性地位的日益巩固。然而与此同时,中国也正处于社会结构的重大调整期,人口结构危机、贫富差距持续加大、消费者消费倾向收紧、新冠疫情重创世界经济等问题为消费的进一步发展带来诸多不利影响。

人口结构危机渐行渐近,生育率的降低和老龄化的加深带来严峻的社会经济问题。2021年末,中国人口总量14.13亿,虽然带来超大规模消费市场,但与2010年第六次人口普查和2000年第五次人口普查的结果相比人口增速明显放缓,将逐渐由人口超高速惯性增长的阶段转变为人口零增长再到负增长阶段。受生育旺盛期育龄妇女人数持续减少和生育成本约束、生育基础削弱的共同影响,2021年,中国出生人口仅1062万人,自然增长率是0.34‰。"全面二孩"政策激发的生育累积效应逐渐减弱,"全面三孩"生育政策落地所带来的积极效应有待评估。在出生率不断降低的同时,社会老龄化程度也在继续加深,2021年全国60岁及以上人口总数增加到2.67万人,占据总人口数的18.9%[③],人口代际缺口迅速增大,家庭规模逐渐向小型化转变。人口作为经济发展的基本要素和消费主体,在养老、医疗、就业、教育等社会保障制度未能充分完善的情况下,生活成本不断增加,低出生率和老龄化的人口

[①②] 国家统计局. 国家统计局局长就2021年全年国民经济运行情况答记者问[EB/OL]. (2022-1-17)[2022-1-18]. http://www.stats.gov.cn/xxgk/jd/sjjd2020/202202/t20220209_1827283.html.

[③] 国家统计局. 国家统计局局长就2021年国民经济运行情况答记者问[EB/OL]. (2022-1-17)[2022-1-18]. http://www.stats.gov.cn/xxgk/jd/sjjd2020/202202/t20220209_1827283.html.

结构趋势会增加社会储蓄倾向,进而降低社会消费倾向。

贫富差距进一步扩大在很大程度上阻碍了消费潜力的深度挖掘,居民收入差距持续扩大为社会经济带来的负面效应要远远大于居民消费价格指数上扬。受历史发展和资源制约等客观因素的影响,中国基尼系数较高且仍处于上升趋势,居民财产差距过大。贫富差距的不断扩大从根本上制约了国家经济总量和国民消费总量的提升,导致不同收入群体产生落差和分层,中低收入人群的边际消费倾向高于高收入人群,而当多数人手中掌握的财富处于较低水平时,居民整体消费受到抑制,普通群体和贫穷群体的消费动力明显不足。这也正是国家不断改善收入政策以提高中低收入者可支配收入的根本原因。

各收入阶段消费者消费倾向收紧,这与遭遇多次经济危机时的消费谨慎行为相类似。受价格结构性上涨、通胀预期、供需冲突和传统文化等因素影响,消费者整体对中高端价格消费品的购买力度有所收敛。根据预防性储蓄理论和生命周期—持久收入理论,严峻的内外部经济环境导致收支不确定性加剧,消费者的收入过度敏感性与消费谨慎度正相关。居民对未来预期水平下降、对失业和通货膨胀的警惕性提高,更倾向于将收入转化为储蓄以平衡当前的不确定性和未来风险,当期非基本消费支出在一定程度上被削减,消费动力阶段性不足。

世界经济大国的发展一般都以内需为主,依靠内需实现经济增长符合经济发展的一般规律。为了可持续和安全稳定发展,构建"国内国际双循环"的新发展格局的重点就在于需要在开放中更好地发挥超大规模国内市场的优势,发展和提升国内需求。扩大消费20余年来,中国特色社会主义市场经济体制逐渐建立,消费发展的宏观、微观政策环境日益完善,消费的重要地位显著提升。就目前来看,发挥消费基础性作用仍然有较大的提升空间,潜力巨大的国内需求仍未得到充分挖掘。我国最终消费支出对经济增长的平均贡献率在2013~2021年间保持在55%~65%之间,而发达经济体的这一数据为70%、80%,经济发展阶段不同导致两者在水平上仍存在一定差距。

2020年10月,"十四五"规划提出"全面促进消费"远景目标,中国扩大消费政策正式进入全面促进阶段。2022年12月,为落实全面促进消费和共同富裕政策,中共中央、国务院根据"十四五"规划纲要制定了《扩大内需战略规划纲要(2022–2035年)》,按照全面建设社会主义现代化国家的战略安排,将2035年扩大内需战略的发展目标确定为:消费和投资规模再上新台阶,完整内需体系全面建立;强大国内市场建设取得更大成就,以创新驱动、内需拉动的国内大循环更加高效畅通;人民生活更加美好,城乡居民人均收入再迈上新的大台阶,中等收入群体显著扩大,城乡区域发展差距和居民生活水平差距显著缩小,全体人民共同富裕取得更为明显的实质性进展等。

因此,结合上述消费发展前瞻,除不断提高居民可支配收入以扩大消费这一根本途径外,还可以从释放下沉市场潜力、挖掘代际消费潜力、加快数字经济升级、推进线上线下消费融合和培育壮大新型消费等多个角度探讨中国在高质量发展时期进一步扩大消费的可行之路。

(一)着力释放下沉市场消费潜力

首要途径是有效扩展农村居民收入来源,当可用于消费的人均可支配收入实质性提升时,农村购买力直线上升。近年来,农村消费品零售额及其占比增速明显,其中在教育文化娱乐和医疗保健等方面的消费支出保持着两位数的增长速度,农村服务消费发展前景广阔。其次,要推进消费整体环境的进一步改善。随着乡村振兴战略和脱贫攻坚工作的深入开展,乡村基础设施建设和物流交通体系不断完善,"最后一公里"得以打通。今后要继续增强快递服务深度,寻求建立完善的县、乡、村快递物流体系,基本实现村村通快递,真正实现要素在全国范围内的自由流动,根本解决商家与消费者之间信息不对称的问题。再次,顺应下沉市场消费需求的阶段性变化,为其提供高质量的产品和服务满足新型消费需求。2019年多个电商平台"双11"大促中，小城镇消费者异军突起，其中拼多多16分钟卖出上千辆国产车，购买者绝大多数为三四线城市居民，京东平台新增用户近三成来自下沉市场，[①] 下沉市场红利期来临。下沉市场中价格敏感型消费者规模巨大，对品质消费的需求也逐渐扩大，此类消费者先后经历了从低价劣质到高价高质再到现在低价优质的发展历程。最后，要充分利用"互联网+"将更多产品和服务推广到下沉市场用户群中。下沉市场人口数量庞大、消费升级空间广阔，提高网购普及率和渗透率，实现消费时间和空间的无限拓展。电商所扮演的角色开始逐渐从单纯的购物渠道向消费者购物倾向晴雨表转变，通过抓住私域阵地实现三线及以下城市居民的可持续性消费，才是商家对下沉市场持续渗透的必由之路。

（二）着力解决各年龄段消费掣肘

当前中国代际人口进入衰减周期，消费市场正处于结构升级和增长动力新老更替阶段。根据生命周期消费理论，消费者年龄决定着个人可支配收入和财富的边际消费倾向。从保守消费到超前消费，不同年龄段呈现出不同的群体特征和消费偏好，这就要求市场供给端提供时效性、针对性的反馈，这是未来消费市场针对消费对象代际差异进行升级与变革的核心驱动力。

首先，30岁以内新生消费群体崛起。2020年首批90后开始步入30岁，他们普遍具有受教育程度高、消费信心指数高、消费品质要求高的复合特点，而最终消费支出则主要来源于父母补贴或低入职年限导致的并不丰厚的工资性收入。享受生活和活在当下的消费理念使90后人群

---

① 中华人民共和国国务院. 投资消费增速放缓强大国内市场引擎如何发力？[EB/OL]. (2019-12-10) [2022-1-19]. http://www.scio.gov.cn/xwfbh/xwfbbh/wqfbh/39595/42242/xgbd42249/Document/1669886/1669886.htm.

对于新鲜事物保持着旺盛的好奇心,他们成长于数字技术和社交媒体主导的时代,思维方式与世界接轨,对新鲜事物和体验持开放态度,普遍对商品的物理成本关心程度不高,而更加重视商品的品质与服务、情感满足和身份认同,高档消费正在成为年轻一代的社交资本,80后和90后贡献了中国奢侈品总消费的79%[1],成为奢侈品需求的主要驱动力。年轻一代消费水平远远大于收入,他们大多没有储蓄习惯,近半数90后存在实质负债,总体信贷产品的渗透率为86.6%,平均债务收入比达到41.75%[2]。在强消费欲望和弱支付能力的矛盾冲击下,新的消费支付手段应运而生——分期消费和超前消费,如蚂蚁花呗、京东白条、美团买单等。对于这一群体来说,增加现代新潮消费供给是促进消费的有效手段。经济条件改善和生活水平普遍提高是90后得以超前消费的重要动因,价值观念的改变和高度互联网化使得他们将基本生活需求和精神需求看得同等重要,在食品衣着、教育文化、旅游娱乐等方面的支出要远远高于其他年龄段,从供给层面为90后消费者提供丰富、多样、高质的消费选择可以有效刺激其消费需求的扩张。此外,也不能忽视过快的消费增长率和寅吃卯粮的透支消费潮流可能会导致其过度消费的不良后果,甚至可能因个人负债率过高而引发资金周转风险或非法贷款风险,90后总体信贷产品渗透率已经高达86.6%[3],信贷渗透率高并不完全意味着90后在消费上理智匮乏,随着消费理念的转变和数字互联技术的发展,部分消费类信贷使用者仅将其视为支付工具或是理财方式的一种,使之更好地利用消费金融带来的便利。国家应当完善个人征信相关法律法规和征信产业链,寻求建立规范的市场主导模式的个人征信体系,促使青少年能够有意识地维护个人信用,同时应注重在校园内统筹

---

[1] McKinsey & Company. 中国奢侈品报告2019——社交裂变:中国"80后"和"90后"催生全球奢侈品新赛道[R]. 2019(4):2.

[2][3] Nielsen. 中国年轻人负债状况报告[R]. 2019(11):9、14、15.

开展金融教育普及相关知识，引导年轻一代树立科学理性消费观。各金融机构在创新消费业务方式和领域时也要加强对消费行为的监管和审查，做好针对消费信贷产品的风险管理。

其次，30岁至60岁年龄段人群消费分化。这一群体的主要消费特征是高性价比与奢侈化呈现两极化趋势，在追求高性价比产品的同时也愿意支付高于产品本身价值的品牌溢价或情感加成，比如既会为了拼多多上的补贴和购物优惠激励措施邀请周围人砍价，或在购买一般商品和耐用消费品时货比三家，也会花大价钱买自己喜爱明星所代言的商品，或昂贵但有设计感的轻奢潮牌。尽管如此，30岁至60岁人群也承受着"上有老、下有小"的生活压力，甚至有房贷、车贷在身，因此即使是冲动消费也是有节制的，这导致其储蓄率要远远高于30岁以下人群。对于这一群体来说，构建多层次社会保障体系，补齐教育、医疗、住房、养老等民生短板，妥善解决生活焦虑和工作压力等带来的"中年恐慌"，是扩大消费的重要保障。无论是从个人能力和家庭储蓄角度来说，中年人都是社会中发挥作用最大的年龄段，然而生活成本高压下的30岁至60岁人群出现消费"中年危机"，日常生活开支和房车贷款、孩子（甚至二胎、三胎）的抚育成本和教育投资、老人的赡养陪伴和医疗保障、就业困难、失业忧虑和升职高压，使得分身乏术的30岁至60岁人群在全年龄段中持家压力和债务压力相对最大，他们在进行支出时安全感极端匮乏，消费能力受到限制。因此，应该通过进一步实现"劳有所得""住有所居"和"病有所医"解决30岁至60岁人群自身问题，再通过实现"学有所教""老有所养"和生育配套支持政策以缓解父母、子女附加的家庭压力，中年人的消费能力不容小觑。

最后，60岁以上"银发经济"消费空间拓展。根据老年人群的基本需求和深层需求，可以将"银发经济"分成三个维度的产业：以养老设施和机构、老年房地产、老年护理服务业、老年饮食服装医疗等为代表的本位产业；以本位产业为基础的供应链、公共服务平台等为代表的相关产业；老年理财产品、老年金融产品、老年融资等资本市场等为代表的衍生产业。本位产业、相关产业、衍生产业之间相互补充，可以形成经济和社会效益的良性循环，共同促进银发产业的健康发展。

受传统"老有所养"观念和勤俭节约生活习惯等因素影响，60 岁以上群体是中国储蓄的中坚力量。不过，随着生活水平的普遍提高和社会环境的不断改善，追求极致性价比的他们也开始追求"老有所享""老有所学"，逐渐适应复杂的线上消费方式和消费习惯，开始注重提升生活舒适度与生活乐趣，线上消费规模和渗透率保持持续增长且逐渐成为重要新兴力量。此外，老年教育也开始成为中老年人新生消费需求和养老产业新趋势，求学热情高涨使得无论是公办老年大学还是私营老年教育机构均出现老年教育服务"一位难求"的现象，多数老人为成为一名"学生"费尽周折，成为"学生"后还要设法选上热门课程，僧多粥少的供求关系使之成为民间资本市场瞄准的目标。对于这一群体来说，深度挖掘消费需求是消费能力升级的必由之路。老年群体消费金额和频率屡创新高，消费内容中科技智能类事物的关注度显著提升，健康保健类商品消费举足轻重，部分群体正在由"价格敏感型"消费者向"品质敏感型"消费者过渡。2024 年 1 月 15 日，国家首个支持银发经济发展的专门文件《国务院办公厅关于发展银发经济增进老年人福祉的意见》正式发布，这是我国首个以"银发经济"命名的政策文件，标志着国家将着力培育高精尖产品和高品质服务模式，让全体老年人能够共享发展成果，安享幸福晚年。3 月 5 日，国务院总理李强在《2024 年国务院政府工作报告》中指出："加强老年用品和服务供给，大力发展银发经济"。6 月 13 日，国家首次在全国层面专门对发展农村养老服务作出《关于加快发展农村养老服务的指导意见》，对于"银发经济"做出了总体性、系统性部署，对"银发经济"的重视程度显著提升。

要抓住老年人消费观念转变的机会，大力培育健康养生、幸福养老等服务消费，发展针对老龄化加剧和颐养天年的涵盖旅居度假、疗休护理、老年文化等中高端康养产业。增加对卫生保健和社会转移方面的支出，提升旅游、生活、医疗等方面服务水平，完善民生保障等惠民体系，有利于释放老年人因预防性储蓄而受到约束的消费欲望。

（三）着力推动数字经济和便携支付发展升级

数字经济规模扩大引发互联电商消费、互联网金融消费、智能电子消费、信息服务消费等消费方式的发展，决定了中国消费市场的未来发展方向。5G技术的革新创造了巨大的消费势能，颠覆了传统商业、银行业和交通业，创新驱动发展新动力的增强带动新技术的变革，既为新消费拓宽了路径同时也激发了市场活力。5G技术的推广将为新消费时代带来划时代的革新，前所未有的传输下载速度进一步打破消费时间限制，超高速率能力能够使娱乐产业和全景化社交实现视觉、听觉、触觉等感受的升级从而提升消费服务，稳定的无线连接技术引领智能支付系统、智能家居系统和智能交通系统的变革从而改善消费环境，使消费各领域智能化、无人化成为常态。工信部和运营商应当联手促进5G终端消费，拓宽5G消费者使用面，培育新兴消费方式，具备条件的地区努力实现5G网络的连续覆盖和商用，通过推广5G+VR/AR/MR、多维虚拟现实购物、赛事高清极速直播、高级体验感游戏娱乐等应用，促进5G下的新型信息消费和智慧生活消费。同时鼓励电信运营公司、广电传媒公司和服务内容供应商之间加强协作，丰富教育、传媒、娱乐等领域的5G+4K/8K超高清视频、5G+VR/AR/MR虚拟现实技术等新型多媒体消费内容，塑造虚实融合的沉浸式新消费时代。

2010年末，中国网民规模仅为4.57亿，而截至2022年6月，网民规模增长至10.51亿，翻了一倍多，互联网普及率高达74.4%。[1] 接受

---

[1] 中国互联网络信息中心（CNNIC）. 第50次中国互联网络发展状况统计报告［R］. 2022(6): 25.

线上购物的渗透率全球第一，超大消费市场规模与 5G 技术的结合将彻底改变未来消费格局。新经济形势下数字经济势不可挡，政府应当做好对数字金融的监管，积极应对数字技术带来的挑战，规避移动互联网可能带来的市场风险和交易风险，为消费者放心消费、便利消费提供良好的消费环境。企业则应乘借东风抓紧优化升级和技术革新，重新定义针对不同消费群体需求的产品组合，构建流畅的生产、销售、服务的整体逻辑和链条，在数字消费时代中抢占流量高地。

在传统银行业之外，中国创造出了强大的现代化移动支付奇迹，成为消费优化升级的杠杆。支付宝和微信支付等大型支付系统参与者的出现，推动了移动支付的增长，消费场景渗透社会各领域，改变了消费者的购物体验和消费行为。中国移动支付市场规模和用户规模实现跨越式增长，对线下来说，移动支付的即时性、零收费、零门槛大大降低了交易成本，消除了现金或银行卡支付可能带来的麻烦和风险，消费便捷度和安全性有效提升。支付宝微信等手机钱包、云闪付等支付应用、NFC 近场支付、二维码支付、脸部识别支付等新型移动支付方式渗透居民消费，培养出消费者无现金支付习惯，中国正大跨步迈进"无现金社会"。对线上来说，网络支付在早年间领跑移动支付，但当今已有被赶超之势，网络支付不受时间和空间的限制，消费者可随时随地进行消费。这在一定程度上拉动了农村地区的购买力，提升和改善农村家庭的消费水平和消费结构。但是，正因为其便捷性使得消费者对消费支出的敏感度和认知度不高，往往不知不觉间产生超出承受范围的非理性消费。支付领域正在经历重大变革，除了扫码支付、刷脸支付、虹膜支付、声纹支付、无感支付之外，消费数字化的方式正在拓展，尤其是近年来数字人民币的推出将进一步满足数字金融时代的变革要求。推动便捷支付方式的推广升级势在必行，而消费者在享受快捷支付带来的便利的同时也应该注意可能出现的冲动消费，应当注重提升自身对消费品的认知水平和判断能力。

（四）着力推进线上线下消费融合

现阶段中国的实体经济早已不再是以往传统单一的制造业，而是先进制造业与现代服务业的加总，消费方式从简单流通向多种业态复合发展转型。技术进步和制造业创新不断推进线上消费的发展进程，天猫双11、京东6.18、抖音等电商取得的巨大成功实际上体现出中国消费具有极大的潜力，它代表着居民消费方式的改变，不断探底居民消费潜力，强劲的消费势头为当前处于困难时期的中国经济注入一剂强心剂。在新兴零售业的冲击下，多家著名品牌店铺纷纷关闭门店甚至歇业倒闭，销售额、净利润连创新低，残酷的市场竞争为传统零售业敲响警钟，迫使传统零售业借助数字互联的领先优势和创新能力来实现被动转型以抵抗被市场淘汰的风险，保证消费端与供给端对接渠道的畅通。

同时，线上消费催生的新技术也实现了对实体经济的反哺，实体经济生产出的产品通过线上进行销售，营销购买渠道的拓展和生产交易方式的变革解决了大量实体经济的积压库存，从而扩大实体经济的生存和发展空间。线上消费也带来了仓储业、物流业等电商服务商的革新，在市场与电商的共同努力下，全国乃至世界范围内建立起全时全域立体的物流体系和商业网络，2021年，全国快递业务量达到1083.0亿件，快递业务收入10332亿元[①]。快递行业成为当前新经济发展中的主要新动能之一，大大提升了消费便捷性和商品供应链效率。电商红利势头保持已久，线上流量开始趋于饱和，很多线上经济体也开始走向线下，抢占新零售时代线下流量，规避线上引流成本并突破时间、空间的约束，天猫小店、苏宁小店、京东小店、天猫国际线下店等实体店的遍地开花，正是线上销售与实体门店综合布局的表现。各大电商开始积极寻求以技术和服务为主导的战略转型以改变固有商业模式和发展路径，通过技术

---

① 国家统计局．中华人民共和国2021年国民经济和社会发展统计公报［R］.2022-2-28.

赋能来满足消费者多元化的产品需求。

在消费总量规模增长的同时，多元零售时代线上线下互融、新模式新业态构建、服务质量升级等新旧动能转化进程加速推进。未来可以从零售、教育、医疗等社会经济生活领域着力推进线上线下的消费融合。首先，在零售方面。随着5G时代的到来，纯电商或者纯零售的形式将被彻底打破，线上线下消费将从原来的相对独立、相互冲突逐渐转化为互相促进、彼此融合，并进一步向深度发展。其次，在教育方面。2019年中国在线教育市场规模3225.7亿元，同比增长28.1%。2020年新冠疫情的影响进一步扩张了线上教育的规模[①]。线上教育在过去经历了从内容和工具的线上化到重组和优化供应链，再到打通完整教育环节的逻辑演化过程。未来要通过科技手段变革优化教育资源，完善教学工具，成为线下教育的有效补充，二者相辅相成，实现传统教育到线上线下融合化的新教育变革。最后，在医疗方面。2018年，国务院明确提出"鼓励医疗机构应用互联网等信息技术拓展医疗服务空间和内容，构建覆盖诊前、诊中、诊后的线上线下一体化医疗服务模式"[②]。疫情后的医疗保健业飞速发展，线上医疗健康平台迅速完善，在线问诊、检查预约、私人家庭医生等医疗健康线上服务开始出现。线上图文问诊或视频就医、全面开放线上处方权限、线上开检查、检验单、电子入院证及缴费、线下执行，线上开药、线下配送上门，使患者足不出户即可享受医生诊疗和药品快递到家的服务，既提升了服务效率，也节省了就医成本。未来要进一步整合国内国际医疗资源，汇集更多专家、医生，完善医疗平台运营等，实现医疗线上线下深度融合。

---

① 艾瑞咨询. 中国在线教育市场数据发布报告［R］. 2019（四季度）& 2020（1季度）：6.
② 中国政府网. 国务院办公厅关于促进"互联网 + 医疗健康"发展的意见［EB/OL］. (2018 - 4 - 28)［2022 - 1 - 20］. http：//www. gov. cn/zhengce/content/2018 - 04/28/content_5286645. htm.

（五）着力培育壮大新型消费

随着居民消费水平的持续提高和消费结构的不断升级，传统消费模式已无法满足新时代消费需求，制约消费潜力深层次挖掘的问题尚未得到根本解决。2023年12月，习近平在中央经济工作会议中强调，要围绕推动高质量发展，着力扩大国内需求，"推动消费从疫后恢复转向持续扩大，培育壮大新型消费，大力发展数字消费、绿色消费、健康消费，积极培育智能家居、文娱旅游、体育赛事、国货'潮品'等新的消费增长点。"这为新时代打造新质生产力与新型消费的"新新"互动、培育壮大新型消费提供了根本遵循。

新质生产力是指以数字技术、知识资本和协作创新为核心驱动，融合智能化、数据化和生态化特征的新型生产力形态和先进生产力质态。它以技术革命性突破、生产要素创新性配置和产业深度转型升级为支撑，不仅延续了传统生产力的精髓，更深刻变革了生产方式和生产关系；新型消费是指由大数据、互联网、数字技术、人工智能等新一代数字技术驱动，满足人们信息化、智能化、个性化、体验化多维融合等服务需要的行为过程，突破了传统消费在时空、产品和体验等方面的限制。

在马克思主义政治经济学理论中，生产与消费的关系是相互联系、相互作用的，它们共同构成了社会生产总过程的重要组成部分。马克思认为，生产是消费的源泉和动力，消费是生产的最终目的和归宿，二者之间存在着辩证统一的关系。新质生产力与新型消费的"新新"互动正是在传统生产力与传统消费互动的基础上不断拓展出新的特点和优势，体现了经济发展的新阶段和新趋势。

新质生产力为新型消费提供新的应用场景和高质产出。新质生产力通过科技创新、数智升级和绿色转型等特质，不断引领消费提质升级，推动产品和服务的质量提升、功能优化和性能增强，从而催生出更多新的高质量、个性化、智能化的产品和服务，满足新型消费者日益增长的高水平需求，使消费向更高层次、更高质量的方向发展。2024 年，我国新能源汽车年产量突破 1300 万辆，其迅猛发展不仅满足了可持续发展对人民环保出行的需求，也提升了消费者对汽车智能化水平的驾驶体验和乘坐体验；新质生产力的发展推动了生产方式和商业模式的创新，大数据、云计算、人工智能等新技术加速应用，生产要素的高效组合和优化配置有利于培育一系列消费新产业、新业态、新模式、新场景和新服务。直播电商、即时零售等新型消费蓬勃发展，特色街区、美食夜市等体验式消费场景层出不穷，旅游、文化、体育等消费业态深度融合，形成多元化复合型增长新优势。这些模式不仅为消费者提供了更加便捷的购物体验，还拓展了消费的边界和范围。数字技术的发展还推动了文化娱乐产业的变革，如云展览、网络直播、云演播等服务，为消费者提供了全新的沉浸式体验。2025 年开年，动画电影《哪吒之魔童闹海》登顶中国电影票房、中国影史观影人次、全球影史单一市场票房三榜榜首，票房超百亿元，引爆文娱消费市场。

新型消费为新质生产力带来新动力、新需求与新变革。新型消费涵盖新消费主体、新消费领域、新消费技术、新消费模式、新消费关系、新消费制度等方面，它以大数据为新生产要素，以数字技术为新生产力，采用线上线下融合的新商业模式，通过基于数字化界面、场景、体验的新顾客关系和新消费行为，满足数字时代服务崭新的市场需求，为新质生产力的发展提供了广阔的应用空间和市场动力；新型消费更加注重消费者与生产者的互动，消费者对个性化、智能化、绿色化等新型消费产品和服务的需求不断增加，消费者行为、偏好和反馈能够及时传递给生产者，这种反馈机制促使生产者更好更快地了解市场需求，及时调整生产方向和产品设计，不断加大研发投入，提高产品和服务科技含量，推动供给端产业结构的转型升级，从而反作用于新质生产力；新型消费的快速发展对产品和服务的创新性、多样性和便捷性提出了更高要求，需求端的结构不断升级可以倒逼企业加大技术创新力度，推动产业变革和升级，进一步传递到新质生产力的持续优化和提升。

新质生产力与新型消费的"新新"互动有助于形成供需动态平衡、构建新发展格局、推动经济高质量发展。新质生产力与新型消费的良性互动能够实现"新"生产与"新"需求精准匹配，加快形成新型需求牵引新质供给、新质供给创造新型消费需求的更高水平动态平衡。新型消费依靠其"新模式""新场景""新方法"等创新激发与引导消费需求升级，新质生产力通过技术创新和产业升级满足新型消费的需求，再由新型消费的反馈反向助推新质生产力的持续发展，从而形成一个"新质生产力引领新型消费—新型消费反哺新质生产力"的良性循环。将发展新质生产力与拓展新型消费有机结合起来，形成消费和产业"双升级"的良性互动和动态匹配，有利于提升国民经济体系整体效能；也有利于完善内需体系，通过解决结构性供需矛盾来充分释放万亿规模市场的消费潜力活力动力，发挥强大国内市场优势，增强国内大循环内生动力和可靠性，提升我国参与国际产业分工协作的竞争力，加快构建新发展格局。二者相互促进、协同共进，为实现经济稳步复苏期和结构调整关键期国家经济高质量发展提供了强劲推动力和支撑力。

培育壮大新型消费是畅通经济良性循环体系、构建稳定增长长效机制的必然选择，是更好满足居民消费需求、提高人民生活质量的内在要求。第三消费社会之前的消费以"物"为焦点，而在第四消费社会中以"人"为焦点，随着个人倾向的强化，新的价值观和生活方式不断出现，快速从"欲求"消费向高层次的"需求"消费变化。[①] 当前，经济发展面临着国内增长速度换挡期、结构调整阵痛期、前期刺激政策消化期三期叠加，国际贸易摩擦不断、贸易壁垒加码、外需整体疲弱的国内外困境。疫情"平稳转段"后，中国经济稳步恢复，但受收入波动、

---

① ［日］三铺展. 第四消费时代［M］. 北京：东方出版社，2022.

就业形势等多因素影响,内需增长乏力,居民消费谨慎。随着居民收入水平不断提高和消费观念转变,居民消费需求逐渐由实物型消费向服务型消费转变,由低质量低品质消费向高质量高品质消费转变,愈发呈现出提质转型、分化分级、融合创新等新趋势与新特征。

目前,我国新型消费呈现出增速加快、结构升级和深度融合等基本特征。2019 年,"三新"经济第一、二、三产业增加值较上年分别增长 7.3%、12.8% 和 6.8%。其中,无人零售、外卖送餐、冷链物流、跨界零售等新型消费模式在"三新"经济中占比最高。新型消费结构由基础型和生存型向发展型和享受型消费升级显著。新型消费线上与线下、业态与场景的深度融合发展日益成为主导消费模式。"文旅+购物""文旅+康养""娱乐+购物"等融合消费跨界发展为消费者提供更丰富的选择。新时代新经济的迅猛发展正在不断加深消费者的个性意识与自我概念,传统经济和消费模式下作为分散个体的消费者普遍缺乏表述自身个性化需求的机会,新经济为消费者提供更多渠道表述自我和个性,追求与众不同的差异感。大数据、物联网、人工智能、云计算等新兴数字化技术进一步催生的数字经济及其他数字经济新业态正深刻变革着中国消费增长的模式和路径。网络消费作为数字经济的重要表征正从市场结构、消费结构、消费行为等方面改变着传统消费模式。

然而,新经济时代下现有公共服务匹配消费升级受到了居民可支配收入间的差异、投资消费储蓄倾向等因素制约,再加上不合理的产业结构、滞后的基础设施建设以及相对来说还不够成熟的消费理念都在一定程度上制约了新型消费增长点的培育。生产者在创造新消费过程中常常面临较大的难度和风险,新型消费的相关产业链在技术、管理、物流、营销等方面都与传统产业链都有着显著区别,这就直接提高了传统生产者向新型生产者的转型门槛,由此带来消费客体,即新消费产品和服务数量不足、质量不高等问题。与此同时,作为增强消费者信心的重要渠道之一——消费相关法律法规建设也尚待完善。法律法规制度跟进慢、标准乱对消费者、商家乃至整个商业链、产业链都产生消极影响。例如，法律法规的监管漏洞使消费者的个人信息在注册和支付等过程中被泄露甚至贩卖的情况时有发生，而如若过度限制在线客户使用跟踪的规定又可能导致电商平台无法根据消费者的浏览历史定向推送广告和推销产品，这种非此即彼的消费环境十分不利于新型消费的全面展开。

为实现经济高质量发展和更好解决新的社会主要矛盾，既要从需求端切实保证居民收入水平，又要从供给端加快产业结构转型升级，增加新型消费的有效供给。对新型消费不断增长的客观需求源自于人民日益增长的美好生活期待，如何满足人民美好生活需要为经济发展和新型消费开拓了新空间，应从总体上把握高质量需求的新变化、新特征，以回应高质量需求为动力创造新质生产力。因此，必须尽快开展关于培养壮大新型消费的相关研究，准确把握新时代新型消费的基本特征及变化趋势，加快形成推动新型消费发展的强大合力，加快构建从顶层设计、战略部署到具体措施相对完善的政策支持体系。

综上可见，高质量发展期实现进一步扩大消费，解决需求不足的途径可以着重从释放下沉市场消费潜力、解决各年龄段消费掣肘、推动数字经济和便携支付发展升级、推进线上线下消费融合和培养壮大新型消费等多重途径入手。在持续提高居民消费能力的前提下，完善消费政策，改进消费环境，激活消费潜力，开拓更多的消费增长点。在消费升级的背景下，教育、医疗、文化、养老等方面的提升空间非常广阔。充分发挥市场在资源配置中的决定性作用，加快发展新兴产业，大力支持民营经济，营造更加公平的市场竞争环境，以更好地推进供给侧结构性改革，提供更多适应新需求的高质量产品和服务供给，推动供需在更高水平上实现良性循环，从而将较高的国民储蓄率转化到消费之上。

参考文献

[1] 邓小平文集 1949-1974：上、中、下册[M]. 北京：人民出版社，2014.

[2] 刁永祚. 扩大消费长效机制研究[M]. 北京：首都师范大学出版社，2014.

[3] 董辅礽. 中华人民共和国经济史：上卷[M]. 北京：经济科学出版社，1999.

[4] 董辅礽. 中华人民共和国经济史：下卷[M]. 北京：经济科学出版社，1999.

[5] 范剑平. 居民消费与中国经济发展[M]. 北京：中国计划出版社，2000.

[6] 范剑平. 中国城乡居民消费结构的变化趋势[M]. 北京：人民出版社，2001.

[7] 国家统计局国民经济综合统计司. 新中国五十五年统计资料汇编[M]. 北京：中国统计出版社，2005.

[8] 国家统计局. 1998—2021年统计年鉴[M]. 北京：中国统计出版社，1999—2022.

[9] 建国以来毛泽东文稿：第7册[M]. 北京：中央文献出版社，1992.

[10] 建国以来重要文献选编：第1册[M]. 北京：中央文献出版社，1992.

[11] 建国以来重要文献选编：第8册[M]. 北京：中央文献出版

社，1994.

[12] 建国以来重要文献选编：第 13 册 [M]. 北京：中央文献出版社，1996.

[13] 荆林波. 关于扩大消费的若干问题研究 [M]. 北京：经济科学出版社，2012.

[14] 李新家. 消费经济学 [M]. 北京：中国社会科学出版社，2007.

[15] 厉以宁，吴敬琏，林毅夫等. 解码"供给侧改革"：2016-2020 中国经济大趋势 [M]. 北京：群言出版社，2016.

[16] 厉以宁. 改革开放以来的中国经济：1978-2018 [M]. 北京：中国大百科全书出版社，2018.

[17] 厉以宁经济史论文选 [M]. 北京：商务印书馆，2015.

[18] 林毅夫，蔡昉，李周. 中国的奇迹：发展战略与经济改革（增订版）[M]. 上海：上海人民出版社，2002.

[19] 刘勇等. 新常态下的消费增长与工业转型发展 [M]. 北京：经济管理出版社，2015.

[20] 马克思恩格斯选集：第 1 卷 [M]. 北京：人民出版社，1972.

[21] 毛泽东文集：第 6 卷 [M]. 北京：人民出版社，1999.

[22] 毛泽东选集：第 4 卷 [M]. 北京：人民出版社，1991.

[23] 毛中根，洪涛等. 生产大国向消费大国演进研究 [M]. 北京：科学出版社，2015.

[24] 诺思. 经济史中的结构与变迁 [M]. 陈郁等译，上海：上海人民出版社，1994.

[25] 欧阳卫民. 中国消费经济思想史 [M]. 北京：中共中央党校出版社，1994.

[26] 逄先知，金冲及. 毛泽东传 1949-1976：下册 [M]. 北京：中央文献出版社，2003.

[27] 钱学锋. 促进投资与消费协调 [M]. 武汉: 湖北人民出版社, 2012.

[28] 任兴洲. 扩大消费需求: 任务、机制与政策 [M]. 北京: 中国发展出版社, 2010.

[29] 十二大以来重要文献选编: 上册 [M]. 北京: 人民出版社, 1986.

[30] 十三大以来重要文献选编: 下册 [M]. 北京: 人民出版社, 1993.

[31] 十四大以来重要文献选编: 上册 [M]. 北京: 人民出版社, 1996.

[32] 十五大以来重要文献选编: 上册 [M]. 北京: 人民出版社, 2000.

[33] 十五大以来重要文献选编: 下册 [M]. 北京: 人民出版社, 2003.

[34] 十六大以来重要文献选编: 中册 [M]. 北京: 人民出版社, 2006.

[35] 十七大以来重要文献选编: 上册 [M]. 北京: 人民出版社, 2009.

[36] 十七大以来重要文献选编: 中册 [M]. 北京: 人民出版社, 2011.

[37] 十八大以来重要文献选编: 上册 [M]. 北京: 人民出版社, 2014.

[38] 十八大以来重要文献选编: 中册 [M]. 北京: 人民出版社, 2016.

[39] 十八大以来重要文献选编: 下册 [M]. 北京: 人民出版社, 2018.

[40] 孙国锋. 中国居民消费行为演变及其影响因素研究 [M]. 北

京：中国财政经济出版社，2004.

［41］王德培. 中国经济2020：百年一遇之大变局［M］. 北京：中国友谊出版公司，2020.

［42］王志文，卢萍. 中国居民消费分析与扩大消费策略研究［M］. 北京：中国社会科学出版社，2016.

［43］吴炳新. 消费经济学［M］. 北京：对外经济贸易大学出版社，2016.

［44］武力. 中华人民共和国经济史：1949－1999［M］. 北京：中国经济出版社，1999.

［45］谢伏瞻，蔡昉等. 经济蓝皮书：2020年中国经济形势分析与预测［M］. 北京：社会科学文献出版社，2020.

［46］杨家栋. 区域经济与可持续发展探索［M］. 北京：社会科学文献出版社，2005.

［47］杨圣明. 中国式消费模式选择［M］. 北京：中国社会科学出版社，1989.

［48］杨圣明. 中国特色消费经济理论与实证研究［M］. 北京：社会科学文献出版社，2017.

［49］依绍华等. 构建扩大内需的长效机制：扩大居民消费对策研究［M］. 北京：中国社会科学出版社，2018.

［50］易丹辉，尹德光. 居民消费统计学［M］. 北京：中国人民大学出版社，1994.

［51］尹世杰. 消费经济学［M］. 北京：高等教育出版社，2008.

［52］尹世杰. 中国消费结构合理化研究［M］. 长沙：湖南大学出版社，2001.

［53］赵德馨主编. 中华人民共和国经济史：1949－1966［M］. 郑州：河南人民出版社，1988.

［54］赵德馨主编. 中华人民共和国经济史：1967－1984［M］. 郑

州：河南人民出版社，1989.

［55］赵德馨主编. 中华人民共和国经济史：1985－1991［M］. 郑州：河南人民出版社，1999.

［56］曾薇. 马克思消费思想及中国化研究［M］. 沈阳：东北大学出版社，2015.

［57］中华人民共和国经济档案资料选编 1949－1952：综合卷［M］. 北京：中国城市经济社会出版社，1990.

［58］朱振亚. 经济转型期中国农村居民消费地区差异研究［M］. 北京：经济日报出版社，2014.

［59］艾春荣，汪伟. 习惯偏好下的中国居民消费的过度敏感性——基于 1995～2005 年省际动态面板数据的分析［J］. 数量经济技术经济研究，2008（11）：98－114.

［60］陈斌开，陈琳，谭安邦. 理解中国消费不足：基于文献的评述［J］. 世界经济，2014（7）：3－22.

［61］陈斌开. 供给侧结构性改革与中国居民消费［J］. 学术月刊，2017（9）：13－17.

［62］陈斌开. 收入分配与中国居民消费——理论和基于中国的实证研究［J］. 南开经济研究，2012（1）：33－49.

［63］范剑平，向书坚. 我国城乡人口二元社会结构对居民消费率的影响［J］. 管理世界，1999（5）：35－38，63.

［64］方福前. 中国居民消费需求不足原因研究——基于中国城乡分省数据［J］. 中国社会科学，2009（2）：68－82，205－206.

［65］冯娟. 马克思再生产理论及其对扩大我国消费的当代价值［J］. 消费经济，2018（2）：20－27.

［66］郭爱君，武国荣. 基于 AIDS 模型的我国农村居民消费结构的动态分析［J］. 人口与经济，2008（2）：34－38，27.

［67］韩立岩，杜春越. 收入差距，借贷水平与居民消费的地区及

城乡差异 [J]. 经济研究, 2012, 47 (S1): 15-27.

[68] 杭斌, 申春兰. 经济转型期中国城镇居民消费与收入的长期均衡关系——状态空间模型及变协整分析 [J]. 统计研究, 2004 (2): 21-24.

[69] 杭斌, 申春兰. 经济转型中消费与收入的长期均衡关系和短期动态关系——中国城镇居民消费行为的实证分析 [J]. 管理世界, 2004 (5): 25-32.

[70] 胡日东, 钱明辉, 郑永冰. 中国城乡收入差距对城乡居民消费结构的影响——基于 LA/AIDS 拓展模型的实证分析 [J]. 财经研究, 2014, 40 (5): 75-87.

[71] 李春琦, 张杰平. 中国人口结构变动对农村居民消费的影响研究 [J]. 中国人口科学, 2009 (4): 14-22, 111.

[72] 李金昌, 窦雪霞. 经济转型时期中国农村居民消费与收入关系变迁实证分析 [J]. 中国农村经济, 2007 (7): 45-52.

[73] 李锐. 我国农村居民消费结构的数量分析 [J]. 中国农村经济, 2003 (5): 12-17, 44.

[74] 李涛, 陈斌开. 家庭固定资产、财富效应与居民消费: 来自中国城镇家庭的经验证据 [J]. 经济研究, 2014 (3): 62-75.

[75] 李文星, 徐长生, 艾春荣. 中国人口年龄结构和居民消费: 1989—2004 [J]. 经济研究, 2008 (7): 118-129.

[76] 李新宽. 西方消费史研究方法的反思 [J]. 史学月刊, 2019 (7): 112-124.

[77] 李永友, 丛树海. 居民消费与中国财政政策的有效性: 基于居民最优消费决策行为的经验分析 [J]. 世界经济, 2006 (5): 54-64.

[78] 李园. 改革开放40年我国居民消费需求变化研究 [J]. 宁夏党校学报, 2018 (6): 62-66.

[79] 刘新, 刘伟, 胡宝娣. 社会保障支出, 不确定性与居民消费

效应［J］. 江西财经大学学报，2010（4）：49-55.

［80］刘长庚，张磊. 新时代消费发展需推动消费量质齐升［J］. 消费经济，2018（4）：3-11.

［81］刘哲希，陈彦斌. 消费疲软之谜与扩大消费之策［J］. 财经问题研究，2018（11）：3-12.

［82］娄峰，李雪松. 中国城镇居民消费需求的动态实证分析［J］. 中国社会科学，2009（3）：109-115，206.

［83］路红艳."十二五"时期扩大消费的政策着力点——从美国人均 GDP3000 美元~10000 美元阶段消费特征看我国"十二五"时期扩大消费需求的政策取向［J］. 商场现代化，2011（24）：9-12.

［84］罗楚亮. 经济转轨，不确定性与城镇居民消费行为［J］. 经济研究，2004（4）：100-106.

［85］倪琳，李通屏. 刺激内需条件下的消费政策匹配：国际经验及启示［J］. 改革，2009（9）：37-42.

［86］秦朵. 居民消费与收入关系的总量研究［J］. 经济研究，1990（7）：46-49.

［87］沈晓栋，赵卫亚. 我国城镇居民消费与收入的动态关系——基于非参数回归模型的实证分析［J］. 经济科学，2005（1）：18-22.

［88］沈悦. 中国制度变迁中的居民消费波动与政策选择［J］. 经济学家，2001（2）：4-8.

［89］苏良军，何一峰，金赛男. 中国城乡居民消费与收入关系的面板数据协整研究［J］. 世界经济，2006（5）：65-72.

［90］孙敬水，马骊. 我国城镇居民消费与收入关系的空间自回归模型研究［J］. 数理统计与管理，2009（1）：117-121.

［91］孙文博. 我国居民消费及刺激需求的实证分析［J］. 理论研究，2001（7）：43-46.

［92］孙章伟. 日本扩大内需消费的制度安排研究［J］. 日本学刊，

2012 (2): 81-95, 159.

[93] 谭永生. 建立扩大消费需求长效机制的对策探讨 [J]. 消费经济, 2011 (6): 27-30.

[94] 唐绍祥, 汪浩瀚, 徐建军. 流动性约束下我国居民消费行为的二元结构与地区差异 [J]. 数量经济技术经济研究, 2010 (3): 81-95.

[95] 唐未兵, 刘巍. 论建立扩大消费需求的长效机制 [J]. 消费经济, 2010 (6): 15-19.

[96] 田青, 高铁梅. 转轨时期我国城镇不同收入群体消费行为影响因素分析——兼谈居民消费过度敏感性和不确定性 [J]. 南开经济研究, 2009 (5): 124-134.

[97] 田青, 马健, 高铁梅. 我国城镇居民消费影响因素的区域差异分析 [J]. 管理世界, 2008 (7): 27-33.

[98] 万广华, 张茵, 牛建高. 流动性约束、不确定性与中国居民消费 [J]. 经济研究, 2001 (11): 35-44, 94.

[99] 汪伟. 如何构建扩大消费需求的长效机制 [J]. 学术月刊, 2017 (9): 9-12.

[100] 王洪斌. 资本主义发展视野下的英国消费史研究 [J]. 商丘师范学院学报, 2018 (1): 88-91.

[101] 王宇鹏. 人口老龄化对中国城镇居民消费行为的影响研究 [J]. 中国人口科学, 2011 (1): 64-73, 112.

[102] 向清成. 中国居民消费水平的地域差异 [J]. 地理科学, 2002 (3): 276-281.

[103] 肖翔, 张昕. 浅议日本社会消费和消费对策的演变与启示 [J]. 消费经济, 2012 (6): 56-59.

[104] 谢建国, 陈漓高. 政府支出与居民消费——一个基于跨期替代模型的中国经验分析 [J]. 经济科学, 2002 (6): 5-12.

[105] 徐敏. 从需求管理转向供给管理——"十二五"时期我国

扩大消费需求的政策选择[J]. 生产力研究, 2012 (3): 10-12.

[106] 杨汝岱, 陈斌开. 高等教育改革、预防性储蓄与居民消费行为[J]. 经济研究, 2009 (8): 113-124.

[107] 易行健. 建立多点支持的居民消费增长格局持续扩大居民消费需求[J]. 学术月刊, 2017 (9): 17-20.

[108] 尹世杰. 关于扩大消费需求的几个问题[J]. 消费经济, 2003 (1): 16-18.

[109] 尹世杰. 论扩大消费需求的必要性及思路[J]. 经济评论, 2004 (1): 48-51, 62.

[110] 尹世杰. 我国当前扩大农村居民消费的几个问题[J]. 消费经济, 2009 (6): 3-8.

[111] 尹世杰. 消费需求与经济增长[J]. 消费经济, 2004 (5): 3-7.

[112] 喻卫斌. 90年代以来日本的消费调控及其启示[J]. 当代亚太, 2001 (11): 60-64.

[113] 臧旭恒, 裴春霞. 转轨时期中国城乡居民消费行为比较研究[J]. 数量经济技术经济研究, 2007 (1): 65-72, 91.

[114] 臧旭恒, 孙文祥. 城乡居民消费结构: 基于ELES模型和AIDS模型的比较分析[J]. 山东大学学报 (哲学社会科学版), 2003 (6): 122-126.

[115] 张恒龙, 姚其林. 基于城乡居民消费行为分析视角的扩大内需研究[J]. 求是学刊, 2020 (1): 62-74, 181.

[116] 仲云云, 仲伟周. 我国消费需求不足的差异化诱因及政策建议——对不同阶层消费行为的实证分析[J]. 现代经济探讨, 2010 (5): 28-33.

[117] 朱高林. 1949~1978年中国居民生活水平的历史评价[J]. 当代中国史研究, 2014 (2): 53-59, 125.

参考文献

［118］朱高林. 从不平衡到平衡：发挥消费基础作用的路径分析［J］. 社会科学，2019（1）：44－54.

［119］朱高林. 中国迈向消费大国的优势与挑战［J］. 宁夏社会科学，2018（1）：92－96.

［120］Acemoglu，Daron and Simon Johnson with James A. Robinson，Reversal of Fortune：Geography and Institutions in the Making of the modern World Distribution［J］. The Quarterly Journal of Economics，November 2002.

［121］Barzel，Yoram，Transaction Costs：Are they Just Costs?［J］. Journal of Institutional and Theoretical Economics，1985.

［122］Brav，A. and George M Constantinides with C. C. Geczy，Asset Pricing with Heterogeneous Cibsyners and Limited Participation：Empirical Evidence［J］. Journal of Political Economy，2002，Vol（110），4.

［123］Hall，R E.，Intertemporal Substitution in Consumption［J］. Journal of Political Economy，1988，Vol（96），339－357.

［124］Hassapos，Micheal Christis，Equity Culture and Household Behavior［J］. Oxford Economic Papers，October 2022，Vol（54），4.

［125］Leibenstein，Harvey，Economic Backwardness and Economic Growth［M］. Harvard University Press，1957.

［126］Nelsom，Information and Consumer Behacior，JPE，1970.

［127］Ostergaard，Charlotte，Consumption and Aggregate Constraints：Evidence from U. S. State and Canadian Provinces［J］. Journal of Political Economy，2002，Vol（11），3.

［128］Rostow，WW，Politics and the Stage of Growth［M］. Cambridge University Press，1971.

［129］Word Bank Annual Report 2020：Supporting Countries in Unprecedented Times［R］.